追梦路上

——50个福建百姓的生活口述

福建省社会思想动态汇集分析中心　编著

海峡出版发行集团 | 海峡书局
THE STRAITS PUBLISHING & DISTRIBUTING GROUP

图书在版编目（ＣＩＰ）数据

追梦路上—— 50 个福建百姓的生活口述 ／ 福建省社会
思想动态汇集分析中心编著 ． -- 福州 ： 海峡书局，2023.5
ISBN 978-7-5567-1120-8

Ⅰ．①追⋯ Ⅱ．①福⋯ Ⅲ．①社会生活－史料－福建
Ⅳ．① K295.7

中国国家版本馆 CIP 数据核字 (2023) 第 091708 号

责任编辑：辛丽霞
设　　计：陈　琳

《追梦路上—— 50 个福建百姓的生活口述》

编　　著：福建省社会思想动态汇集分析中心
出 版 发 行 ：海峡出版发行集团／海峡书局
地　　址：福州市鼓楼区东水路 76 号 12 层
邮　　编：350004
印　　刷：福州麟造印刷有限公司
开　　本：710 毫米 ×1000 毫米　　　1/16
印　　张：21.5
字　　数：262 千字
版　　次：2023 年 5 月第 1 版
印　　次：2023 年 5 月第 1 次印刷
ISBN 978-7-5567-1120-8

定　　价：48.00 元

本书编委会

主　任：张　彦
副主任：许守尧　叶雄彪　陈钦灿
主　编：梁兆国
编　委：张先清　宋美杰　李　晋　蔡蔚萍　施　蕾

基层百姓实践和心态变化调研组

总 协 调: 梁兆国

家庭宗族调研组（厦门大学）

组　　长: 张先清

成　　员: 杨娇娇　陈婷婷　王仁重　彭　涛　罗彩云
　　　　　马怡乐

基层建设者调研组（福建师范大学）

组　　长: 施　蕾

成　　员: 彭　飙　郭凤灵　盛尹桑　韩卓序　王心怡
　　　　　梁靖梓　梁睿华　姜欣玥　柳枝娇

青年群体调研组（福建师范大学）

组　　长: 宋美杰

成　　员: 钟方琦　任思莹　江嘉哲　郑心彤　林烨彬
　　　　　李晓敏　陈宝龙

创业者调研组（福建师范大学）

组　　长: 蔡蔚萍

成　　员: 黄　帆　马楷清　陈旭东　吴翔凌　李慧宏

融合开放调研组（厦门大学）

组　　长: 李　晋

成　　员: 张忠海　朱　嫱　刘佳俊　周凡荻　齐盈瑞
　　　　　张馨宇　施亚童　于沛廷

前　　言

党的十八大以来，以习近平同志为核心的党中央，提出实现中华民族伟大复兴的中国梦，以中国式现代化推进中华民族伟大复兴，统揽伟大斗争、伟大工程、伟大事业、伟大梦想，统筹推进"五位一体"总体布局，协调推进"四个全面"战略布局，推进中国特色社会主义伟大事业，中华民族前所未有地接近实现伟大复兴的目标。新时代的伟大成就雄辩地证明：中国特色社会主义植根于中国大地、反映人民意愿、适应时代要求。只有中国特色社会主义道路才能引领中国发展进步、实现民族复兴伟业。

新时代的伟大成就是在亿万中国人民手中创造的。"小康梦、强国梦、中国梦，归根到底是老百姓的'幸福梦'"。千千万万普通人为生活奋斗，在平凡的岗位上不懈奋斗、努力和坚守，把对美好生活的向往，融入同心共筑中国梦的伟大历史征途之中。

为记录新时代福建基层百姓生产生活实践的创新创造活力，记录基层百姓的踔厉奋发、砥砺前行的精神风貌，展现基层百姓同心共筑中国梦的强大精神动力，福建省社会思想动态汇集分析中心组织了福建基层百姓生活变迁系列调研。调研从2022 年 6 月持续到 2023 年初，厦门大学、福建师范大学相关专家组成 5 个调研组，在全省范围开展了大量的问卷调查和深度访谈，收集撰写了 100 多个案例。各调研组对相关主题和群体的微观案例进行深入分析，对其中展现的社会实践、社会心态、社会文化的发展变化进行了理论的阐释剖析。我们整理理论文章，并选取了 50 余个具有代表性的典型口述案例，形成本书。这些案例和理论剖析涉及不同地域、不同职业身份的人群，记述了近年来基层百姓的梦想、努力、事业和生活发展轨迹，展现了当代八闽百姓风华。

一、记录百姓实践

2012 年以来，福建省地区生产总值连跨 4 个万亿元台阶，2022 年达到 53109.85 亿元，居全国第 7 位，省内各城市发展成绩亮眼，福州和泉州 GDP 总量列居全国前 20 位。现代化经济体系加快构建，发展动能更加强劲，发展气象欣欣向荣，成为创新的热土、创业的沃土、创造的乐土。城乡区域发展更加均衡，工业化城镇化、区域协调发展走在全国前列，山海协奏交响曲，城乡共绘一幅画。生态省建设持续深化，天更蓝了、山更绿了、水更清了，清新绿色成为福建百姓引以为豪的亮丽名片。发扬敢为天下先、敢拼会赢的精神，发挥区位和政策叠加优势，加快建设自贸试验区、海丝核心区，努力打造国内国际双循环的重要节点、重要通道，市场化法治化国际化便利化的营商环境持续优化，与兄弟省份和港澳交流合作更加紧密，交流合作遍及全球。人民生活品质不断提高，群众安居乐业，生活品质更高，获得感幸福感安全感更加充实。凝心聚力战疫情，有效抗击了多轮聚集性疫情，有力保障人民群众生命健康。积极探索海峡两岸融合发展新路，打造台胞台企登陆的第一家园，越来越多的台胞台企融入新福建建设，在八闽大地追梦、筑梦、圆梦。新福建建设迈出了坚实步伐，在以中国式现代化全面推进中华民族伟大复兴中彰显福建担当、展现福建作为、贡献福建力量。

马克思明确阐明："历史什么事情也没有做，它'不拥有任何惊人的丰富性'，它'没有进行任何战斗'！其实，正是人，现实的、活生生的人在创造这一切，拥有这一切并且进行战斗。历史不过是追求着自己目的的人的活动而已。"社会经济各项事业的主体力量是人民，成就的功劳也在人民。八闽百姓用双手和智慧努力，开拓着幸福美好的生活，谱写着全面建设社会主义现代化国家的福建篇章。

宏大乐章是由微观旋律协奏汇聚而成。伟大时代的社会实践整体下，是基层一个个百姓的日常的生产生活。我们梳理各个领域普通百姓的生活变化，观察时代大潮中普通人的生活变迁，思考宏观叙事下容易被忽略的微观细节。家庭、宗族的维系与经营，劳动者的奋斗，草根青年的成长，生动鲜活、朴实感人。一个个带着浓浓"烟火气"的普通人的故事，是社会和时代的横向、纵向的切片。通过展现不同维度的切片，以小切口展现大背景，以小故事反映大时代波澜壮阔的社会巨变。

宏观尺度当然比微观更具备系统的有序性、因果的逻辑性；而微观的具体场景则更表现出生活复杂性、失序性。正是这生活的点滴细节让我们更好地认识评判历史的变迁、社会的发展。

二、体察百姓心态

社会存在决定社会意识，社会意识是社会存在的反映，反过来对社会存在具有能动作用。这是历史唯物主义的基本观点。社会心态是社会意识的重要内容，是一定时期内多数社会成员共享的情绪基调、价值理念、社会态度和社会需求等的集合，是社会实践的公众意识反映，是社会演进的主观精神状态，是观察和感知社会运行状况及社会变迁的"晴雨表""温度计""风向标"。"人心是最大的政治"。理性认知、分析社会变革下的社会心态变化，并予以合理的调适，是践行执政为民理念、推进国家治理体系和治理能力现代化、涵养社会主义核心价值观、凝聚全社会精神力量的必然要求和题中之意。

党的二十大报告指出："当前，世界之变、时代之变、历史之变正以前所未有的方式展开。" 英国《经济学人》周刊在《2023年世界展望》中指出："受大国竞争变化、疫情余波、经济动荡、极端气候及快速的社会与技术变革影响，世界更加不稳定。" 在全球范围内，各种复杂性、不稳定性、不确定性交互叠加，人们的心态发生着显著而深刻的变化。在国内，新时代中国社会实践前所未有的宏大而独特，社会变革前所未有的广泛而深刻。人民群众既是社会实践和社会变革的主体，也身处其中，社会态度、心理情绪、价值观念也随之发生变化。社会变革愈是广泛、深刻，社会心态的变化也随之愈加广泛、深刻，呈现出强烈鲜明的时代阶段性特征。

根据我们组织的2022年福建省社会心态调查，当前全省社会心态基本面健康，积极向上向好，人民群众的信仰信念更加坚定，对未来发展的信心持续巩固，对新发展阶段新福建建设的信心更足。受益于全省经济社会的快速发展、民生保障体系的持续完善，群众安居乐业，生活品质更高，自信心、上进心、进取心更加强盛，获得感、幸福感、安全感更加充实。同时，现代生活和市场经济压力不可避免导致一些焦虑情绪，新冠病毒疫情造成的消极情绪叠加尚未完全消弭。不同群体、个体的心态表现更加复杂性、多元化。

我们观察现实的、活生生的人，将视角推进到普通人的日常生活，触摸他们的心理世界，感受他们的欢乐、烦恼、成功、挫折，倾听他们的心跳、脉搏。故事不同，命运不同，但自尊、自强、向上、向善，美好的人性之光在他们身上熠熠夺目。微观的认知、个体的感受，与宏观的表征区别而又紧密关联。他们的情绪力量需要我们予以正视、予以尊重、予以回应，他们的感知评价更加深我们对时代、现实的认知和理解。

三、感受百姓精神

福建"八山一水一分田"，地狭人稠，山海交汇，地理环境和历史条件独特。古闽越文化与中原文化相融合，农业文明与海洋文明相碰撞，华夏文明与海外文明相交织，传统文化与现代文化相激荡，塑造了多元、深厚、包容的极具地域特色的八闽文化。人民是文化的主体。他们以"爱国爱乡、海纳百川、乐善好施、敢拼会赢"的精神建设家园，陶冶、传承、闪耀着独特的群体特质、个体性格。

文化由人民创造、传承、实践，反过来又塑造了群体性认同，建立了群体性的共同意识，构建出人的群体性存在。没有共同的文化、精神，一个群体不可能成为一个具有凝聚力、识别度的有机体，充其量只是一个群列或集合。而福建人却极具独特的文化气质和精神品格，作为群体有着独特的群体特质，作为个体有着鲜明的个体性格。也因此，福建人成为极具凝聚力、识别度的一个群体。这种福建人独特的文化精神，是闽台两岸同胞乃至港澳、海外闽籍同胞共同的"根"与"魂"，是认识和理解八闽百姓的"标识"与"密码"。

我们整理案例时，能够清晰地感受到八闽百姓这种伟大的文化精神力量，每一个家庭、宗族，每一个劳动者、青年、中小微企业主，他们不怕困难、百折不挠、始终奋斗前行的精神，是八闽文化精神的鲜活直观的现实例证，也让我们看到了文化、精神所发挥的巨大作用，更加深刻理解福建文化精神的独特内核和实践价值。

记录群众生活，我们遵从现实真实的发展逻辑。正视现实，不回避现实，如实写照现实。现实的世界是复杂多变的，生活中有很多的奔波劳累、辛酸苦辣、聚散离合。而现实的颗粒正好反衬出精神的可贵、可敬。平凡之所以伟大，正因为平凡中蕴含的伟大精神力量，直抵人心，引发共鸣。每一个普通人都是自己生活中的英雄。

在另一个层面上，现实主义才是极致的浪漫主义。

四、展望百姓未来

　　著名社会学家林耀华先生是福建古田人，他的经典社会学著作《金翼：中国家族制度的社会学研究》关注个体、家族命运在时代变迁中的升降起伏，以小见大，展现曾经的古田、福州乃至福建地区经济社会生活的变迁，用微观的小人物展现了宏观的大历史。他在该书的结尾写下，"把种子埋进土里"。

　　千百年来，八闽百姓开垦山地，修建茶园，将丘陵变成茶山；兴建水利，拦截溪水，将平原建成粮仓；以海为田，向海而生，扬帆驶向远方。历史长河波涛汹涌，生活并非云淡风轻。而他们始终懂得，"把种子埋进土里"，生长出希望和未来。

　　一切过往，皆为序章。一切的现在都孕育着未来。从一个个的人、一个个的故事，我们看到八闽大地的生机、活力。细流汇聚成河，凝聚起磅礴伟力。

　　党的二十大擘画了全面建设社会主义现代化国家、以中国式现代化全面推进中华民族伟大复兴的宏伟蓝图，吹响了奋进新征程的时代号角。中国人民砥砺前行的底气更足、信心更满、干劲更大。在八闽大地上，每个人将个人梦想融入国家发展、时代大潮，以脚踏实地的奋斗创造新时代的光荣与梦想。八闽百姓的明天也必将更加美好，梦想必将实现。

　　一切荣耀归属于人民。

总论　记录普通人的奋斗和梦想 / 001

第一章　家庭宗族：和合共济的传统与现代化 / 015

导语 / 016

家：永远的慰藉与牵挂 / 024

家族与村落：薪火相传 / 037

宗族：跨越大洋的力量 / 049

第二章　基层建设者：劳动铸就梦想 / 059

导语 / 060

新农民：农村电商直播新引擎 / 067

餐饮业个体户：7 次开店经历 / 078

乡村教师：新一代的坚守 / 085

阅读陪伴：城中村儿童的一扇窗 / 098

仓库工人：平凡岗位的不平凡 / 106

鞋厂工人：家与厂的守望 / 114

社区工作者：默默奉献的无名英雄 / 122

第三章　青年：时代的性格 / 133

导语 / 134

青年农民工：从"打工人"到"小老板" / 141

灵活用工：多元的通道 / 150

海洋石油人：能源报国 / 162

"四非"就业：延展职业空间 / 170

目录

CONTENTS

考研：人生不止"上岸" / 182

乡村美育：浪漫的理想 / 191

第四章　创业者：韧性的精神底色 / 201

导语 / 202

让年轻人爱上惠女服饰 / 208

从"陈大厨"到"陈总" / 214

卖情趣用品的大学生 / 220

金融创业者的行稳致远 / 225

不曾止步的传统行业人 / 230

第五章　"新福建人"：流动的活力 / 241

导语 / 242

泉漂、古城、送王船 / 247

建设"金翼"的学者 / 267

台南来的西餐店老板 / 274

成为邻居的德国酿酒师 / 280

第六章　"蓝色"闽商：风帆向前 / 285

导语 / 286

菌菇外贸的新生 / 288

莆田商人的"一席之地" / 297

扎根东南亚的晋江商人 / 304

后记 / 313

总论
记录普通人的奋斗和梦想

党的十八大以来，中国特色社会主义进入新时代，以习近平同志为核心的党中央，团结带领全党全军全国各族人民，始终掌握新时代新征程党和国家事业发展的历史主动，采取一系列战略性举措，推进一系列变革性实践，实现一系列突破性进展，取得一系列标志性成果，经受住了来自政治、经济、意识形态、自然界等方面的风险挑战考验，党和国家事业取得历史性成就、发生历史性变革，推动我国迈上全面建设社会主义现代化国家新征程，中华民族迎来了从站起来、富起来到强起来的伟大飞跃，实现中华民族伟大复兴进入了不可逆转的历史进程。

"人民是历史的创造者，人民是真正的英雄。"新时代的伟大成就是在亿万中国人民手中创造的。新时代的中国人民砥砺奋进，在党中央坚强领导下，在中华民族伟大复兴中国梦的激励感召下，在新时代伟大成就的鼓舞下，在应对风险挑战考验的艰难过程中，民心空前凝聚振奋。人民不仅是新时代伟大变革的创造者，更在伟大变革中焕发出更为强烈的历史自觉和主动精神，前进动力更加强大、奋斗精神更加昂扬、必胜信念更加坚定。在中国人民手中，不可能成为可能。

"小康梦、强国梦、中国梦，归根到底是老百姓的'幸福梦'"。没有民族梦、国家梦，实现不了人民的梦。而民族梦、国家梦，最终也要落脚到人民的幸福生活上。"我们的人民热爱生活，期盼有更好的教育、更稳定的工作、更满意的收入、更可靠的社会保障、更高水平的医疗卫生服务、更舒适的居住条件、更优美的环境，期盼孩子们能成长得更好、工作得更好、生活得更好"。千千万万普通人享有人生出彩、梦想成真的机会，把对美好生活的向往，融入同心共筑中国梦的伟大历史征途之中。为生活奋斗，在平凡的岗位上不懈奋斗、努力和坚守，让人生和事业变得不平凡。同国家和时代一起成长与进步，铸就和彰显了国家、民族与时代的伟大。

平凡铸就伟大，英雄来自人民。每个人都了不起！尊重"人"的价值，看见"人"的能量，成就"人"的梦想。这是伟大时代的逻辑起点，也是最深厚的价值底色。时代大潮中普通人的生活变迁是宏观叙事下容易被忽略的微观细节，却展现着基层百姓生产生活实践的创新创造活力，展现着基层百姓的踔厉奋发、砥砺前行的精神风貌，展现着基层百姓同心共筑中国梦的强大精神动力。

一、中国梦："家国梦"

家，是一种象征符号，在中国传统社会中它具有极其重要的作用。家庭，在中国社会一向被视为基础经济单位。家庭成员之间既是情感、亲密关系，也是基于理性和利益形成一定的合作社模式。家庭是构成家族、宗族最基本和最小的单位，以父系血缘为纽带将裂变的继嗣群体结合起来。"家"建立在以血缘为基础形成的姓氏、家庭、宗族之上，同时又扩展到社会和国家层面，具有生物和社会的双重属性特征。

孟子曰："天下之本在国，国之本在家，家之本在身。"由家及国是中国传统文化看待世界的方式，诚所谓"修身、齐家、治国、平天下"，历来是中国儒家思想追求的道德风尚和政治理想。家庭对于个体的成长、发展具有重要意义，一个家庭、家族世代相传沿袭下来的、展现家庭家族习惯、风尚的家风会在日常生活发挥潜移默化中作用，影响个体价值观、道德观的培养。"家"文化是中华文化的重要组成部分，在历史上发挥了文化传承、教化族人、社会治理等重要作用。在此基础上形成的家国天下的价值体系，是中国人独特的认同方式，它将中国的文明、政治、传统宗教、礼俗与文化生活融于一体，深刻地影响着中国人的自我认知与文化认同。

家庭、宗族是社会结构的重要组成部分，是福建社会结构的鲜明特征，是理解福建社会的关键概念。福建地区宗族文化传统在基层社会的变迁与重组中发挥着重要作用。传统宗族文化作为一种纽带，在血缘和文化上延续和连接着八闽社会，是民间社会保持活力与生命力的重要基石。宏观表现上的"爱国爱乡、海纳百川、乐善好施、敢拼会赢"的精神正是基于宗族文化发展而来。健康的家庭、宗族文化引导人们向善向上、热爱劳动、勤俭节约，引导青年积极进取、爱家爱国，引导企业家、创业者拼搏进取、反馈家乡和社会。

　　家国文化在新时代发展出新的内涵和价值意义。福建的宗族文化形态具有很强的弹性和适应性，在社会转型的过程中，既保留了传统文化中与时代相适应的因素，也积极把握时代主题，吸收新时代的新思想、新元素，为传统宗族注入崭新的活力和蓬勃的生命力，从而发展出适应社会主义现代化建设的内涵和运行机制。随着市场经济的发展，宗族文化推动了共同体成员之间的交流与协作，尤其有助于个体家庭的早期资本积累、低收入劳动力群体的流动，对于推动乡村振兴、城乡融合、共同富裕具有积极作用。

　　宗族传统是团结海内外中华儿女、同心共筑中国梦的重要文化力量。福建固有的海洋文化特质，孕育出福建人"走出去"的拼搏传统。明清以来福建人大规模向台湾地区、东南亚移民，在历史的发展进程中，海峡两岸凝聚了共同的文化认同，东南亚地区形成无数华人社区。以共同的血缘宗族、民间信仰为纽带缔结的亲缘关系，以祖籍为纽带缔结的地缘关系，强化了福建与台湾、东南亚地区的交流与互动。家庭和宗族的传统引导着走出去的福建人依然眷恋着家乡、与家乡保持着紧密的连接，凝聚海峡两岸人民、海外闽侨的人心，为全面建设社会主义现代化国家、全面推进中华民族伟大复兴凝聚最广泛的人心力量。

二、中国梦：劳动者的梦

　　马克思鲜明指出，"整个所谓世界历史不外是人通过人的劳动而诞生的过程"。恩格斯说，"劳动是整个人类生活的第一个基本条件，而且达到这样的程度，以致我们在某种意义上不得不说：劳动创造了人本身"。 习近平总书记也多次强调，"要弘扬劳动精神，在实现'两个一百年'奋斗目标的伟大征程上再创新的业绩，以劳动托起中国梦。"

实现中华民族伟大复兴中国梦，根本上要靠劳动、靠劳动者创造。一切不劳而获、投机取巧、贪图享乐的思想都是错误的，这样的人和行径都是可耻的。全社会热爱劳动、投身劳动、爱岗敬业，让劳动光荣、劳动者伟大成为时代强音，让勤奋做事、勤勉为人、勤劳致富蔚然成风，每一个建设者努力奋斗，每一个劳动者辛勤付出，才能真正实现中国梦的美好愿望。

福建基层劳动者建功新时代、贡献新发展，其鲜明的情感、精神和文化，蕴含着更为深刻的时代内涵，彰显着更为深刻的时代力量。他们在劳动中脚踏实地、勤劳奋斗，铸就家庭幸福的梦想；在劳动中攻坚克难、锐意进取，铸就青年发展的梦想；在劳动中大胆拼搏、勇于探索，铸就创新创业的梦想；在劳动中开放合作、协同发展，铸就开放融合的梦想。他们将个人前途与国家命运结合起来，将个人理想追求与国家富强、民族振兴、人民幸福伟业结合起来，展现出了劳动者追求中国梦的强大精神动力。他们以自己勤劳的双手与不懈的劳动实践，锤炼出了具有鲜明地域特色的意志品格、价值追求和胸怀境界，在实现个人梦想的同时，推动着福建省各项事业繁荣发展。

劳动铸就家庭幸福梦想。普通劳动者怀着满腔热血，爱岗敬业、勤奋工作、脚踏实地，在平凡的岗位上不断勤劳奋斗，将个人家庭的幸福与事业发展紧密联系在一起。他们勤俭持家、尊老爱幼、夫妻和睦、邻里互助，践行着"千家万户都好，国家才能好，民族才能好"的理念。家庭的梦想是中国梦的基石。每个普通劳动者用劳动守护着个人的梦想、幸福家庭的梦想，国家才能繁荣昌盛。

劳动铸就青年发展梦想。实现中华民族伟大复兴的中国梦，是面向未来的事业，是一个长期而艰巨的过程，需要一代又一代人的接续奋斗，需要青春焕发、担当尽责、拼搏奉献的建设者。对于青年一代而言，为实现中国梦而奋斗，既是时代赋予的历史使命，也是实现全面发展的最好舞台。青年群体有理想、敢担当、能吃苦、肯奋斗，坚韧不拔、追求卓越，不断在勤劳奋斗中实现个人发展、创造社会价值，在八闽大地追梦、筑梦、圆梦，在劳动中彰显青年力量。

劳动铸就创新创业梦想。劳动者继承发扬"爱拼才会赢"的闽人智慧，在劳动中不断创造新机遇、创新生产力、创建新未来。他们在劳动中施展自己的才能，在数字经济、互联网医疗、线上零售等新兴行业领域大胆自主创新、坚持突破自我，激发出了无限的创业活力和创新潜能。劳动者在实现自己创新创业梦想的同时，也为福建省的经济社会发展带来了更多新的可能性。

劳动铸就融合开放梦想。开放融合，是经济社会发展的必然要求，也是福建历史文化的内在基因。在实现个人梦、追寻中国梦的过程中，福建劳动者坚持开放心态、直面未知、拥抱未来，将向海而生的开放姿态融入合作发展、互惠共赢的发展理念中，不断取得新的建设成就。

每个人都有追求，每个人都有自己的梦想。福建基层建设者将自己追求的"个人梦"与民族复兴的"中国梦"结合起来，把自己的岗位作为践行"中国梦"的发力点，将"我的梦"融入"中国梦"，向着美丽的中国梦不断进发。他们通过实际行动证明，只要脚踏实地地做好自己的事情，埋头实干、锐意进取，必定能够创造出更加幸福美好的未来。

三、中国梦：青春的梦

实现中华民族伟大复兴的中国梦，是包括广大青年在内的每个中国人的梦。筑梦新时代，奋斗正青春。对于青年，追求中国梦不仅是对祖国的热爱，更是对个人前途和命运的期许。

近年来，福建青年在生活实践中都展现出追求中国梦的强大精神动力。总体而言，当代福建青年有阳光乐观、积极向上的精神心态，对国家发展充满希望，对个人生活充满信心。在国家发展中，他们具有奋斗精神，对未来有美好规划，愿意为之付出努力，积极投身创业创新的浪潮。在文化传承中，他们积极学习中华传统文化，增强文化自信，坚定践行文化创新追求，为中华文化传承贡献力量。在社会公益中，他们关注社会问题，积极承担社会责任，通过各种形式的公益慈善，使不同层次的人民群众共享发展成果。

作为社会的重要组成部分，福建当代青年以独特的方式，展现着追求梦想的青春力量。

福建青年崇尚劳动。福建青年不畏困难，勇于探索，脚踏实地为实现梦想努力奋斗，承载着中国人民勤劳的优秀品质和求知若渴的精神。他们在学业上追求卓越、奋斗不止，在知识的海洋里自主深潜、努力拓展。同时，积极参与各项社会活动，投身国家基础建设与治理，为社会发展提供着坚实的人力支撑。他们在坚韧不拔的状态中，追求自己扩展视野、实现自我价值、创造社会贡献。

福建青年积极传承文化。福建自古以来就有丰厚的文化底蕴，福建青年也十分注重本地文化传承和弘扬。他们通过了解传统文化，从中挖掘福建文化独特之处，促进与其他文化的交流和融合，推动家乡文化的传承发展。在具体实践中，他们学习方言和剪纸、土楼建造等传统手工艺技能，参与庙会、戏曲表演等传统活动，在音乐、电影等领域打造具有福建特色的作品。在学习传统文化的基础上，通过创新和发展，唤醒家乡文化的活力。

福建青年创新意识强。随着时代发展和科技进步，福建青年对未来充满追求、创新和探索的激情。他们不断突破经验局限，探寻新的生产方式与创新业态。尤其在 IT、电子商务、文化创意产业等方面表现突出，深受社会和市场肯定。如今，创新创业成为中国经济自主发展的核心，加速推进产业转型升级，福建青年正是这场创新革命的重要驱动力之一。他们积极响应国家号召，投身创业创新的浪潮，积极开拓市场，推动经济发展。这不仅展示了福建青年敢为人先的精神风貌，也为社会主义市场经济的健康持续发展贡献力量。

福建青年富有开放性。就地理位置而言，福建位于中国东南沿海地区，与台湾隔海相望，地处中外交往交汇的前沿。成长于开放的地理环境，福建青年具有开放性和包容性特征，也使其自然形成了宽广的视野和乐于接受新事物的态度，主要体现在对外开放度高、思想观念多元化、生活方式多样化、社交网络广阔等方面。在现代化快速发展时代，福建青年能敏锐捕捉社会发展的新趋势，丰富参与社会生活及经验，体现开放、自由、包容的新时代青年精神。此外，青年一代的闽籍华人华侨通过各种形式的交流合作，促进了福建省与海外国家和地区的交往联系。

福建青年无论是作为基层劳动者、创业者、对外交流者还是家庭宗族的一员，他们都在各领域拼搏中始终保持向善向上的初心，其积极性、创新力和开拓性都为中国现代化进程注入新活力和动力。

四、中国梦：创业梦

中小微企业是改革开放事业的受益者、积极参与者和重要贡献者。中小微企业家群体是中国特色社会主义事业的建设者，他们的生产实践、探索创新不仅对经济发展具有重要意义，也关系到经济背后的千家万户、百姓的民生福祉的各个方面。考察百姓的中国梦，中小微企业家、创业者是一个无法回避的群体。特别是对于福建这个民营经济大省来说，观察中小微企业家、创业者的生产实践、探索创新具有极为重要的意义。

中小微企业是社会主义市场经济的重要主体。根据国家统计数据，中小微企业贡献了我国 50% 以上的税收、60% 以上的国内生产总值、70% 以上的技术创新成果、80% 以上的城镇劳动就业、90% 以上的企业数量。"中小企业好，中国经济才会好。"

中小微企业是国民经济运行的毛细血管，是保就业稳就业的蓄水池，是创业创新的重要源泉，也是成熟企业、企业家成长的摇篮。

中小微企业是社会和谐的稳定器，是实现社会主义共同富裕的重要一环。"大企业强国，小企业富民。"百姓富不富、生活幸福不幸福，很多时候靠的是广泛分布的中小微企业。

长期以来，福建民间力量参与社会经济建设与发展的兴趣浓厚、活力强劲。福建作为民营经济大省，中小微企业比重大、极为活跃，造就和锻炼了众多的有胆识、能吃苦的中小微企业家，形成了具有鲜明的地域特色和时代特征的企业家精神、创业者精神。

中小微企业家是劳动者、创业者，营造了勤劳致富、"爱拼敢赢"的积极社会文化氛围，释放着旺盛的创新创业活力。他们在面对各种困难挑战中不断地坚守、求变，不断地革新、进化，永远能够焕发出新的生机。他们也富有开放的胸怀和长远的眼光，是开放、融合的倡导者和践行者。很多时候他们也往往以青年的身份活跃在各个领域，积极提供与各自领域相关的服务，反馈社会、反馈家乡，发挥了不可或缺的社会作用。他们是福建百姓奋斗追梦的典型样本，展现出普通百姓追求中华民族伟大复兴中国梦的强大精神动力。

家国情怀，责任担当。"家国精神"不仅仅体现在企业家对公共政策、社会民生需求的持续关注，更体现在能正确处理国家利益、民族利益、企业利益和个人利益的关系，将个人理想与社会发展、国家发展结合起来。这是福建企业家的优良传统。企业家虽然追逐经济利润，但是富有企业家精神的企业掌舵者懂得为他人、为社会、为国家付出。正如闽商旗帜、华侨领袖陈嘉庚先生曾说："如果国家衰亡了，即使个人发了大财又有何用？"企业家履行社会责任，是地方公益事业的一股重要力量，将"报效祖国、回馈桑梓"作为价值实现的理想。

勤劳拼搏，爱拼敢赢。"三分天注定，七分靠打拼，爱拼才会赢"是福建企业家拼搏创业的真实写照。在这种拼搏精神的鼓舞下，许多名不见经传的小作坊可以发展成为富有地方特色的知名品牌、行业龙头企业，成为我国改革开放以来民营经济发展的一面旗帜。

对外开放，合作共赢。福建省是海洋大省，是海上丝绸之路的核心区。福建企业家自古就有兼容并蓄、融合开放的文化精神，视野极为开阔。他们用开放、互信的理念参与与境外的合作交往，跨越地理、文化、线上线下等差异，实现合作与共赢。近年来，许多福建企业家为推动海峡两岸、"海上丝绸之路"沿线国家地区经济文化交流交往作出了积极贡献。

中小微企业家把企业目标同国家富强、民族振兴、人民幸福紧密结合在一起，将企业发展融入伟大中国梦中来，成为实现中华民族伟大复兴中国梦的重要力量。

五、中国梦：流动的活力

"一个流动的中国，充满了繁荣发展的活力。我们都在努力奔跑，我们都是追梦人。"在 2019 年新年贺词中，习近平主席这段话语温暖了无数人的心。"追梦人"是当代中国人的形象写照，而"流动的中国"也是当前发展状态的一个形象表述。社会性流动回馈着努力追梦的人。流动有利于创造更多职业发展和价值实现的机会，增强个人通过努力奋斗改变命运的动力。而流动也进一步释放和增强社会发展活力，流动的人群有力地推动着社会的持续的强劲发展。

八闽大地历来开放包容、海纳百川。"新福建人"包括在福建旅居和扎根的外省人、台胞侨胞和海外人士等。他们在一个高度流动性的时代选择融入福建，彰显着每个人都有追求美好生活自由权利的梦想，也彰显着福建作为经济发达的沿海省份和对外开放窗口，在吸引外来人口上具有的经济、社会、人文优势。福建独特的人文社会环境、经济社会发展吸引着外来者，引导他们用劳动、知识、创新，在山海之间谱写人生的新篇章。

不论是作为精神继承者的新福建人，还是作为建设推动者的新福建人，他们在自身岗位上的努力都是对"中国梦"的诠释和实践。这些"新福建人"对福建文化精神的习得、融入、继承也证明福建故事对讲述"中国梦"有不可多得的意义。"新福建人"不是没有遇到孤独和挫折，但是他们从福建海纳百川的社会和文化网络中获得帮助和支持。"新福建人"不是天然地获得政策红利和机会，但是他们在不断地创新和努力中，赢得了社会对敢拼会赢者的激赏。新定居的台胞和侨胞不是没有在不同制度和框架中进行比较，但是他们从自己的成功和社会发展中看到爱国爱乡的物质和更重要的精神的回馈。"新福建人"的故事体现了福建的文化、精神对很多个体具有超越省界、国别、族际的普遍的感染力，它们又在整个中华民族和人类命运共同体的框架下诠释了对实现中国梦的价值。

六、中国梦：对外开放的梦

福建枕山面海，田少人多，生存环境使得福建人民放眼远方，远涉异乡和重洋以求生路，大量的海外贸易和海外移民成为福建历史和文化的特色。

福建对外交流群体见证着福建作为东南沿海地区的对外门户，如何在国家与周边国家地区的经济、文化、人文等方面交流合作中发挥重要作用。这个群体有的从事进出口贸易活动，有的从事对外文化交流事业。这个群体的故事经历持续锻造着福建人爱拼会赢、敢为人先的胆略，他们以诚信仁义和勤勉努力在家族、企业和社会大环境中创造出有力的内外环境和条件，为事业发展创造源源不断的动力。在海洋文化和移民文化的熏陶之下，福建人善观时变，有自己对运势制胜之道的理解。在面对困难甚至逆境时，他们努力寻找新的出路，化不利环境为有利因素，不断拓展生存空间。他们展现、印证、也不断铸造着福建人自古拥有的"走出去"的精神、勇气和毅力，展现了当代福建在国际贸易和文化交流等领域的积极活力。

习近平总书记指出，"对外开放兴，福建兴；对外开放步伐加快，福建兴旺繁荣的机会越大"。通过对外交流，福建人将自己的产品、服务和文化推向全球，获得更多的利益和声誉，同时也引进外国先进技术和理念，促进产业升级、创新发展、文化交流。对外经济文化交流也为基层百姓提供了更多的就业机会和创业机会，提高了他们的生活水平，激发了他们追求梦想的愿望和动力。许多从事对外贸易的小微企业家和工人，通过不断努力和创新，不仅实现了自身的发展和壮大，也为地方经济社会发展做出了重要贡献。福建人恋祖爱乡，在取得事业成功之后积极回馈桑梓，注重乡土联系和互助，在血缘、地缘等基础上进一步形成更大的商业网络，成为海外华人华侨及台胞重要的联系纽带，为海内外华人同心共同梦想凝聚了人心力量。

对外交流的故事，展示了福建人在推动实现中华民族伟大复兴中国梦、推动构建人类命运共同体上提供的独具特色的叙事。这个群体以及背后的家庭、无数个人的故事，让中国梦、中国故事增添了更丰富、更多彩的内涵。

第一章

家庭宗族：和合共济的传统与现代化

导　语

福建依山傍海，地少人多，自古强调家庭、宗族的团结互助意识。以血缘和婚姻为纽带构建基本的人际关系和社会人情网络，不仅承担繁衍生息、教育濡化、社会保护、生产经营等功能，也塑造了人们的价值取向和精神气质，在生产生活的各方面皆发挥潜在或直接的作用。由此培育出爱乡爱亲、友善互助、乐善好施的基层社会精神，在信息时代产生了新的文化影响和演化，对社会健康发展具有极为重要的意义。

一、有力的宗族群体和亲缘网络

福建家族、宗族文化在传统的家族宗族文化中，将祖先来源与中原地区联系起来，把区域族群文化与中华文化的正统性联系起来。这种文化创造始于血缘的认同，更延伸为文化认同，从而深深地印刻在家庭（族）成员的心头，具有精神意义上的方向感与归属感。福建家族、宗族组织包括传统的以家庭血缘关系为纽带的宗族及五服九族的联姻形成的血亲，还有以血缘、地缘和利益关系演化出来的家族组织形态。同时宗族和作为地缘组织的村落，两者之间的重叠十分明显。

福建传统的社会结构由三种组织群体构成：一是以血缘为

基础的宗族制度，通过血缘纽带形成个人与家族休戚与共的命运共同体；二是血缘结合姻缘形成五服九族亲属制度，以维系庞大的亲属网络；三是以血缘和地缘为基础的民间信仰制度，通过协调族际关系维持基层社会的团结和稳定。

从现当代福建保留的不同姓氏各大家族的家训家规、及与宗族相连广泛的民间信仰就可印证。如龙岩客家人以"孝悌忠信礼义廉耻"八德作为家训的核心要义，江氏家训言"守信维何，忠实不欺，千金一诺，抵死不移。言忠和笃，诵法自圭。毋曰小信，大人弗为，讲信修整，大同之基。即如里党，尤切提撕"；林氏家训则将"端正勤俭，是居身良法；仁恕正直，是居家良法；恭宽容忍，是居乡良法；廉洁奉公，是居官良法"作为子孙后代为人处事的根本。[1]另外在台湾《诸罗县志》中也有记载："流寓者无期功强近之亲，同乡井如骨肉矣"[2]，它是早期移居并开发台湾的福建人"互视为亲"的真实写照。

随着大批福建人下南洋，为近现代中国树立了"华侨旗帜，民族光辉"的佳话。在这个历史过程中，家规家训不但是治家教子、修身处世的重要内容，同时也体现出"家国天下"的广义层面。

在民间信仰层面，在外国谋生的福建人以祖籍神明为纽带，立庙祭祀。庙宇作为同乡之间相互交流，获取家乡信息的一个场所，比如新加坡拥有 100 多年历史的妈祖庙，即是如此。

---

1. 周云水 . 客都家风家训 [M]. 广州：广东人民出版社，2016：56–57.
2. 康熙《诸罗县志》卷八《风俗志》，清康熙五十六年序刊本 .

在社会层面，家族、宗族文化自然而然衍生出对同一地缘同亲同乡的认同。早期宗族在危难时期的作用，士大夫已有论述："天下直省郡国，各得是数百族，落落参错县邑间，朝廷复以大宗法联之，俾自教养守卫，则鳏寡孤独废疾者，皆有所养，水旱凶荒有恃，谣俗有所稽察，余小姓附之，人心维系，磐固而不动，盗贼之患不作矣。"[3] 家族宗族关系网络在生产生活的各方面皆发挥潜在或直接的作用。同时，宗族在赡养孤寡老人、救济荒年、抵御盗贼、凝聚地方认同等方面发挥着重要作用，它们是民间社会聚集力量抵御风险的屏障。

二、宗亲互济互助

家是每个人心灵栖息的港湾，家庭成员之间的感情是无可替代的。现代科技和即时通信软件的发展，压缩了人与人之间时间和空间的间隔，确保人们即使身在不同的空间、位置依然能够保持密切的联系，为彼此提供安慰。正如人们可以隔离出物理的距离，但无法割舍掉人们之间的感情，身体距离反而有可能加强个体与他者之间的联系。当人们不得不避开亲近之人时，反而会更加体会到亲密关系的重要性。[4]

早在 20 世纪 90 年代，人类学家在闽南乡村社会的研究就已经显示，民间互助服务是一种非正式的、自愿的行为，主要体现在财政、关系、劳力和信息支持四个方面，其中以父系血缘为纽带的堂亲所提供的帮助在各方面皆远大于姻亲和朋

3. 魏源 . 庐江章氏义庄记：古微堂集 [M]. 清宣统元年国学扶轮社排印本 .
4.Slavoj Žižek, Pandemic! Covid-19 Shakes the World, New York& London: OR Books, pp.1-3.

友，[5] 按照抽样调查，其具体比例如下图所示：

关系 ＼ 互助类别	财政支持	关系支持	劳力支持	信息支持
堂亲	48%	41%	78%	42%
姻亲	25%	34%	14%	29%
朋友	27%	25%	8%	29%

资料来源：王铭铭.《村落视野中的文化与权力：闽台三村五论》，北京：生活·读书·新知三联书店，1997 年，第 140 页。

福建各地以祠堂或神明会为中心维持有效运行的宗族，能够从宗族共同财产中拨出专项资金接济经济困难的族人，帮助年迈的老人，并推动宗族成员内部之间信息、资源的互通有无，相互合作，共同抵御外部环境带来的风险。

在社会治理实践中，基层政府长期以来一直存在人力和资源紧缺的问题，近年的新冠病毒疫情防控工作更是增加了基层工作人员的工作量。基层社会发挥宗族和宗亲的作用，配合政府政策措施落实，有效节约了行政资源，降低了行政成本，更好地完成相关工作。

在福建，家族、宗族也是组织社会友善互助和公益福利事业的主要推手。[6] 他们积极捐资助学、修建公庙、参与社会救济、完善家乡基础设施，对地方社会的经济文化和公共事业的发展

---

5. 王铭铭.村落视野中的文化与权力：闽台三村五论 [M].北京：生活·读书·新知三联书店，1997：139—140.

6. 王铭铭.村落视野中的文化与权力：闽台三村五论 [M].北京：生活·读书·新知三联书店，1997：164.

发挥着不可替代的作用。

三、发展中的民间互助、志愿者服务

人类社会的需求是多层次的。社会治理层面从政府到城市，到社区，从城市到乡镇，体现出社会、社区、组织和个体等不同的维度。

福建以家族组织为核心的互助模式强调在地方社会结构化过程和个人生命史中逐渐形成的家族、姻亲和朋友三种非正式关系群团内部的情谊，尤其注重家族组织内部成员之间的互助和合作，以人情观念为基础进行资源的交换和互助。但互助互惠理念作为一种社会规范，其作用仅限于它所运作的社会关系之内、享有共同经验的群体之间。[7] 因此，当代社会就逐渐出现了超越礼俗社会、熟人社会的民间互助服务需要志愿者和非政府组织。志愿者群体的出现，一方面是个体自我满足和自我价值的实现方式；另一方面，各种志愿服务群体和领域中所体现的基本关系——供给与需求，其本质是社会供求关系和机制的体现。

近年来，地方政府在应对公共卫生事件相关政策实施中，动员非政府组织、志愿者参与从事大量工作。在提供志愿服务的志愿团体和志愿者中，宗教慈善群体有着庞大的基数。福建具有浓厚的民间信仰传统，社区的公庙是公共宗教活动的主要提供者，具有整合社区、维持地域认同的作用，其日常运营模

---

7. 王铭铭. 村落视野中的文化与权力：闽台三村五论 [M]. 北京：生活·读书·新知三联书店，1997：116-223.

式通常为社区选出的理事会进行集体管理。理事会成员出于个人意愿，无偿为社区服务。部分经济实力雄厚的公庙理事会甚至将其职责进行延伸，在日常生产生活中也为社区成员提供急需的帮助。例如泉州市经兜村村庙狮渊堂的管理机构狮渊慈善会，由经兜村在外经商的村人组织、运行，积极参与村落的公共事务，是在外发展的经兜村人回馈家乡父老的重要途径。疫情期间慈善会与村委密切合作，敦促村人恪守基层政策，并赠送礼物慰问儿女没有回家、独自留守家中过年的老人。从这个角度而言，他们其实就是某种意义上的社区的"志愿者"。这种现象不胜枚举。它们打破个体在陌生人社会中的隔膜，从中创造出一个开放、安全的空间，将原子化的个体连接起来，通过互助合作，在彼此之间缔结新的社会网络。

党的《二十大报告》提出，要"完善志愿服务制度和工作体系"。从社会学角度解释，志愿者团体的存在有利于快速发现问题、解决问题，弥补公共部门承担责任不足或忽视的领域。随着经济的发展，国家对于社会治理的日益精细化，将部分民生项目交由民间组织运营，能够整合双方资源——于基层部门而言，有助于节约行政成本和人力资源，于民间组织而言，能够缓解资金压力。最终，实现互利共赢，更好地满足民众和社会的需要。

马克思认为，"所谓人的价值，应该是指人的存在和行为在社会关系中对于人的意义，也就是人对于人的意义"，人不能脱离社会单独存在，个体是在与他人、社会的互动过程中满足自身需要，实现自我价值。新时期的志愿服务群体正是基于这样的理念，致力于社会服务，倾听弱势群体的"声音"，成为他们与社会、政府沟通的桥梁，在解决问题、满足个体和社会需求的同时，发挥着凝聚人心的作用。因此，近几年福建形成的各种志愿服务群体的实践探索，正在逐渐勾勒出中国特色志愿服务体系构建的轮廓，朝着实现"共建、共治、共享"的和谐社会愿景迈进。

四、城乡融合发展与基层社会治理的民间力量

"家风正则民风淳，民风淳则社风清，社风清则社稷安"。乡土中国的基础"三缘"，即血缘、姻缘和地缘以及基于此形成的宗族制度、亲属制度和民间信仰制度，是构成整合中国乡村社会的重要力量，也是当代城乡融合发展的土壤。

长期以来，城乡二元结构的问题一直存在。传统中国以农业为立国之本。1890年，农业产值占国内生产总值的比重达到68%以上，4/5的劳动力从事农业生产。[8]近现代以来，中国朝向工业化国家转型。20世纪90年代以来，随着工业化和城镇化的高速发展，农业人口大规模进入城市就业。在2003-2010年间，中国城乡关系发生了根本性变化，要素双向流动的趋势不断加强，城乡差异随着经济发展不断缩小的同时，区域性、间歇性差异扩大的现象时有出现。而城市历来都是国家的经济和文化中心，城市居民平均受教育程度相对较高，对公共事务参与意愿较强。农村地区无法像城市一样实现资源集中，

---

8. 安格斯·麦迪森. 中国经济的长期表现：公元960-2030[M]. 伍晓鹰, 马德斌, 译. 上海：上海人民出版社，2008：20.

基层亦无法投入足够的人力和行政资源，实行城市标准的高水平精细化管理。

党中央提出全面推进乡村振兴战略，坚持农业农村优先发展，坚持城乡融合发展，畅通城乡要素流动。现代化离不开农业农村现代化。把握新时代经济社会发展新趋势和农业农村发展新特征，探索具有可持续发展的乡村振兴之路，是一项重大战略课题。近年来，福建全面推进乡村振兴，积极发展农村经济、完善基层组织建设，加快建设老区苏区，已经极大地改变了福建乡村面貌。

这其中，福建各地浓厚的宗族传统和其他民间互助组织的运行，也发挥了巨大的作用。福建宗族文化中的诚信、孝敬、慈善、爱乡睦邻、勤俭节约等，都对乡风文明建设、乡村基层社会治理产生积极影响，强大的宗族观念也促进了福建城乡之间的团结互助。家族网络、宗族组织、熟人社会等传统中国社会自发形成的民间社会网络，成为基层社会治理的重要组成部分。

家：永远的慰藉与牵挂

"无论时代如何变化，无论经济社会如何发展，对一个社会来说，家庭的生活依托都不可替代，家庭的社会功能都不可替代，家庭的文明作用都不可替代。"

——习近平

家庭作为社会关系的集合，是生活的基本单位，从小家庭、大家庭到家族，与家庭有关的概念，其指涉的范围具有无限伸缩性，结构上具有多层性，家庭的动态变化、运行机制与社会文化的变迁紧密相连。家庭、家族在长期生活和实践中逐渐形成、传承下来的家庭文化和家族传统，对于家族成员和后代的思想观念和行为实践具有深远的影响。家庭、家族成员之间充满感情的亲密关系，也在家庭的伦理道德和教化功能之间注入温暖的慰藉。

一、祖先余荫，棠棣其华：永定土楼林日耕

客家土楼是中华民族的瑰宝，是大家庭、小社会和谐相处的典范。林日耕，龙岩市永定区著名土楼振成楼居民，数十年来一直坚守着祖先留下的土楼，笑看楼里楼外的风雨，任凭岁月流逝、年华老去，守望着祖先的遗产。

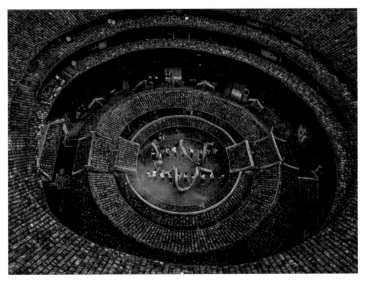

永定区湖坑镇土楼景区南中村环极楼舞龙

（一）向心而聚，崇文重教：先祖的遗产

林日耕是客家人，家在龙岩市永定区湖坑镇洪坑村，1951年出生于振成楼。林氏是当地的大族，洪坑林氏的始祖始居丰田里抚溪乡，去世后，其妻詹氏携其子迁至金丰里洪坑乡大园，在此立籍、定居，传至林日耕已是第二十二代子孙了。

林日耕的家族自晚清以来涌现出不少在地方社会颇具名望的杰出人物，身前身后为后世子孙留下宝贵的物质和精神财富。他的曾祖父林在亭生于晚清时期，彼时居光裕楼，膝下三子。清代以来福建的制烟业十分兴盛，永定山多田少，烟草种植十分普及，所产条丝烟更因质地精纯、香色俱佳而闻名全国。在此经济环境下，林在亭父子四人进入烟刀制作行业。修建厂房选址时，他们考虑到烟刀生产时锻炼铁器需要大规模烧炭，岩太村向有烧炭的传统，岩太村林氏又和洪坑村林氏本出同源，因此烟刀厂最初开设于岩太村。1865年，日升烟刀厂设厂。在烟刀厂的经营管理方面，三兄弟可谓分工明确：长兄林德山精通技术，主要负责生产线的管理，保证烟刀制作的质量；二弟林仲山能写会算，主要负责财务和原材料采购；三弟林仁山善于社交，主要负责市场开拓和产品销售。三兄弟亲密无间分工合作，日升烟刀厂迅速发展起来。

林日耕说："聚族而居，崇文重教是我们客家人最大的特点。"光绪六年（1880年），因烟刀厂的发展而积累了巨大财富的林在亭父子着手修建属于本家族的土楼。历经十年时间，用资二十万大洋后，一座方形土楼在漆树坝金丰溪河畔落成，命名为"福裕楼"。福裕楼分三格，设置了三个大门，三兄弟各居一格，同楼居住但经济相互独立，而林在亭依然留守光裕楼。相传，在分配居所的时候，三兄弟之间十分礼让，长兄认为二弟修建福裕楼居功最著，应住中楼；二弟认为长兄应住中楼，互相谦让之下，最终决定幼弟住中楼，长兄住南楼，二弟住北楼。兄弟间同心礼让之风，至今仍让后人感佩不已。

三兄弟热心于教育事业，多次慷慨解囊捐资建学。福裕楼的右侧建有雅言斋，被辟为私塾。1888年，林仲山出资修建新式小学光汉学校，以方便村中学童读书。1903年，林仁山在村中新建日新学堂，时任汀州知府张星炳亲自为之题名"林氏蒙学堂"。三兄弟崇尚教育的风气深深影响了后人，子孙多崇文好学，学有所成者更是不绝如缕。林仁山的次子林鸿超擅长书法、国画，工于诗词，著有《超庐题画诗钞》，子孙接受高等教育的后人更是不可胜数。林日耕本人尽管迫于生计，小学毕业后未能继续升学就读，然聪明好学，对文翰笔墨满怀热爱之心。2020年，已经年近70的他为父母修坟之时不幸骨折，在家休养之时，回思往事，油然生出撰写回忆录之心，在朋友帮助下最终成文。

兄长林德山、林仲山去世后，林仁山原本计划新建一所圆形土楼，以两位先祖名字中各取一字，为"振成楼"。可惜夙愿未成，林仁山便不幸离世。民国元年（1912年），林仁山之子林鸿超秉承父亲遗愿，与亲族共同筹备修建振成楼，费时5年，耗资8万大洋，振成楼方告竣工。1951年，林仁山之孙林日耕在振成楼出生，这时的中国已是共和国时代。

（二）风雨同帱，守望相助：依依亲人情

林日耕的父亲林鸿辉是林仁山的四子，生于1896年，早年求学于日本早稻田大学，获法学学士学位，回国后从政，曾先后任永定县代县长、闽侯县县长、福建省政府禁烟委员会委员、惠安县长、宁化县长等。

1951年林日耕出生的时候，父亲已经55岁了。此时林日耕兄姐们由于求学和谋生，早已迁居各地。林日耕一家只有四口人在振成楼老家居住。父亲已经年老力衰，作为留守家中年纪最长的儿子，林日耕感于家计艰辛，早早肩负起养家的责任。1964年，林日耕小学毕业后就不再继续读书，而是随同母亲参加生产队的集体劳动，以便挣工分养家。时至今日，林日耕依然清晰记得当年的他由于尚未成年，每天的工分只有成年人的一半。父亲见他读书无望，一度希望他能够习得一门手艺傍生。但由于家庭成分被划分为地主，难以找到愿意传授手艺的师傅。愁苦之际，嫁在古竹乡的大姑妈慷慨地伸出援助之手，将他介绍给一位精通"弹棉花"手艺的师傅学徒。

在以后的岁月中，虽然很少以"弹棉花"赚钱，但来自血脉亲人的情谊，林日耕一直铭记于心，从未忘记。也正是来自亲人的援手、与亲人的相互扶持帮助林日耕走过人生的悠悠岁月。林日耕如同他的祖先一样，具有聪明、大胆的特质，不甘心默默地在生产队苦挣微薄工分，通常在下半年农闲时分外出打工挣钱。按照当时的人口管理规定，外出务工必须得到生产队的同意，否则将面临罚款的处罚。为了家庭生计，林日耕总是想方设法克服重重困难，坚持外出务工。在他多次外出务工的历程中，侄子们一直是他的好伙伴。

林日耕也正是在前往南靖县做工过程中与妻子结缘。1971年，林鸿辉将林日耕即将结婚的事情告知了海外的亲人，林日耕旅居香港的二哥在春节前回复了父亲的信件，并随信寄来500元，信中写道：

"亲爱的父母亲，来信收到。多年没联系，现知悉家乡情况，汇入人民币500元，其中200元作家中春节和生活费用，其余300元作耕弟的结婚费用。耕弟结婚，请亲房叔伯吃杯水酒是应该的。"

二哥的援助来得恰是时候。林日耕从汇款中拨出部分钱财购买各种结婚用品，1973年举行婚礼。一年后，他的长子出生。

（三）神圣的使命：土楼保护、传承、开发

1975年，林日耕父亲去世。林日耕知道，未能重回振成楼是父亲临终前深深的遗憾。1958 年，由于移楼并居政策，林日耕一家一度迁出振成楼，1960 年重新搬回，1968 年又被迁出，1976 年终于获准搬回振成楼。1984 年，政府正式将昔日修建振成楼的林家后人确定为振成楼的产权人。

按照客家人的传统习俗，土楼的承袭和归属是一件非常重要的事情，民间社会有约定俗成的规则。湖坑镇客家人的分家方式通常有两种：全部儿子结婚之后分家；每个儿子结婚后即分家出去独立生活。分家时，"房产和田地一般按照'房份'均分"，女儿没有单独的继承权。家住土楼的人家若出售房产，必须征求本楼长辈和至亲的同意，决不能出售本楼之外的人家。例如目前正在振成楼一楼开茶叶店的李老板，丈夫继承了振城楼的一格，她说："土楼的房子我们一般是不会卖给外人的，别人一般也不会想到要买，因为一个楼里住的都是亲族，外人住进来也会觉得不舒服，所以都是自己人内部买卖。"历经分家析产以后，土楼的产权实际上非常复杂。李老板一家主要在振成楼居住，但在福裕楼目前还拥有一个房间。

由于亲族多离散海外，或在外地安家立业，在 20 世纪 80 年代，居住在振成楼的人家实际只有林日耕等四大户。

改革开放以后，林日耕最初经由兄弟姐妹和侄儿林尚强的帮助，在振成楼旁边修建了一个土木架构的小店铺，用以开设碾米加工厂和百货铺。作为土生土长的客家人，林日耕原本视土楼为寻常事物，并未觉其有令人惊叹之处。当他在经营自己的小生意之时，时常看到有人参观土楼之后他有了新想法。林日耕告诉我们："那个年代，大家都没有搞旅游的概念，别人问，我们就给人讲。刚开始只觉得奇怪，这有什么可看的呢？我自己不懂就去问人，慢慢地就开始懂了，就想其实我们自己可以做点什么。"最开始是收点卫生钱、打扫费，林日耕和振成楼的其他住户商量，向每位参观者收取1元卫生费。

20世纪90年代，永定县以土楼为主要元素，开始规划、发展本地的旅游业，计划以2000元/年的租金租赁振成楼。彼时的林日耕已经隐约预见土楼旅游未来发展可期，于是率先签字，配合政府工作，同意拆掉其修建在振成楼旁边的碾米加工厂。

最初，林日耕并没有视土楼为客家传统文化代表和祖先文化遗产的自觉。在与外来参观者的交流对话中，他才逐渐意识到土楼具有不可替代的文化价值。随着政府对于土楼历史文化的开发和文化产业、旅游业的发展，林日耕作为振成楼的楼主深度参与其中，他不再受限于传统的思维方式，而是一种全新的视角重新审视振成楼，意识到这是祖先的遗产和客家的文化象征，并重新回顾、深入研究家族的历史、先人的故事。

现在，林日耕的儿女们都已经成家立业，他们拥有自己的工作和生活，逐渐搬出了土楼。但是他们依然常回土楼，年度祭祖仪式以及其他家庭和村落的集体活动维系着他们的身份和文化认同。而林日耕和妻子一直留在振成楼，经营着一家特产店。

近年来由于各种因素，旅游业发展一度受到很大影响，永定土楼也毫不例外。林日耕亲身经历了游客锐减的行业衰退。2023年后，游客慢慢回归。已是古稀之年的林日耕经历了太多的人间沧桑，他知道，生活不会一成不变，总会有波澜起伏，土楼旅游业总会不断发展，振城楼会重新热闹起来。

如今，林日耕始终在振成楼，默默地追忆先祖，向远方的客人讲述振成楼的故事和林家的历史，也静静等待迁居四方的族人回到家乡，追终敬祖。对林氏后人而言，无论他们身在何方，他们的根依然在这里。祖先留下的土楼陪伴着他们，他们在享受祖先荫护的同时，也守护着祖先的遗产，恪守着祖先的家训，并将其传之后世，发扬光大。

二、春晖情，寸草心：福州市琅岐镇乐村人江淑容

乐村是福州市马尾区琅岐镇的一个行政村，当前人口总计1889人，只有一个自然村，村落规模相对较小。其所属琅岐镇辖琅岐岛全境，有27个行政村和1个社区。琅岐岛位于闽江入海处，总面积有92平方公里，海岸线长达30千米，滩涂面积37平方公里，是福建省第四大岛，三面环江，东临大海，岛内地形以平原和山地为主。

尽管琅岐岛拥有丰富的农业资源，但世代居住琅岐岛的本土居民很少以农业为生。部分人家在闲暇之时种植些许蔬菜和芭乐、橙子等水果，仅供自家食用或馈赠亲戚朋友。琅岐岛是一个海岛，但岛民也很少从事海洋生计。一位老人家告诉我们，岛上的渔民很少，且都年事已高，只是在滩涂上进行相对简单的捕蟳。当地人日常食用的海产大多来自长乐。至于琅岐岛人的主要收入来源，当地人直言："我们的经济、消费主要依靠国外汇进来的钱。"20世纪80年代以来，琅岐岛人开始通过各种方式大规模前往美国谋生，少量人前往西班牙、英国等欧

洲国家。

乐村村民江淑容和丈夫共同育有两个女儿。二十多年前，江淑容的丈夫为了保障家人更好的生活，偷渡美国打工。虽然通过现代通信工具与留在家乡的妻女、亲人保持联系，却因为没有成功申请到美国身份，一直未能回家探亲。现在，江淑容的大女儿也紧随父亲的步伐前往美国，将儿子小弦托付给母亲照顾。小女儿留在福州，也已经成家立业。江淑容和外孙小弦一起留守乐村。

对丈夫和女儿不在身边的江淑容而言，照顾外孙，代表个人和家庭进行私人祭祀并参与村落公共祭祀活动，维持家庭的人情往来和社会网络，是她在日常生活中的重要责任与义务。江淑容的父亲原本是一名村干部，并不信奉民间信仰，因此家中很少进行祭祀活动，未出嫁前的江淑容对此自然所知不多。婚后，因为婆婆从事各种祭祀仪式非常虔诚，江淑容也慢慢开始学会了传统的仪式知识。在中国乡土社会，传统文化的传承主要依靠口耳相传。江淑容和她的婆婆正是在家庭生活的实践中完成了传统文化的代际传承。

江淑容是一名极具生命活力和热情的妇女，烦琐的家庭事务并没有让她疲于应付，她依然有闲暇时间和充沛的精力发展个人爱好，从事自身感兴趣的事情。益乐社会工作服务中心在琅岐岛从事社会工作服务，其运行的"空心侨村的留守人群赋能与乡村真心"项目曾在2020年荣获福建省民政厅、福建省慈善总会联合颁发的第四届"善行八闽——公益慈善项目大赛"三等奖。益乐原本在乐村村委会设立了一间办公室。或许源于父亲的言传身教，江淑容对于公共事务和公益事业充满了热忱。她多次参与益乐举办的公益活动，即使在益乐的办公室迁离乐村前往其他村落之后，她依然每周抽出三天左右的时间为益乐的公益项目做义工。

2020 年后，全球疫情蔓延，打乱了江淑容平静的生活。在 2022 年 11 月前，乐村没有出现一例确诊病例。江淑容对于自己和外孙、小女儿一家并不忧虑，但非常担心远在美国的丈夫和大女儿。由于琅岐岛在国外打工的人口规模相对较大，因此当地的国际物流业非常发达，有多家从事全球邮寄的商家。江淑容告诉我们，2020 年村里有很多人往美国寄连花清瘟。随着时间推移，江淑容心态逐渐缓解。

2022 年，江淑容已经不太关注美国的疫情了。12 月，江淑容注意到村里出现抢购口罩和连花清瘟的浪潮，她本人也参与购买连花清瘟。江淑容解释：“其实是不害怕的，主要是别人都在买，而且买了还老是到处问‘你买了没有？现在还能不能买到’，弄得大家都紧张起来，好像不买不行。”在日常生活中，江淑容却相当坦然、豁达，几乎很少佩戴口罩。农历十一月二十四日是乐村的村神大哥公诞辰，江淑容丝毫无惧于公共宗教活动大量人员聚集，连夜准备敬献祭品，当日全程参加所有祭仪活动。

12 月，江淑容前往琅岐镇卫生院就诊时，按照卫生院例行规定进行核酸检测，次日确诊感染新冠病毒。当时，江淑容本人已经出现咳嗽的轻型症状，与之同住的外孙小弦尚无症状出现。小女儿得知后，无惧自己被传染的风险，立刻从福州城内赶回乐村照顾母亲和外甥，让江淑容在卧室居家隔离。后来，小弦开始发烧，小女儿也出现低烧、咳嗽症状。幸运的是小弦在第二天即退烧，江淑容较女儿症状更轻，因此一日三餐由江淑容准备。一家人进行居家隔离的自我照护，母女二人相互扶持，共同照顾年幼的孩子，直至痊愈，平稳度过了这一短暂的艰难时段。

三、异域乡愁：福州市琅岐镇乐村人朱敬文

朱敬文也是乐村村人，与妻子共育有一女一子，女儿目前就读于四川大学锦江学院，儿子正在读高三。在琅岐岛出国务工盛行的社会环境下，朱敬文也走上国外打工挣钱的道路。2017年，朱敬文的朋友在西班牙为他申请了五年的工作签证，由此朱敬文开始了西班牙和中国的两地奔波。他在西班牙一家拥有五六名员工的中餐馆打工，由于人手较少，每人都有自己负责的事项，工作非常忙碌辛苦。

2019年12月，朱敬文从西班牙回国，后留守在家。直至2022年8月，他在西班牙的工作签证即将到期，不得不前往西班牙处理相关事宜。一切办理完成后，朱敬文乘坐马德里至重庆的航班回国。按照当时的相关政策，朱敬文在重庆入住酒店隔离。最初核酸检测并无异常，但几天后核酸检测阳性，朱敬文不得不入住医院。出院后，归乡心切的朱敬文返回福州又隔离8天，之后才回到乐村家中。回忆当时情境，朱敬文的态度非常平静。他说："除了喉咙疼痛，我没有感觉其他哪里不舒服。"

在国外务工的很多琅岐岛人在餐饮行业工作。虽然他们源源不断地将辛苦劳作赚取的钱寄给故乡的亲人，但是骨肉至亲长期分隔两地、不得朝夕相处的痛苦也难以用笔墨形容。在朱敬文看来，国外中餐馆的工作时间长，工作量大，非常辛苦，还面对着异国他乡语言不通的困境。他选择在西班牙务工的一个重要原因就在于能获得签证，往返国内外相对容易。每当他觉得身心俱疲，不堪忍受的时候，就会回国休息一段时日。他说："我都是做一年半年，休息一段时间。在外面很辛苦，吃的也不习惯，当然还是待在家里舒服些。"

在琅岐岛，常会听到当地人讲述那些非正常途径出境务工的人因没能获取所在国的身份，多年不能回家探亲的故事。为了赚钱，只能一直留在国外，与国内的家人音讯相通却不得相见。但许多的家庭却甘愿忍受这样的痛苦。从琅岐岛人的角度来看，这样辛苦的挣钱主要是为了孩子。养育子女是婚姻和家庭的基本功能。"父母之爱子则为之计深远"，许多琅岐岛人只是希望能够为下一代提供更好生活条件。正是这样朴素的愿望支撑他们远赴异域，从事辛苦的工作亦在所不惜。

朱敬文有两个兄弟，父亲已经去世，母亲还陪伴在他们身边。按照兄弟三人的约定，他们以年为单位，轮流赡养母亲，母亲依次在每个儿子家各住一年。今年恰好轮到他赡养母亲。朱敬文的儿子今年就读高三，明年六月将迎来高考。疫情让朱敬文难得有机会能够长时间在家休整，陪伴妻子和儿女，孝顺母亲，尽情享受家庭的温馨。但作为家里的经济支柱，朱敬文知道他肩负养家的重任，终究还是要继续回西班牙工作。他说：

"老母亲今年轮到和我一起住，儿子也在高三关键时期，这段时间肯定要在家里好好陪陪他们。等这些事情忙完，还是要出去打工挣钱的。"

在中国传统文化中，父母与子女之间形成的纵向关系是家庭关系网络的主轴。种族繁衍是人类的天性，抚育子女不仅出于血缘、社会的原因，也包含感情的因素。"慈""孝"是中国传统文化推崇的道德风尚，乌鸦反哺，羔羊跪乳，历来为人称赞。父母和子女之间的亲密感情、相互付出、遭遇不幸时同舟共济的精神，让人感受到中华传统中最基础、最本源的温暖和光辉。

「人物简介」

林日耕，生于1951年，龙岩市永定区湖坑镇洪坑村人，土楼振成楼楼主。先辈在晚清至民国时期创建了日升牌烟刀厂，修建了福裕楼、振成楼两座土楼，积极捐资办学。林日耕成长、谋生的岁月中多得亲人帮助。土楼旅游业兴起后，林日耕积极参与其中，成为土楼文化开发和旅游发展名人，目前在土楼经营一家特产店。

江淑容（化名），生于1966年，福州市马尾区琅岐镇乐村人，丈夫和长女先后远赴美国务工。平日江淑容主要料理家务、维系家庭的人情往来、照顾长女幼子。

朱敬文（化名），生于1971年，福州市马尾区琅岐镇乐村人，2017年前往西班牙务工。2019年年底回国探亲，留守家中照顾父母、妻子儿女。

家族与村落：薪火相传

孙氏派本乐安。唐晋始祖顺仁公，自河南光州府固始县祥凤里沿山村，周显德元年来闽地，居住福建泉州府安溪县长泰里狮渊乡。十七世伶仃。十九世分三乡。继继绳绳，至廿八世祖皇清显考、累赠恩荣乡饮宾、八十八翁毅亭公，孙五世祖也。讳伢官，字殿确。慈懿妈王氏，即佳配也。公至於今，凡九世矣。诸孙曹修谱，嘱孙为公序，孙愧无文，胡为序乎？爰将公生平事实悉笔以书，非敢谓润色之文也，特谨志之，以为不忘本耳。

——摘自民国《安溪狮渊孙氏族谱》

民国元年（1912 年），世居安溪县长泰里狮渊乡孙氏修订族谱，族中耆老孙毅亭嘱托三房五世孙、处士太学生孙君亿为之作序。孙氏始祖顺仁公祖籍河南光州府固始县祥凤里，后周显德元年（954 年）迁入闽地，最终定居泉州府安溪县长泰里狮渊乡，繁衍至十九世时，子孙众多。

对聚族而居的家族组织而言，祠堂、家谱和族田是将共同祖先的子孙连接起来的核心要素。安溪县城厢镇经兜村位于福建晋江西溪之畔，古名渊兜，狮渊孙氏家庙就坐落于村中黄龙山麓，始建于清光绪二十年（1894 年），其后于 1912 年、1943 年历经两次小规模修缮。最近一次整修是在 1995 年，族人集资 130 余万元，最终建成砖石构造、占地面积 313 平方米的建筑主体，目前已成为县级文物保护单位。狮渊孙氏宗族的共同体成员包括经兜村、经岭村、南英村的孙氏继嗣群体。

正如学界对于福建、广东地方社会的研究：几乎在中国的每一个地方，几个紧密相连的村落构成乡村社会的基本单位。氏族（clan）（书面语一般为"世系群"或"宗族"[lineage]）通常只是村落的一个部分。但是，在福建和广东两省，宗族和村落明显地重叠在一起，以致许多村落只有单个宗族，继嗣（agnatic）和地方社区的重叠在这个国家的其他地区也已经发现，特别在中部的省份，但在中国的东南地区，这种情况似乎最为明显。[9] 在经岭村和南英村，多个宗族的成员共同居住于一个乡村社会单位，但经兜村仅有一个宗族孙氏，是名副其实的单姓村，目前人口有 3000 余人。

一、撑起一个村：一个宗族的谋生奋斗史

经兜孙氏宗族秉承了福建人善于经商的传统。早在民国年间孙亿君在为族谱作序时，已然勉望族人"工商勤而夫妇顺"，足见工商业在狮渊孙氏宗族成员经济生活中的重要性。目前，经兜村孙氏宗族的成员主要从事与空气压缩机相关的产业，从业人员遍布生产、销售等不同环节的产业链上下游。他们培养、孵化出数个空气压缩机的知名品牌，生产基地多数集中在上海、嘉定、苏州、无锡等长三角城市群。其中，上海是其生产、经

---

9. 莫里斯·弗里德曼. 中国东南的宗族组织 [M]. 刘晓春，译. 上海：上海人民出版社，2001：1.

营的重镇。而农业在经兜村孙氏族人生活的经济占比微乎其微，多是老人家自行开辟菜地，自行食用。

孙兵是经兜村人，他告诉我们，孙氏宗族数十年来以江沪浙为中心，深耕空气压缩机行业，有其历史渊源。早期经兜村孙氏宗族曾从事打铁行业，俗称"打铁担子"，通常是三人组成一个小型的合作团队，包括一名打铁师傅、一名操作鼓风箱的看师傅和一名学徒，风餐露宿行走于各个村落，帮助人们修补铁制工具。改革开放以后，有孙氏族人乘坐火车前往江沪浙，从事机械维修工作，自此进入机械行业。20世纪80年代，孙氏族人开始涉足空气压缩机的零部件维修行业，随后进入销售端，开设店铺，销售整机。80年代末90年代初，孙氏族人不再满足于松散的门店，转而进行地区代理，进一步介入售后服务。21世纪初，孙氏族人进军生产领域，在长三角地区设厂生产空气压缩机，发展至今，经兜村孙氏一系的空气压缩机品牌占据国内生产总额的百分之四十以上。近年来，各品牌日益重视研发工作，致力于空气压缩机节能管理方面的技术创新。

得益于孙氏宗族成员之间秉承的相互帮扶理念，几代人相继进入该领域，并在空气压缩机行业立足，事业不断扩大，进入全产业链。孙氏宗族成员间守望相助的精神气质巩固了他们在空气压缩机领域的影响力，品牌之间非但没有恶性竞争，反而相互合作，形成集群效应，促进了行业的发展创新。孙兵虽未从事商业，但对宗族成员间在商场的联合深有体会："在商业上，熟人关系非常重要。同一宗族，大家都知根知底，不会担心被骗，即使出现问题，彼此之间也容易沟通、解决。"

二、无形的网络：精神归宿与祭祖仪式

经兜村孙氏宗族经过多年的发展，能够以血缘关系为基础，辅之以契约合作，在现代社会形成纵横交错的商业网络，一个非常重要的原因是宗族内部所具有的强大向心力、凝聚力。

经兜村的狮渊堂，初建于清朝中期，主要供奉顺正大王、孙王府、佘王府、谢王府四位神明，俗称"四王府"，每年农历八月十二日"佛诞日"，也是经兜村最盛大的仪式活动。每逢"佛诞日"，孙氏宗族所有身在外地的成员都会尽量抽出时间，回乡参加公共仪式。

经兜村辖区内，在历史发展中自发形成了应用于划分村落公共祭仪区域的单位——"角落"。经兜村有罗渡岭（三长）、英外、草埔后等 7 个"角落"，这些"角落"的区域划分或多或少与孙氏宗族的各分支是重合的。各"角落"在每年"佛诞日"轮流筹办活动，依次轮值。当年轮值的"角落"在农历八月十一日开始安排人手布置狮渊堂，邀请的戏班在当晚开始唱戏，连唱三晚。农历八月十二日当天，摆上筵桌，放上五牲、金纸、茶、酒等各种供品和祭祀使用的仪式用品，延请的师公依次举行各种仪式，持续整日。各家各派出一人作为代表，将备好的五牲供品放到狮渊堂的供桌上，敬香、焚金纸、鸣炮。狮渊堂内设有一添油处，经兜村人可代表家庭自愿捐钱添油，工作人员将捐献者家庭当家人的姓名和捐赠金额记入礼簿，高声唱出。祭拜完毕后可将五牲供品取回家中，馈赠亲友、自家食用。当天晚上，各家还会举办宴会，邀请经兜村外的亲朋好友聚餐。在孙兵看来，这充分说明"佛诞日"不仅是一场民间

信仰活动，也兼具极强的社交属性，是个人和家庭维系、扩大社会网络的重要途径。由于疫情影响，2020 年、2022 年的"佛诞日"仅小规模举行。正是这样的公共活动，多年来将孙氏宗族的成员紧密地维系在一起。

另一个联系家族及宗族成员的重要活动是祭祖。自宋代以来，祭祖便是维持宗族组织发展的最重要因素。福建的祭祖主要有祠祭、墓祭和家祭三种。据孙兵的观察，经兜村人口具有典型的代际特征：青壮年基本在外读书、工作，老人大部分留守家乡养老。春节前后，是在外的孙氏宗族成员大规模返乡时间。此时，孙氏族人以个人或家庭为单位，前往祠堂祭祖。年度性的祠堂祭祀仪式是宗族以下各分支在各自的祖厝举行，这样的祖厝经兜村有二三十个。

孙兵这一支系隶属榜思小宗，祖先孙榜思，下分六房，孙兵是其七世孙，其分祠原本是榜思公居住的祖厝。其后孙兵的父辈们筹资 300 余万在原址重建，仍保留其闽南古厝的风格。分祠的日常管理由六房约定俗成按照年度轮值。轮值的房支内部推选一名管理人员，无偿服务，保持屋宇整洁，每天固定时间开门、关门。

墓祭通常在清明。对于常年在外游学、工作的人而言，清明回家祭祖并不是一件必需的事情。

家祭是日常生活中最常举行的祭祖活动。孙兵家族这一支系有一间祖厝，供奉其曾祖及三位叔伯祖，每逢他们忌日之时，家族内部以家庭为单位，前去祭拜。一名继嗣人员结婚后，通常其家庭就成为一个独立的仪式单位，祭祀祖先时代表自己的家庭单独准备一份祭品。如果不能按时回家参与重要的祭祖活动，家里的老人可以帮忙准备祭品，代其献祭。此外，在闽南乡村社会，除非特别缘故，如信仰天主教等具有排他性的宗教，各家多有一间神明厅，内有神龛和祖龛，分别供奉神明和祖先，每月初一、十五外，举凡结婚、生子等人生礼仪皆会敬香祭拜。

三、向阳而生：困难时期的人心凝聚

近三年来，孙兵异地求学，来回奔波于厦门与安溪之间。在与族人互动、交流中的过程中，结合自身的经历，他意识到新冠疫情对于经兜村人的经济、生活、心态都产生了深刻的影响。

因为大部分青壮年在外地求学、工作，经兜村常住人口老龄化程度较高。免疫力较低的老年人一向是疫情影响的高危人群，在外的孙氏族人难免对独居家乡的父母牵肠挂肚。经兜村应对疫情尚有特殊之处，村人工作地点不仅遍及全国各地，且本村人或其亲友前往东南亚工作的不在少数，民众原本频繁的互动来往加剧了经兜村疫情防控的难度。

2021年春节期间，安溪县农村地区实行封闭管理，向在外学习、工作的村人大力宣传"就地过年不返乡"。这对于在外奔波一年、渴望春节回家与父母亲友团聚的经兜村人而言，无疑是一件为难的事情。村委会通过宗族力量，让关系密切的宗亲之间、父母和子女之间沟通劝说。同时，村委也和狮渊慈善会——村庙狮渊堂目前的管理机构，联合出资为留在经兜村的老人置办年货，安排人手送到各家，前往子女未能返家的老人家中拜年，为他们提供安慰，务求在外的经兜村人安心。对于经兜村的老人而言，他们平常的活动范围多数在村中，疫情对其起居生活影响相对较轻。疫情严重时无法前往集市购买生活用品，但农村有田地，日常习惯种菜，尚可满足基本生活。

对于从事商业活动的经兜村孙氏宗族成员而言，近年来受到的影响是多方位的。在孙兵看来，各种因素催化了制造业面临的多重问题。"生意不好做"，孙氏族人对此深有感触。孙兵说，近年来经兜村青年男子的结婚年龄越来越晚，几乎到28、29岁才会举办婚礼。以前村庄每年举办七、八场婚礼，现在一年几乎只有两三场。他认为这从侧面表明年轻人的经济压力增大了。

与此同时，孙兵也感受到个人心态变化。他发现，个人对

村庄新人举办婚礼（陈成才 摄）

亲情、友情的需求增强了，人们"重新回归熟人社交"。这不仅是由于各种限制，最大的原因是安全和健康问题。"在熟人社会，彼此知根知底，每个人什么状况大家都知道。"

部分在外从商的族人回家乡后，由于不能外出，只能在村内走动。以往交好的族人之间聚会常在县城或乡镇的饭店、KTV，现在大家共同相聚在村中，宗亲、邻里关系反而更加亲近。大多数孙氏宗族成员平时分散在全国各地从事商业活动，疫情也让人们更加关心、思念远方的亲人和朋友。他们经常在群里讨论、交流各地信息，相互问候。孙氏宗族成员之间的联系更加密切了。

四、薪火相传：青年联谊会

孙兵的父亲在家乡结婚、生子后，就前往兰州代理空气压缩机销售。孙兵在二、三岁时，随同父母去兰州生活、读书，直至大学毕业后回到厦门读书，回到安溪生活。他并没有因为在成长岁月中远离故乡而对家乡的闽南话产生隔膜，因为自小在家时，父母都会用闽南话和他们交流。在经兜村，宗族的年轻一代多数拥有同样的生长经历。孙兵对自己的故乡有着天然的热爱和说不出的亲切，他说："不知道为什么，每次回家，心里都会很高兴，感觉连空气都是舒服的。"但不是所有的人都能像孙兵一样。当年轻人长期远离故乡，在异地读书、工作、建立自己的社交网络，没有耳濡目染家乡文化传统，没有参加共同的仪式活动，长久之后，他们会怎样看待自己的故乡？又是否会选择远离和遗忘？孙兵承认："对家乡的认同缺失是孙氏宗族年轻一代普遍面临的问题。"

无论是在村里面对面的交流，还是通过微信互动，疫情反而让孙氏宗族年轻人间有了更多的交流。志同道合的年轻族人不约而同开始思考未来的发展，筹划成立狮渊慈善的青年联谊会。

早在 2009 年，孙氏宗族中经商成功的企业家代表成立了狮渊慈善会。他们的行事仍然遵循村落和宗族古老的传统，理事会成员按照角落进行分配。近年来慈善会关注的事宜主要集中在四个方面：慈善活动，例如养老、助学，为困难家庭提供补助等；乡村建设，配合政府的乡村振兴工作，修建村庄的道路、桥梁等基础设施；维护村庄宫庙，负责公共宗教活动；照料孙氏家庙，聘请日常管理人员。慈善会在经兜村公共事务中发挥着举足轻重的作用。

正在筹划中的青年联谊会，办公地点计划设在经兜村，招徕 45 岁以下的宗族成员入会。但年轻后辈们并不打算完全效仿父辈们的慈善会。狮渊慈善会成员主要为商界人士，青年联谊会则额外增加了顾问团和科教文卫界两个组别，同时筹办产业论坛，广邀政界、商界和科教文卫界的朋友参加。

孙兵说："由于种种原因，改革开放后首批创业的企业家们通常没有太高的学历。随着时代发展，产业需要升级和技术创新，管理体系和资金运作也在与时俱进，这些问题需要知识来解决。我们做这件事就是想扩大年轻一代的社会网络，加强宗族成员之间的关系。经济下行压力增大，生意难做，宗亲之间联合起来可以共同抵御风险。同时，也希望大家能够了解家乡的文化传统，增强对家乡的了解和认同。"

五、回归家乡：反哺之情，叶落归根

经兜村人格外讲究安土重迁、落叶归根。孙兵说："在经兜，20世纪90年代的时候，人们在外地做生意赚钱后第一件事情是买车，方便做生意；然后是回家盖房。这两件事完成后才会考虑在做生意的地方买房。疫情让人们前所未有地意识到家是最后的避风港。"在外打拼的孙氏族人在年老后多数会回到老家，悠闲地享受晚年生活。无论在外多么艰难，只要回到经兜家乡，孙氏宗族的成员们终究是有房可住，基本可保证生存无虞。这是孙兵内心真实的写照，同时也是大多数在外地创业、工作的人的心声。

孙兵说："大家基于安全的考虑，对亲情、友情这类熟人社会的需求，明显增强了。"以前大家有问题或者一些社交的需求，依靠日常工作或与周边同事朋友的接触自然排解。疫情后，对于在异地打工创业的一代，思念故土和回到家乡的心情显得更为急迫。

对于成功的孙氏企业家们而言，近年来在外的辛苦和精神消耗让他们开始考虑将部分产业迁回家乡，即产业回归。空气压缩机相关的产业链是经兜村孙氏宗族中成功企业家的护城河。经各乡贤与相关部门协调，2021年4月，在经兜村举行"压缩机产业助力乡村振兴"系列活动，中国空压机创新创业孵化基地揭牌。孙氏宗族成员创建的各相关企业也开始思考总部迁回家乡的可能性，纳入企业发展规划。这是一个双赢的局面，在外创业的家族成员得到回馈故里的机会，地方政府可以引进产业和资本，未来将会带动经兜村乃至安溪县经济的发展和就业率的增长。

连同已经服务经兜村十余年的狮渊慈善会，还有蓄势待发新生代的"青年联谊会"，都是宗族与政府倾力合作的典范。安溪县民政部门认为，"镇、村慈善会是对健全社会保障体系的重要补充，是'政府主导、社会参与、民间援助的扶贫济困新模式，有助于解决一些政府行政手段顾及不了的社会问题'"。在村委和孙氏宗族、狮渊慈善会的共同努力下，经兜村的基础设施配备得当，修建了污水处理站、改进村落景观，发展酒店、合作农场等产业，入选全国乡村治理示范村、全国生态文化村、中国美丽休闲乡村。

回报养育之恩对于中国人自然是重要的。留守家乡的老年人，是经兜人外出打拼的一种精神支持。乡贤们关注留守老人增加、老年人诈骗问题、医保推广等问题，大力建设经兜老年学校。村里相关负责人说，"活动资金我们是不愁的，亲同的资助是很给力的。"

可以说，现在很多人比以前变得更加务实，与家乡更加密切，同时也更清晰地意识到在外地奋斗、生活的成本。经兜村孙氏宗族在经历制造业面临的困境、对健康的焦虑后，强化了对家族、宗亲的依赖。宗族成员对家乡的热爱和认同变得更加强烈，部分产业回流故里，这是一个之前意想不到的现象。

「人物简介」

孙兵（化名），生于1990年，泉州市安溪县城厢镇经兜村人。自幼在兰州长大，闽南语流利，对故乡充满感情。目前在厦门攻读博士学位，时常回乡探亲，积极参与宗族活动，与年轻一代的宗亲共同筹备青年联谊会。

宗族：跨越大洋的力量

> "我们中国有姓氏文化。各个姓连起来就变成整个中华，有点才有面，没有点哪里有面。各个姓氏还是要团结的，总之我们是一个炎黄子孙。"

——琅岐人江于明（化名）

琅岐，一个美丽的岛，现由福州市马尾区琅岐镇管辖。江于明的家在琅岐农旗村。他今年已经 72 岁了，却是一位精力充沛的老人，同时担任江氏宗祠理事会副会长、昭烈王庙理事会会长和农旗侨联会理事长。在琅岐岛，江氏宗族的成员主要分布在农旗村、光辉村、光明村、星辉村、勤耕村五个行政村，共计一万余人，是琅岐岛的大姓之一。在谈到江氏宗族之时，江于明告诉我们："现在有很多人在国外打工，但是这里始终是他们的根，他们中的很多人还是很挂念故乡的。"

一、祖源流长：琅岐江氏宗族

在琅岐村各大姓氏及家族中，在家中专门设一处用来供奉祖宗是非常普遍的现象。对祖先的缅怀和祭祀，时时回溯历代家族典范和家训，是他们共同的传统。

有关江氏宗族的祖先，江于明告诉我们："江家祖籍在河南济阳，后来迁到浙江金华府兰溪县白水井，明代的时候才迁到琅岐。"江氏宗族发展至今，已经传至二十五代，其中又以砥柱房人口最多，有五千余人，几乎占据江氏宗族总人口的一半。目前，江氏宗族有一名族长，每房又各有一名房长，族长和房长皆由辈分最高而又德高望重的老人担任，惟砥柱房人口太多，故族长多在砥柱房选任。

现存唯一的江氏祠堂，邻近热闹的上歧集市。祠堂门亭前尚有小生意者在摆摊卖东西。宗祠门牌上有一匾额，上书"济阳堂"，两侧题写一联"衡文悬玉镜，奉使驾星槎"。江于明告诉我们，济阳是江氏的堂号，江氏还有一个堂号是梦笔堂，为纪念江氏先祖梦中得神人授五色笔而得名。

江氏宗祠迭经重修后，现今宽 16 米，长 40 米，建筑面积有 640 平方米。宗祠右邻为妥遗祠，建筑面积 400 平方米。妥遗祠是专门用以安置那些没有子嗣后代供奉香火的江氏族人的神位。江氏宗族原本不只有宗祠，庄前房原本有一支祠在江氏祠堂旁边，其后被火烧毁。江于明指着门亭旁边的一幢大楼说："这里是属于我们宗祠的，以前有一个支祠，后来被火烧毁了，现在我们把地皮租出去了，一年租金有 28 万元左右，全部归宗祠理事会管理。"这笔租金意味着江氏宗祠理事会每年有一笔固定收入，足以保证整个祠堂理事会的有效运转。宗祠理事会是管理宗族日常事务的机构，江氏的祠堂理事会由 1 名理事长、4 名副理事长和 15 名委员构成。

江于明在祠堂理事会主要负责文化宣传工作，其他几位则分别负责施工、祭祀、财务，各司其职。对于江氏而言，其宗族事务并不烦琐，主要为祭祖、为学生发放奖金、为老人发放慰问金和救助家境困难的族人。在宗祠祭祀祖先的年度时间为正月十五、九月九、中元节和腊月二十四。其中，又以正月十五最为隆重，因为在过去一年结婚、添丁的夫妻将在这一天前往宗祠敬香、报喜，并向宗祠捐献 300-500 元不等的喜钱，宗祠的办事人员则用红纸书写贴在壁栏里。如果晚辈没有回来，则由其父母代替。下午傍晚时分，江氏宗族的族长和各房房长、以及宗祠理事会成员也前来祭拜祖先。鸣炮奏乐之后，族长宣读祭祖祝文，族长、房长和宗祠理事会成员依次敬香叩拜，然后焚金纸、元宝，放烟花、爆竹。各结婚、添丁的报喜户前来将敬香时燃烧的喜烛取回，回家途中再次放百子炮。祭祖仪式就此结束。

江氏宗祠为考上大学及以上学历的学生发放奖学金。2021年，江氏宗祠的奖励金额为：本科奖励 1000 元，硕士生奖励 2000 元。江氏宗祠还从其运营的公共资金中拨出款项，资助生活困难的族人以及 80 岁以上的高寿老人。如果结婚、添丁前往宗祠报喜，更多的是出于人们对于多子多福的殷勤寄托；那么对于大学生的奖励，对贫困家庭、老人的慰问，则充分体现了宗族成员之间守望共济的互助精神。

江氏宗族在宗祠之外，还有祖厅，由拥有共同近祖的小家庭共同供奉他们的近祖，大门上通常会悬挂横额书写祖厅的称谓。例如"济阳堂于贵公善乐厅"，意味着这间祖厅由于贵公的后人共同修建，供奉于贵公以下近祖的神主排位。江于明家也有一个祖厅，名为"子盛公祖厅"。祖厅较为简陋，为木房，在进门的正墙上有一个祖龛，放置了一个红底金字的祖先牌位。

此外，还供奉了妈祖和关公两位神明。在江于明的家中，不同于其他家庭，他将祖先牌位和神龛分别放置于不同的房间。江于明家单独辟出一个房间放置神龛，供奉玉皇、王母、文王、太子、雷部天尊、东岳泰山、国母（玉皇大帝的母亲）、灶公爷等神明。祖先牌位置于客厅供桌，框内红底黄字书写"供奉江氏本门历代元祖宗亲暨孺人香位"，并写上曾祖、曾祖妣、先祖、祖妣、先考、先妣、先继妣、先兄的忌日，牌位上方墙壁上挂着曾祖、曾祖妣、先祖、祖妣、先考、先妣、先继妣的遗像。

二、远渡重洋：身在他乡心系家乡

江于明早年经历丰富。1986年，他绕道东南亚想要前往美国，但阴差阳错留在了泰国。1986-1990年间，他在泰国开了一家制作汽车坐垫的工厂。原本他要将工厂交由儿子经营，但后来三个儿子都去了美国从事餐饮行业和电子烟销售。1994年，江于明回到家乡，工厂由内弟经营，他转而开始参与村庙等乡村社会的公共事务。目前他还为一家企业做管理，每月有少量收入。但江于明夫妇生活的经济来源主要依靠积蓄和儿子们汇回来的钱。

像江于明这样，儿女在国外打拼、老人留守家中的情形，在琅岐岛非常普遍。江于明告诉我们，自20世纪80年代以来，琅岐岛大量青壮年为了谋生出国务工，很多人去了美国。后来逐渐也有人前往西班牙、加拿大和英国，以及其他一些欧洲国家。也有人去日本，但人数要少许多。江于明估计："现在整个琅岐在美国的人恐怕得有 4 万多人。"

早年到达美国的琅岐人，最初多是从事餐饮工作，工作时间可能长达 14 个小时，从早上 10 点至晚上 12 点，而且一般住在地下室，起居、洗漱多有不便。他感叹："他们的钱都是吃苦才赚回来的。"现在，他们的下一代有的继续留在国外打拼，安营扎寨，开枝散叶。2001-2004 年，江于明曾前往美国探亲，一住数年。这样的经历，让他对于国内国外的生活都有切身了解。他说："过去我们说，小孩子不知父母苦；现在我们这边反过来说，父母不知儿子苦，这个概念转换了。"他这样形容琅岐人在美国立足："一带一，一带二，亲戚带亲戚，哥哥带弟弟，亲戚这样带，就发展起来了，就像犹太人一样。"

在美国的经历让他非常佩服犹太人团结、感恩的精神。对琅岐人来说，也是通过同乡、同宗、血缘、亲缘的关系，将分散的个体连接起来，在异国他乡相互扶持。现在，以地缘和祖籍为纽带，琅岐人已经在美国建立了数个侨联组织，例如美国琅岐勤耕联谊会、美国琅岐红光联谊会、美国福州琅岐同乡会。2018 年，美国琅岐农旗联合总会成立。江氏原本就是农旗村的大姓，美国琅岐农旗联合总会 150 余名职员中，绝大部分都是江氏族人，首任主席也是江氏族人，足见江氏宗族的影响力。首任主席在美国琅岐农旗联合总会成立一周年庆祝会上发表致辞，明确指出总会要"关心家乡规划建设，关爱家乡老人生活"，以"得到父老乡亲们一致好评和认可"而感到骄傲。

为了方便在家乡的对接沟通，2019 年，美国琅岐农旗联合总会在农旗成立了琅岐镇农旗村侨联会，江于明当选为会长，

小镇的国际物流驿站（采访组拍摄）

其他 15 位工作人员，除会计外，其余 14 位也都是江氏族人。
江于明告诉我们："侨联会的活动经费主要来自美国琅岐农旗
联合总会和大家的捐款，连办公室里面很多的办公用具也都是
个人捐的。"《琅岐镇农旗村侨联会成立热心人士敬赠芳名》
显示，9 位江氏族人捐献了中央空调、办公桌椅、电视机、饮
水机茶具等器具，总价值约 31400 元。分散在美国不同地方的
江氏宗族成员通过美国琅岐农旗联合总会连接起来，与家乡的
农旗村侨联会对接沟通，能够有效地动员组织力量，为家乡、
宗族建设贡献心力，同时在共同体成员遭遇困难时在美国提供
及时的帮助。江于明说："赚钱归赚钱，内心还是想着家乡的。
心不系家乡，不怀念故土的话，是什么样？就是忘本了。"

　　侨民自发形成的跨国组织将国外的族人紧密地联系在一

起，与故乡之间也有了更深的联系。每年正月十五，身在国外的家人，前一年结婚、生子的，即使与故乡相隔千里，在家中留守的父母也会代替他们前往祠堂，向祖先献卜供品报喜。祠堂工作人员认真地将名字誊写在红纸上，记下其房支的名称、父亲及本人的名字，张贴出来，向同宗广而告之。他们就这样的方式，和故乡、宗族、祠堂在供奉祖先的香火中建立起永恒的联系。

三、根深叶茂：寰球共冷暖

琅岐岛大量人口在国外工作，当地国际物流业务相当发达。在距离琅岐镇人民政府不远处，有一家名为"纽约跑跑"的国际物流，可以承接全球邮寄业务，往美国、欧洲、加拿大寄送商品尤其方便。江于明告诉我们："琅岐类似这样的国际物流还有好几家。"寄送跨国包裹，对于琅岐人而言非常便利。正是这些小小的快递驿站，紧紧地将海内外族人连接起来。这几年，中成药和中草药很受在美国工作的宗亲、族人欢迎。琅岐岛上不少人给国外的亲人寄送中成药。

近两年，一些出入境不便导致从国外回琅岐的人减少。作为祠堂理事会副会长和昭烈王庙理事会会长的江于明，也深切地意识到这一点。琅岐岛已经三年未举行游神活动了。人们对于大型公共祭祀活动的需求和热忱不断地在积累，就连一些在国外的年轻人都开始在微信询问，什么时候家乡会游神？在美国新冠疫情非常严重的时候，海外的琅岐人认为从家乡随他们到世界各地的神明会保佑他们平安，正如昔年福建人移民台湾将祖地的神明也带过去一样。在美国的华人社区，琅岐家乡人们哪怕是居住在狭小的地下室，也会供奉来自琅岐的神明，这是他们的精神依托。江于明说：神明总会"帮助外面的人渡过难关"。

近年来，不少家庭搬到国外，一些年轻人在父母长辈去世后，很少回家乡了。江于明感慨道："父母还在这里，儿子们去外面再久、再远，根也还在这里。"至于更久远的未来，江于明微笑地说："那太久远了，已经不是我能想的了！未来的就交给未来的人吧！"

江于明这几年间抽空撰写了《昭烈王庙史话》一书，其内容涉及上歧境供奉九使公的昭烈王庙，还包括江氏宗祠以及琅岐岛其他的一些古迹。江于明希望可以自费出版，他首先考虑的是向在美国工作的农旗人募捐，尤其是其中的江氏族人。他通过微信、电话告知了远在美国的族人们，非常高兴地看到人们踊跃地为他的文章出版捐款。江于明说："一个电话，一个微信，一万一万的，他们就马上捐进来了。我已经收到捐款26万元。"由于募捐到的款项超出预期，江于明决定将《昭烈王庙史话》初版的册数从1500本增加到2000本。

「人物简介」

江于明（化名），生于1950年，福州市马尾区琅岐镇农旗村人，三子皆在美国务工。1986-1990年间曾经在泰国开设工厂，经销草编制品。1994年回琅岐镇农旗村后主要从事宗族、村庙等村落公共事务，担任江氏宗族理事会副会长和昭烈王庙理事会会长、农旗村侨联会会长，每日奔波往来于宗祠与同族邻里，服务宗族、村落共同体。

第二章

基层建设者：劳动铸就梦想

导　语

2020 年 11 月 24 日，习近平总书记在全国劳动模范和先进工作者表彰大会上的重要讲话指出，"在长期实践中，我们培育形成了爱岗敬业、争创一流、艰苦奋斗、勇于创新、淡泊名利、甘于奉献的劳模精神，崇尚劳动、热爱劳动、辛勤劳动、诚实劳动的劳动精神，执着专注、精益求精、一丝不苟、追求卓越的工匠精神。劳模精神、劳动精神、工匠精神是以爱国主义为核心的民族精神和以改革创新为核心的时代精神的生动体现，是鼓舞全党全国各族人民风雨无阻、勇敢前进的强大精神动力。"

一切幸福生活皆源于劳动，任何财富皆由劳动创造，所有美好梦想也都靠劳动才能实现。劳动人民创造了历史，创造了中国现实的伟大成就。实现中华民族伟大复兴的征程，离不开每一个劳动者的努力奋斗。新时代有着新的机遇、新的挑战，基层劳动者建功新时代、贡献新发展，其鲜明的情感、精神和文化，蕴含着更为深刻的时代内涵，彰显着更为深刻的时代力量。

一、劳动精神：民族精神的重要组成与体现

自古以来，中华民族就是热爱劳动、勤劳勇敢的民族，在辛勤劳动中培育了灿烂的中华文明，创造了丰富的物质财富和

精神文化。2021年9月，劳动精神纳入了第一批中国共产党人精神谱系，成为中国共产党人精神谱系的重要内容。在马克思主义中国化的历程中，党和国家高度重视劳动精神的培塑，强调劳动精神在中国革命、建设和改革中的重要作用，重视劳动精神对于个人品质的滋养作用。

从微观层面来看，"崇尚劳动、热爱劳动、辛勤劳动、诚实劳动"是劳动精神的具体内涵；从宏观方面来说，劳动精神是民族精神的生动体现。

劳动精神是伟大奋斗精神的现实体现。艰苦奋斗是中华民族的优秀传统，也是中国共产党人的传家宝，是百年党史的靓丽底色。人类劳动产生就是为了解决人的发展与外部自然之间的矛盾，在对外部条件的超越之中就必然产生克服各种障碍的奋斗精神，而奋斗精神正是融于中华民族血脉之中的精神特质。许许多多平凡普通的劳动者，在平凡岗位上争创一流，在关键时刻迎难而上，充分展现了新时代劳动者的奋斗精神。抗击疫情、救死扶伤，白衣天使温暖了千万个家庭；广厦千万间，凝聚着每一个建筑者的心血；丰盛的中国餐桌，凝结着农民的辛勤与汗水；三尺讲台、培根育人，无数教师为国家培养新的人才；安全驾驶、载客送人，承载着司机的努力；守卫边疆、保卫国家，源自士兵的奋斗……正是无数劳动者在各自岗位上的艰苦奋斗，创造出了如今更加美好的生活。

劳动精神是伟大团结精神的现实体现。劳动精神在劳动过程中产生，也通过社会交往活动不断强化，是生产劳动和社会活动的精神"衍生品"。这种在劳动过程中产生的合作精神，在中华民族历史中体现为伟大的团结精神。今天，中国取得的令世人瞩目的发展成就，是全国各族人民同心同德、同心同向努力的结果。团结互助、精诚合作已经成为普通劳动者群体内心深处的行为准则。劳动者之间守望互助产生的情感力量，更是对每个人克服困难起到重要作用。城乡劳动者温暖的语言、真挚的情感加强了精神、力量的传递，实现了人心、人情的共融共通，在润物无声、守望互助中起到了暖人心、聚民心的团结效果。

新时代是奋斗者的时代，"人人都是劳动者"。光荣属于劳动者，幸福属于劳动者。城乡劳动者用勤奋实干、努力拼搏的实际行动应对新的挑战，在各自岗位上埋头苦干、默默奉献、团结互助，在平凡岗位上续写了不平凡故事，共同谱写出"中国梦、劳动美"的新篇章。

二、福建基层劳动者的优良传统与精神传承

任何一种精神，都出自深厚的历史文化积淀和长期的群众实践积累，反映一个地方人民的精气神，在社会发展过程中发挥出不可替代的作用。

福建人民自古以来就有着勤劳肯干、任劳任怨、勇敢拼搏的优良传统。福建特殊的地理位置、环境和文化交织出的"山海性格"，本就兼有从中原而来的农耕文化精神与向海而生的海洋文明精神。农耕文明耕读传家、海洋文明敢为人先、开拓进取，完美融合在福建人民身上。这些赋予闽人的精神财富，影响着闽人的思维方式与行为模式。福建人民在社会历史发展

的长河里，用自己勤劳的双手与不懈的劳动实践，不断锤炼出了具有鲜明地域特色的意志品格、价值追求和胸怀境界，引领着福建的繁荣发展。

二十世纪五六十年代，"生为一粒种、扎根老百姓"的东山县委书记谷文昌，带领全县人民拼搏奋战，植树造林、治理风沙、修建水库海堤，用勤劳的双手把一个风沙肆虐的荒岛建设成生机盎然的东海绿洲，为当地经济建设和社会发展奠定了坚实的基础。

20 个世纪 60 年代，以 1.3 万惠安女为主力军的人民群众，发扬敢想敢干和自力更生、艰苦奋斗的大无畏精神，从远在几十里乃至百余里的家中走出，背上锄头、畚箕和地瓜干，浩浩荡荡，翻山越岭，手挑肩扛修建了一座 1.26 亿方的惠女水库，结束了惠安县十年九旱的历史，使"地瓜县"变成了"米粮川"。

从 20 世纪 80 年代末开始，在宁德开展的摆脱贫困实践，更是彰显了劳动者不怕苦、不怕累、迎难而上、勇于开拓的精神气质。从弱鸟先飞、滴水穿石、扶贫先扶志等一系列脱贫理念的提出，到各项造福工程的落地实施，闽东干部群众向贫困宣战的决心和勤劳奋斗的努力，最终取得了显著成效，完成了摆脱贫困的历史使命。"宁德模式"成为中国特色扶贫开发道路的典范。

在新时代，城乡劳动者遇到各种各样的新情况，敢于抓住新的机遇，不断激发新的斗志，不断开拓新的发展可能性。福建劳动者在"任劳任怨、勤劳奋斗"的优良劳动传统之外，又开拓发展出更多新的精神内涵，形成新时代的精神传承。

劳动的崇高价值及其实现路径，是激发社会劳动活力，鼓舞全体劳动者为全面建成社会主义现代化强国不懈奋斗的精神资源。[10] 立足新发展阶段，劳动精神的弘扬将更加注重个体对劳动的理解与践行，以劳动浇筑精神，彰显劳动精神意蕴，为"以中国式现代化全面推进中华民族伟大复兴"汇聚强大正能量。

三、用劳动创造福建美好未来

习近平总书记强调，"人世间的美好梦想，只有通过诚实劳动才能实现；发展中的各种难题，只有通过诚实劳动才能破解；生命里的一切辉煌，只有通过诚实劳动才能铸就。"

劳动铸就梦想。福建劳动者正在努力用劳动创造新辉煌，以奋斗建功新时代。千千万万福建劳动者正在各自岗位上埋头苦干，以自己的拼搏付出、奋发进取，汇聚实现中华民族伟大复兴的磅礴力量。

奋斗在乡村振兴。脱贫摘帽不是终点，而是新生活、新奋斗的起点。脱贫攻坚取得胜利后，要全面推进乡村振兴，这是"三农"工作重心的历史性转移。福建人民不断从产业、人才、文化、生态、组织等层面夯实乡村振兴的基础，将个人劳动与乡村振兴深度结合，扎根田野，形成一条独具"福建特色"的乡村振兴道路。

奋斗在基层治理。基层是国家治理的终端，也是服务群众的前沿。作为国家治理现代化的重要组成部分，基层治理现代

---

10. 周洪宇，齐彦磊. 新时代劳动教育的内涵特点、核心要义与路径指向 [J]. 新疆师范大学学报（哲学社会科学版），2022(6).

化的推进与落实，是党和国家关注的重点。无数奋斗在福建基层治理一线的社区工作者、志愿者、网格员等，探索着政策、制度的更优解，推进着更接地气、更贴近民心的治理模式。

奋斗在生态文明。福建生态资源优越，习近平总书记在福建工作期间亲自推动厦门筼筜湖治理、宁德荒山治理、福州内河治理、莆田木兰溪治理、龙岩长汀水土流失治理等一系列重大实践。生态资源是福建最宝贵的资源，生态优势是福建最具竞争力的优势，福建劳动者们正围绕"机制活、产业优、百姓富、生态美"的新福建宏伟蓝图而不断努力奋斗着。

奋斗在文化强省。八闽大地，文化底蕴深厚。红色文化、海洋文化、闽都文化、客家文化、朱子文化、妈祖文化、船政文化……多姿多彩，蓬勃发展。深厚的文化底蕴和创新的文化产业相结合，激发着福建劳动者在加快文化产业发展、培育新型文化业态、文化与科技深度融合、弘扬传统文化、非遗文化活态传承等方面不断创新，通过文化发展带动经济和社会发展，真正传承优质特色文化，建成文化强省。

奋斗在海洋强省。拥有 13.6 万平方公里海域面积、逾 3700 公里海岸线、125 处大小港湾，福建的海洋资源得天独厚。无数勤劳的福建劳动者正奋斗在做大做强做优海洋经济，实现海洋强省的路途上。海传统海洋产业正转型升级，新兴产业体系正在加快构建，海洋科技创新势头正旺。因海而兴，向海图强，"海上福建"建设正劈波斩浪，"做大做强做优海洋经济"号角正在福建吹响……

劳动铸就梦想，奋斗书写精彩。劳动满足了人们对于温饱的需求，劳动提升了生活品质，劳动也缔造了人类的幸福。在千百万的福建城乡劳动者中，无论是企业员工、乡村教师、医护人员，还是基层工作者、个体经营业者，始终在自己的岗位上勤奋劳动、不懈努力。他们将个人情感、地方文化、群体力量紧密结合，形成福建劳动者的专属精神文化底色。每个人在平凡的工作岗位上艰苦奋斗、勇于创新、甘于奉献，以自身实际行动生动诠释了劳动精神，用自己的劳动拼搏开创新的未来，真正实践着用劳动创造新辉煌、奋斗建功新时代的新时代使命。

新农民：农村电商直播新引擎

> "农村的电商直播前景非常广阔，是可以深挖的，是一片蓝海。"
>
> —— 农村电商直播从业者杨晓（化名）

近年来，越来越多农民试水农产品直播。政府、企业、返乡创业者、农民、网红、大学生等群体纷纷进入农村电商直播领域。手机成为"新农具"，直播成为"新农活"，流量成为"新农资"，推动了乡村经济发展，成为当下助力乡村振兴的新引擎。

一、"福州菜哥哥"：用方言推广美丽乡村

"福州菜哥哥"是抖音上的一名小网红，原名阿强，毕业于福建对外经济贸易职业技术学院，是福州晋安区日溪乡人。2005 年大专毕业后，阿强一直从事淘宝电商工作，做了 17 年。

为什么转战抖音平台直播？阿强说他居住的市区小区楼下有一个核酸检测点，居家的他就在阳台用抖音直播，让有需要的人通过直播来实时观察排队人数，人少的时候再去做核酸。那段时间，他的直播间流量挺大的。

这次偶然的直播经历带给了阿强一些思考。从淘宝电商转战到抖音直播，也源于他作为一个老电商人的敏感。"我觉得

电商直播是一个趋势，我自己先做个铺垫，试试水。"刚开始，阿强并没有找准三农这个切入点，用福州方言推广美丽乡村的决定源自一次回乡避暑的经历。

这几年出行受到限制，阿强像许多人一样选择回乡下避暑。村里地形比较平，农业比较发达。回乡避暑的阿强在村里四处逛，开始拍摄美丽乡村题材的短视频发布在自己的抖音账号上。风景、钓鱼、做菜、美食、割稻谷、村里人等乡村美景与生活都是阿强拍摄题材。在他看来，晋安区近年来的美丽乡村发展成效十分明显，乡村的道路、环境、房屋、公园和自然景观都改造的十分漂亮。于是，阿强驻扎在村里，开始了美丽乡村直播。

由于远行的不方便，福州人的本地周边游开始火热起来。相较于多少还有点健康隐患的室内场所，短途的乡村游更为闲适和安全。阿强推荐的点洋村停车方便，可打卡拍照的景点较多，海拔在 600 米到 700 米之间，空气也比较好。许多观众在直播间被他展现的原生态农村生活美景吸引，纷纷前来游览。

带货直播就在这期间意外地开展起来。直播间和短视频的许多观众看完阿强介绍的农村原生态环境后，对那里农民种植的蔬菜水果、鱼米鸡鸭产生了兴趣。他开始在后台收到很多私信，问能不能代为购买这些原生态的土特产。"哥，能不能帮我弄几只鸡来？"面对后台粉丝的私信，开始他很犹豫。一来是没有时间帮忙带，二来是他也不确定这些农产品的质量如何，怕砸了农户和自己的招牌。但渐渐地他发现，在乡村拍摄视频过程中，也有一些老乡主动来问他："我们今年米收成很好，但是费力拉到福州市区却卖不出去。你不是玩抖音吗？能不能帮忙卖一点？"事实上，"农产品的季节性、时效性、区域性，以及农产品信息流动的滞后性，始终是制约农村农业发展的一大瓶颈"，[11] 抱着试试看的态度，阿强开始帮周边村庄村民售卖农产品。

"这里的农产品还是非常具有优势的。"阿强实地考察发现，市面上的农产品，从农村产地到批发市场再到超市菜场，中间差价实在太大了。而在抖音直播间现场售卖农户的农产品，既可以让大家看到农产品的产地质量，又能以优惠的价格售出，还能解决当地村民销路困难。"我的视频帮农民伯伯卖了很多大米，流量上去后，这个农民伯伯的地瓜、玉米、蔬菜、草药也都卖了非常多。"第一次试水，阿强就帮助农民卖出了 2 万多斤大米，看着老乡美滋滋的表情，阿强心里也很开心。此后，"福州菜哥哥"的抖音直播人气和粉丝量也开始蹭蹭上涨。

关于美丽乡村直播，阿强有自己的理解。城市周边乡村游兴起，带着家人、孩子和朋友去乡下户外游玩既能呼吸新鲜空气，又能增长关于大自然和农村的知识，还能顺带买一些原生态农产品，这将极大带动乡村经济。电商直播为乡村经济提供了新创收。"过去'三农'产品节目不好做，观众少，效益低。现在有了社交媒体，直播和短视频已经成为重要的信息来源，这就方便了乡村内容的快速传播。"在阿强眼里，政府、平台都对这类题材的直播进行流量扶持和引导。相比城市主题直播而言，美丽乡村题材多、素材多，可表现的对象也多，可以与

---

11. 陈前恒 . 发挥短视频、直播"看得见"优势 助力革命老区乡村振兴 [J]. 理论导报，2022(6).

村民、农户互动，流量很大，也顺应了国家乡村振兴战略的发展方向。

至于未来的规划，阿强认为自己跟单纯直播带货的人还是有很大的区别的。未来他还是会把重点放在乡村主题内容的创作和推广上，只有水到渠成的时候才开始带货直播。接下来，阿强将会把北峰和旁边的大湖乡、闽侯的乡村都一一拍摄推广，把包括村庄景点、文化、美食、特产等内容，通过抖音向大家展示。

阿强坚信，电商直播的未来前景非常好。"像卖海鲜的上街弟，一年能做到接近一个亿的营业额，这是远远超过实体店的。"阿强鼓励大学生和毕业的青年，多去了解自己的家乡和农村，多和农民聊一聊，多拍些农村题材作品。农村电商创业机会很多，既能带动农村经济，又能提升自己收入，"不一定都非要往城里面去挤。"

二、"下党的味道"：品牌化打造

33岁的小夏是宁德市寿宁县托溪乡人。中专毕业后曾到成都创业，由于烂尾工程，工程款无法取回，便返回家乡。2019年，他和好朋友们在寿宁县下党村经营一家餐厅，并成立公司打造"下党的味道"农产品电商直播品牌。

没到下党之前，小夏和几个朋友通过抖音账号在乡村做公益。一年多的时间里，他们走访了寿宁县的56个乡村，用短视频创作的方式将内容发布在账号上，积累了基础的粉丝量。令小夏印象深刻的是，他们在走访中发现，许多山村中很好的

抖音平台直播销售当地土特产（受访者提供）

农产品卖不出去，慢慢地他们开始做起了助农直播。

刚开始，小夏他们除了抖音账号外，其他什么都没有。既然要卖农产品，就必然要涉及包装、品控、质检等环节。为了产品包装，小夏把在福州做设计的哥哥叫了回来，开了寿宁县第一家农产品包装设计工作室。哥哥当时已经在福州做了17年的设计师，月薪2万多，抛下一切回来，下了很大的决心。而各种包装机器、生产线动则几十万元一台，创业压力巨大。

2019年8月，习近平总书记给寿宁县下党乡的乡亲们回信，祝贺他们实现了脱贫，鼓励他们继续发扬滴水穿石精神，努力走出一条具有闽东特色的乡村振兴之路。收到总书记的回信后，下党村的名气渐渐大了起来。小夏团队看着下党村的游客越来越多，决定要在这里开一家餐厅。当地村委也很支持，把当时修缮了60%的乡村毛坯房免费拨给团队创业使用，扶持返乡创业青年。

这给予了团队极大的信心。小夏们走村串巷，去考察各村的特色农产品。摸清情况后，结合此前的抖音短视频运营经验，决定将下党乡的农产品做一个整合包装，以"下党的味道"为品牌，建立公司加合作社的农户合作模式，开启助农直播。

下党乡山多林密，村庄之间十分分散，有些村庄只剩下二三十户人家，整个乡常住人口才2000多人。小夏们挨村挨户去找农户和村委合作。刚开始村民并不信任他们，认为这些土产品怎么能卖得出去。经过不断地游说和尝试，村民看到自己的产品还真的从抖音上卖出去了，渐渐有了信心。后来，公司开始跟各村委合作，把锥栗、葡萄、猕猴桃、蜂蜜等农产品进行二次包装，销量渐渐提升。

直播做了没多久，疫情来了。对小夏团队最直接的影响，是餐厅营业停止。在直播方面，好不容易做起来的销量，在刚开始物流受阻的时候回落了一些。但好在快递物流迅速恢复，物美价廉的线上"下党的味道"系列农产品销量不降反增。2019年，小夏的年营业额有200多万元。2020年有将4个月的时间营业受到很大影响，但营业额还稳定在180万元，整体趋势向好。

新的问题又出现了。"高端农产品卖不出去了，比如金线莲。"小夏向农户收购金线莲价格在2000多元一公斤，经过包装、品控环节后，对外售卖价在 3000 元一公斤。这两年整体经济受到较大影响，居民消费层次有所下降，最直观的表现是买金线莲的人少了。"去年农户只种了 200 亩金线莲，因为销路好，整个乡的农户都开始种植，规模扩大了数倍，现在不知道收成了该怎么办。"小夏心急如焚，如果销路没打开，农户的直接损失就会非常惨重。

包装之外，品控和质检环节也让小夏十分苦恼。农产品要大规模包装生产，就必须符合食品方面的执行标准。可是分散各地的农户生产的农产品，恰恰是无法进行统一标准制定的。各种工业化的品控和质检生产线，要么十分昂贵，要么工业化处理会破坏农产品的原生态品质。资金和品质的两难，成为限制发展的两大利剑。

尽管困难重重，但是农村电商直播不断向上的发展势头，令小夏信心满满。一方面，小夏认为明星、网红类的带货直播根本不了解产品，有流量就胡乱带货，"翻车"的不少，这样的模式是走不远的。真正的农产品直播应该垂直、专业、看得见品质。另一方面，越来越多的人开始网上购买日常生活食品。中国国际电子商务中心发布的《中国农村电子商务发展报告（2021-2022）》显示，2021 年全国农村网络零售额 2.05 万亿元，占全国网络零售额的 15.66%，其中福建省位列农村网络零售额排名前三。而下党村独特的优势，也让在这里创业的人信心满满。"我是非常看好这里电商的发展前景的。"

三、闽清杨晓：电商蓝海

在杨晓眼里，农村电商是一片充满生机的蓝海。他的企业主要服务于闽清县的80个村庄，为他们提供乡村发展设计、振兴人才培育以及农村电商销售技能培养。

2020年后，杨晓公司正式做起农村直播电商。他发现，因为出行不便，很多人都宅在家里，"宅经济"增长迅猛。在全国、县域都产生了很多直播带货网红，帮助农民把农产品卖出去。"一个县的网红带动了这个地区的经济"。

《2020上半年直播带货人才报告》数据显示，2020年上半年，"直播带货"主要岗位的人才需求量达到2019年同期的3.6倍。涌入行业的求职者规模也达到去年同期的2.4倍。电商直播行业为低迷的市场提供了大量就业岗位。[12]与快速增长的需求相比，人才储备显得后劲不足。杨晓认为，在乡村做电商直播，不光是福建，全国范围内都是这样，农产品不缺、销售渠道不缺，但是人才最缺。

2021年1月，杨晓牵头成立县自媒体协会，在直播产业人才培育、网络助农、县域供应链整合、直播基地建设、外出交流学习等方面做了一系列工作探索和尝试。

杨晓想了两个办法，一个是自己来做培训，培养电商人才；第二个是去福州聘请导师，为当地农村电商人员做提升。在福州市"万名网红培育计划"项目支持下，杨晓和他的团队在2021年培育了1000多名电商直播人员，深入闽清、罗源、

---

12. 王清新 . 电商直播迅速走红 行业进入洗牌革命期 [J]. 现代营销（经营版），2021(1).

永泰、闽侯的许多乡镇，培育地方互联网营销人才。

两年多的时间里，杨晓和团队开展网络助农直播，参加了25场助农直播活动。同时，还开展了直播基地建设，依托闽清县的三农服务超市，打造了三农双创直播电商基地，建设了50多个直播间。通过电商直播，他们让闽清橄榄、粉干、糟鸭、西红柿、脐橙等这些农特产品成为家喻户晓的闽清特产。电商直播也让许多老百姓的腰包鼓起来，仅一年销售的水果类商品就达50万元左右。

对于杨晓来说，发展并不是一帆风顺，也遇到了很多困难。这两年里，有时候员工无法集中上班，营业额受到影响。更要命的是特殊情况下物流停滞，而配送问题直接影响农产品的保质期和存活率。一次，杨晓向泉州的客户销售了橄榄树苗，几十棵树苗刚发出去就遇到了物流停滞。树苗在快递站存放了一个月，最后全部枯死了，导致直接经济损失3万元。"这也是没有办法的事，不可逆的灾害，只能这样了。"

受整体经济形势影响，居民的消费意愿和购买力下降。很多产业被逼着进行转型、创新，其实也开辟了另外一片天地，催生了很多新的发展模式。比如在闽清县，他们就推动形成了本地生活团购新模式。许多商家包括源头的工厂、农产品都转到电商平台销售，拓展了传统的零售模式，激活了新的消费空间。

"农村的电商直播前景非常广阔，是可以深挖的，是一片蓝海"。杨晓认为，在城市化背景下，许多人才拥挤在城市中，做直播很内卷，内容同质化也很高。而在村庄就不一样了，一年四季、每天、每月、每季度都有不同的东西可以展示，各方面的资源非常丰富。抖音或者其他电商平台对乡村和三农领域也有流量扶持，更重要的是国家乡村振兴大战略，为乡村打通了物流，补上了基础设施、生态建设等各方面短板，为农村电商发展打下了基础。

"其实目前我们的直播电商还不是很稳定，想成长为头部主播更是非常难的。"理想很丰满，但是回到现实，杨晓清醒地认识到发展的困境。虽然成为全国性的头部主播很难，但是中国有这么大的地方和这么多的人口，乡村的电商直播目标不是成为全网头部网红，而是成为区域性的网红。"因为我们大部分的县域的产品，销售目标区域还是本土化的。"这也正是他们推动发展本地生活团购、乡村旅游这些本地生活的互联网业态的初衷。

这种本地化的直播产业，有很丰富的舞台、内容、文化、特色，可以吸纳很多返乡创新创业的人。"这个行业是很有前景的"，杨晓信心满满。

2022年，中央一号文件《中共中央 国务院关于做好2022年全面推进乡村振兴重点工作的意见》发布，明确提出实施"数商兴农"工程，推进电子商务进乡村，这也是"直播带货"首次被写入中央文件。

中国互联网络信息中心（CNNIC）2022年8月发布的《中国互联网络发展状况统计报告》显示，2022年网络直播用户规模达7.16亿，短视频用户规模也已经高达9.62亿。艾瑞咨询发布的研究报告称，2020年中国直播电商市场规模达1.2

万亿元，年增长率为 197.0%，预计未来 3 年年均复合增速为 58.3%，2023 年直播电商规模将超过 4.9 万亿元。

我们从阿强、小夏和杨晓的故事中可以感受到，"直播带货"近几年实现了快速发展，进一步打开消费下沉市场，激发新生消费力量，成为农村年轻人创业的一个重要方式，同时也为农产品尤其是偏远地区的农产品拓展销售渠道、提高附加值创造了条件。

全面推进乡村振兴进程中，源源不断的市场资本和人才正在涌入农村电商直播领域。在乡村的家门口的创新创业固然还要面对许多困难，但已显现出生机勃勃的未来。

「人物简介」

阿强（化名），40 岁，福州晋安区日溪乡人，抖音网红账号"福州菜哥哥"运营者。2005 年毕业于福建对外经济贸易职业技术学院，从事淘宝电商工作。目前，致力于在抖音平台上用视频、直播等方式宣传当地乡村，为当地农产品带货。

小夏（化名），33 岁，宁德市寿宁县托溪乡人，2019 年返乡后成立公司，从农村公益活动开始做起，探索公司加合作社的农户合作模式，打造"下党的味道"农产品电商直播品牌。

杨晓（化名），38 岁，闽清人。2020 年开始网络助农直播，打造三农双创直播电商基地，建设 50 多个直播间，助销闽清橄榄、粉干、糟鸭、西红柿、脐橙等农特产品。

餐饮业个体户：7次开店经历

"亏了就再想办法把它赚回来。"

—— 个体餐饮人施文山（化名）

施文山，是一位由农民转变为具有20多年餐饮行业经营经历的个体餐饮人。他的7次开店经历，饱含餐饮业背后的辛酸，又体现出普通餐饮个体户从业者的顽强精神。

一、从农民到城市餐饮人

施文山，48岁，宁德古田县人。古田县食用菌生产历史悠久，早在隋大业年间，古田县境内就有人从事香菇生产。20世纪80年代以来，食用菌产业成为古田县农村经济的支柱产业和农民脱贫致富奔小康的主要途径，来自食用菌产业的收入占农民人均总收入的1/2以上。自1984年以来，古田县先后被授予"中国食用菌之乡""全国食用菌行业先进县"等称号。

1986年，施文山只读到小学就辍学了，跟随家人一起从事食用菌生产与加工。"我们古田县的菌菇很出名的，每家每户都在做，银耳、茶树菇、香菇等都有。"他回忆当时如何生产与加工菌菇：买来棉籽壳烧火蒸，蒸完之后放进桶里，就将菌种接进去。过几天之后将其摆到一层层的架子上面，每天需要浇水，看温度，如果温度太高，需要自己给菌菇通风。"半夜要起来给它通风，半夜菌菇在长的时候会发高温，如果没通风的话第二天起来像熟的一样，就烂掉了。"菌菇长成之后，用专门的风干机将其风干。这样一整套流程下来获得的菌菇，凝结了几个月的辛勤劳作，然后出售给专门的收菇人。"做菌菇流程挺多的，规模也挺大的。但是大家都会互相帮忙，比如说你家种子接进去之后等待的十多天是空档期，就来我家帮忙这样。在卖完菌菇之后就给请来帮忙的人结钱。"当时这些菌菇被收购能给到十多块钱一斤，施文山认为做菌菇得到的收入在当时还是比较可观的。

随后，规模化生产与加工菌菇的大工厂开起来了。不同于家庭式人工种植菌菇的个体农户，工厂意味着更高的效率，个体农户的市场份额极大地被缩减了，大量的农村剩余劳动力被解放出来了。在这样的形势下，施文山周边的亲朋好友，有的选择自己包厂房继续从事食用菌菇产业，有的则选择了到外地另谋出路。

一次跟朋友喝酒聊天时，施文山讲述菌菇生意不景气，恰巧同桌有个朋友在城市里做餐饮，施文山也产生了开餐饮店的想法。"当时想自己也开一家店，就先到到朋友的快餐店里面考察一下，看做餐饮的流程怎么走。"就这样，施文山踏入了餐饮行业，开始了他辗转近 20 年的城市餐饮人生涯。2003 年，29 岁的他在福州市上街镇的学生街里开了一家瓦罐快餐店。但这家小店只开了一年多，就遇到了当地的房屋拆迁。"那时候没什么经验，也没想到会遇上拆迁。"2005 年，31 岁的他回到老家做回了老本行菌菇种植。辛苦几年之后，个体种植菌菇越来越难，他又跟着朋友到泉州重新开展餐饮业。2010年，他在华侨大学周边开了第二家瓦罐小炒店。开了4年之后，因为当地政府征地需要，他又碰上拆迁，第二次关店回老家。2014年，40岁的施文山又辗转来到厦门，他的第三家瓦罐快餐店开在厦门东海学院的大学食堂里。4年之后，因他所在的餐饮公司投标竞争不过另一家公司，第四家店又关门了。

二、从学校食堂到烤肉大排档

2018年，44岁的施文山将他的第五家店开在了厦门工学院的食堂里，仍是做瓦罐小吃，生意非常火爆。"一个学生考到厦门的大学，他的父母爷爷奶奶都会来厦门旅游，到学校里看看，顺便在学校食堂吃饭。新生报到那一个月的生意会爆好。一天能有万把块的营业额，9月份开学季的话能净赚7到9万。"

好景不长，2020年初，新冠疫情突然来袭。过完年的春季学期，大部分学生没有返校，食堂冷冷清清。后学生返校，生意慢慢好转，但也不过维持微薄的利润。

2021年9月的开学季，有位送新生报到的家长到厦门旅游后检出核酸阳性，学校防控措施变得严格起来。当时整个学校都封了起来，不让任何人进出。老师、学生、食堂工作人员都在学校吃住。"我们这些工作人员在餐厅睡了3天，早上早早起来煲汤，晚上在餐厅睡不着，觉得这样不行。后来学校高中部的学生们回家上网课，我们就住在他们宿舍，才好一些。"虽然困难重重，但封闭管理却意外地对食堂营业起到了助推作用。施文山说，"不管学生、老师还是后勤人员，都不能出去，只能在学校里吃饭。所以那段时间生意会更好，一个月营业额也有万把块。"

没想到，稍稍站稳脚跟，又发生了意外。2021年，施文山餐饮店的合作伙伴，也是他一起长大的发小，突发脑梗不幸离世。这给施文山精神和情感以很大的打击，即使营业额还不错，他暂时也没有心思做下去。当年10月，施文山把店面还给公司，回到古田家里，陪伴家人。

复杂多变的不确定性，深深地影响着普通民众的情绪、心态，社会需要、思想情感、社会认知和行为倾向等发生着深刻变化。施文山坦诚，无力感深深地侵入了他的内心。2021年10月到2022年3月，施文山待在家里休息，静待心情慢慢平复。

施文山也在思索着下一步应该怎么做。"我有好几个朋友都在厦门开店，他们说现在找店面不用转让费，租金又比较便宜，当时我们想疫情应该会好转，疫情会过去。朋友就建议说大家一起合伙投资，也去开一家店。"就这样，2022年3月份，施文山和另外2个股东每人凑了30万元，在厦门科技园开了一家名烧烤大排档。店面月租金3万元，还雇用了厨师、洗碗工人、切菜工人共6人，这明显比前几次的餐饮创业规模大。开店位置属于比较热闹繁华的区域，大概有2、3万人在这个园区工作生活，人流量比较多，刚开业的一个多月生意很不错。

没想到，烤肉大排档店刚刚经营一个多月，一场意料之外的严重疫情又在厦门爆发，烤肉店所在区域也有很多病例。施文山很无奈地说："那一个星期店不能堂食，门不开。我们也没办法，配合国家，要停我们就停了。"停业一个星期，每天都在亏损，但仍有高额的房租要交，有好几个员工要养。施文山和合伙人打电话给房东，请求房东免一点房租，大家共同承担一点。房东拒绝，说房子属于个人，不是公家的，不愿意免。停了一个星期再开始营业后，整个店面都在亏本，只好裁掉3名员工，苦苦支撑。

特殊时期，许多人出于安全思考，聚餐大量减少。在施文山的微信朋友圈里，至今仍保留着在《抖音人气 舌尖美食》

▶ 餐饮店准备食材
（受访者提供）

网络评选大赛中为自家烤肉店拉票的链接。"当时我们还是抱着一些希望的。但没多少人愿意聚集在大排档里喝酒吃饭。后面也实在是亏损，有点走投无路了，想了想还是不做了。"第六家店在2022年9月倒闭了。施文山不仅没赚回投进去的30万本钱，还负了十几万元的外债。施文山有着很深的遗憾和无奈，但是语气中还是透露出些许积极乐观的心态。"现在外面的实体店都不好做，投资都有风险的，亏了就再想办法把它赚回来。"

三、重返校园食堂

第六次开店失败后，施文山依然没有气馁。他调整好心态，向亲朋好友借了些钱，又重新回到了校园食堂。兜兜转转20年后，他还是回到了成为一名城市个体餐饮人经营的起点。

施文山说，"在学校里面做餐饮是最稳妥的，正常的话还会好一点。因为之前都是封闭式管理的，学生也不能出去，投资的风险也没有那么大。"2022年10月，他的第七家餐饮店在厦门华天学院的食堂里顺利开张。这次，他开的是一家麻辣烫店，招了一名全职员工，还有数名学生钟点工帮忙。

对于麻辣烫店，施文山表示马马虎虎，好的时候一个月有万把元的营业额，不好的时候就是三千元到四千元。现在学生已经不用被封控在学校里了。他说，"很多学生们会出去外面吃，我们生意就淡一点。"

过去的三年时间里，许多地方的餐饮业仿佛开启了"堂食—外卖—暂停营业"的循环模式。大浪淘沙中，有的黯然离场，有的艰难求生，也有的拥抱变化、积极转型。各级部门在减轻餐饮企业负担、加大金融支持、优化提升服务等方面着力，通过减免税费、补贴防疫经费、贷款发放等方式助力餐饮企业渡过难关。大型餐饮企业凭借雄厚的实力与较强的创新能力，通过推出半成品菜、包装速食配送到家、餐饮数字化转型等举措，增强自身的抗风险能力。而在全国万千餐饮业中数量居多的中小型企业和个体户，尤其是本小利薄的"小餐饮"经营者，本身现金流弱、技术水平低、抗风险能力差，面临着巨大的压力。

像施文山一样的个体餐饮从业者，依然有着自己的智慧与坚持。他们为生计不惧重新开始，靠自己的辛勤劳动与坚毅勇气，不断地从困难中爬起，向阳生长。从这些普通从业者身上，我们看到了我们这个伟大民族最深层次的精神力量。

人间烟火气，重又归来。

「人物简介」

施文山（化名），男，48岁，古田县人。只有小学文化水平的他，从农民转变为城市个体餐饮经营者。2003年至2022年的近20年里，先后7次开餐饮店，一次次失败又一次次重启，目前在高校食堂经营一家麻辣烫店。

乡村教师：新一代的坚守

"我们很想把孩子们教好。如果能够更好地解决乡村女教师家庭和工作之间的平衡，相信会有更多老师愿意一直扎根乡村教育。"

—— 小学语文老师李华（化名）

乡村教师是我国教师队伍中独特的一个群体。教育部相关数据显示，当前我国有乡村教师290多万人，其中40岁以下

乡村教师和孩子们在一起（朱晨辉 摄）

的青年教师近 170 万人，占 58.3%。[13] 乡村教师是国家基础教育的脊梁，是农村孩子成长的领路人，是乡村教育振兴的主力军。近年来，乡村教师受到了国家和社会的密切关注。国家相继出台《乡村教师支持计划》《教育部等六部门关于加强新时代乡村教师队伍建设的意见》等，致力解决乡村教师短缺问题，努力建设新时代高素质乡村教师队伍。新一代乡村教师既对所从事乡村教育事业热爱与坚守，又受到家庭与自身发展等诸多现实因素影响。他们的故事，让我们看到充满信念、闪耀着理想主义之光的新一代乡村教师的坚守和奉献。只要乡村教师在，农村孩子的教育就有希望，农村孩子的未来就有希望。

一、拖延的选择：8 年后回到城里

2014 年，李华从大学毕业，通过教师招考回到家乡龙岩，分配到新罗区某乡镇小学，成为一名小学语文老师。

"刚开始来教小学，特别是乡村小学的时候，非常不适应。"李华在大学时期学的是中文师范专业，学校在针对师范生的教导和训练中，都是以高中语文作为授课内容来练习的。可是教师招考结果一下来，她被分配到了一所较为偏远的乡村小学。授课对象和授课方式不一样困扰着李华："乡村小学的孩子学习能力、自主性都比较弱一些，再加上年龄较小，我在大学里接受的那一套师范训练，没有了用武之地，一切都得重新开始学。"

---

13. 教育部教师工作司 . 加大落实力度加快补齐短板努力建设新时代高素质乡村教师队伍 [EB/OL].(2019－02－26)http://www.moe.gov.cn/fbh/live/2019/50340/sfcl/201902/t20190226_371169.html.

乡村小学孩子获赠新书包（资料图片）

摆在面前最直接的困难，是作为一名教师新手如何与这些学生沟通，形成良好的课堂秩序与教学效果。乡村小学缺乏有经验的前辈来带教，大部分是通过教师招考分配来的新老师。纪较大的本地教师一般教学理念、效果比较老套，教研活动开展的也很少。没办法，李华只好自己从头开始摸索。

可是在乡村学校，光靠教师的努力远远不够。"农村家长对教育不够重视，有些家长出去赚钱常年不在家，都是爷爷奶奶带。" 在老一辈的观念里，只要吃饱穿暖，有送去学校上课就可以了，至于学习，许多爷爷奶奶辈的家长往往无能为力。留守儿童较多，李华要付出更多的心思和时间来跟孩子、家长沟通。

"与家长沟通常常无效，挺无奈的。"2020 年后很长一段时间里，学校教学转为线上教学。这对平时就不怎么关注孩子学习的农村家长来说，更难配合和监管孩子的学习情况了。

李华一遍一遍地打电话给家长催孩子提交作业，才能勉强收齐。

女孩小冰是李华班上的学生。小冰的父母离异，跟着爸爸与爷爷奶奶在村里生活。她的爸爸因为工作原因常常半夜才回家，小冰被寄在托管。可是发生疫情后线下托管机构关停，小冰爸爸就把她寄到大伯家。基本处于无人监管状态的小冰常常作业不交，家长也联系不上，学习状态更加糟糕。"上个月，我听接手班级的老师说，小冰出现了偷盗行为，并被监控拍到。"这让李华感到非常痛心，眼睁睁地看着一个天真烂漫的孩子堕入品行有问题的行列，可她却没有什么办法。

李华的家在龙岩市区，她每周得下乡到乡镇小学住上一周。丈夫在市区工作，长期分居两地。2018年，大女儿出生。李华只能在市区和学校间长期奔波，希望平衡家庭与工作的两难。2020年后的一段时间，管理工作量激增，且无法离开学校回家，李华只能把孩子送去给老家父母帮忙带。那段时间，李华、丈夫、孩子分居三地，只能通过视频通话联系，家人之间关系开始疏离，也因此错过了孩子成长的许多珍贵瞬间。作为孩子的妈妈，何时能回家都成为一种不确定性。"就是从那时开始，我坚定了要考回城里学校的想法。"

2022年8月，李华通过入城教师考试，在坚守了8年乡村教师岗位后，调回龙岩市区的一所实验小学。李华说，想要照顾家庭，给孩子更好的陪伴与教育是主要因素。其实一直以来，这都是困扰乡村女教师的一大难题。"孩子小，需要陪伴；孩子大了，需要有好的教育资源。"城里的发展空间大、前景好是另一个重要因素。

回城的老师都具有多年教学经验，比较成熟。而最年轻、没经验的新老师大多是被分配到乡村。"其实有时候觉得对乡村的孩子挺不公平的，她们就像一个试验田一样，一直在接受新老师的各种试验。"李华说，乡下的学校教研活动质量比较差、学习空间比较窄、家长的重视程度也不一样，这会让教师有一种止步不前的感觉。

"回城后，就感受到了巨大的城乡差异。"城里小学家长非常重视教育，还没开学李华就接到了许多家长的好友申请。同时，学校、学区、市里开展的各类高水平的教研活动、讲座都让李华学习到很多。每天辛苦工作之后，李华能够在华灯初上时回到温馨的家里，与家人欢聚一堂，享受家庭的温暖。

谈起 8 年的乡村教师生涯，李华言语中满是不舍。在她刚出校门步入社会时，乡村教师这份职业极大地锻炼了她。学校艰苦的工作、生活环境锻炼了她的意志，作为乡村教师的经历使她养成了努力钻研、吃苦耐劳的品质，与乡村孩子们的朝夕相处、与家长的交往，也让她深刻地感受到乡村教育现实的困难和与之相应的理想的光辉。

"我们都很想把孩子们教好，但有时候真的挺为难的。如果能够更好地解决乡村女教师家庭和工作之间的平衡，相信会有更多老师愿意一直扎根乡村教育。"关于今后的发展，李华说，尽管城里有更多的发展机会和资源，但是城里学校工作带来的焦虑、内卷和压力也是倍增的。她希望自己也还是能像在乡村学校时候一样，一步一个脚印，慢慢成长。

二、支教感悟：满足感与无力感并存

陈小晴来自福建厦门，是福建师范大学2022级研究生新生。从小生活条件优越的她，在2021年9月到2022年8月作为福建师范大学西部支教团成员远赴甘肃漳县第二中学支教。

陈小晴的妈妈是一名乡村教师，她的姨妈也在前两年赴宁夏乡村支教，支援闽宁合作建设，这给陈小晴很多机会了解乡村教师这个职业。"去支教这个理想，是写在我大学要完成的愿望清单里的。"当知道学校支教团报名遴选时，她毫不犹豫地报名了。

其实，陈小晴毕业的2021年，是大学应届毕业生就业压力很大的一年。"2021届全国普通高校毕业生总规模909万，同比增加35万。"[14] 陈小晴抛开就业压力与焦虑，花一年的时间去支教，需要很大的勇气和决心。

本科学习播音与主持艺术专业的陈小晴，到了漳县二中成为心理健康和职业规划老师。初来乍到的她，发现西部不发达地区的教育硬件条件好过她的想象，很多学校设施其实一直在提升，多媒体教学手段也比较普及。经过一年的体验和观察，她认为东西部教育最主要的差异还是在于教师资源和教育观念上。

漳县是整个甘肃地区教育条件和资源最落后的地区之一，漳县二中是当地一所资源较差的学校。陈小晴的舍友，团队中

---

14. 教育部高校学生司 .2021 届高校毕业生就业工作进展情况》[EB/OL].(2021−05−13).http://www.moe.gov.cn/jyb_xwfb/xw_fbh/moe_2606/2021/tqh_210513/sfcl/202105/t20210513_531163.html

的生物学师范生小张加入支教，为漳县二中的老师带来了来自东部先进的生物教学理念、课程设计，甚至连她制作的 PPT 都成为当地教师竞相保存的珍贵资源。而像陈小晴这样的非师范生，更多承担一些当地稀缺的副科课任老师，给予学生更多的引导、更宽的眼界，这让陈小晴从内心生出了一种满足感。个人价值的实现和内心世界的丰富，让她觉得自己开始有了"美好生活的能力"。

"很多学生跟我们很亲，很喜欢和支教老师交流。"陈小晴说，十七八岁的高中生们天然地对她们这些外来的支教老师感到亲切，常常跟她们交流谈心，结下了深厚的感情。作为心理健康老师的陈小晴，除了报送各种心理健康材料和数据外，也接触到了许多学生的故事。

高二男生小福是个听觉障碍者，一次例行家访让陈小晴留下深刻印象。小福有个弟弟，因为先天疾病原因，到了 8 岁还不会走路。父亲去外地打工，母亲长期带着弟弟在兰州治病，小福只能和爷爷奶奶住在一起。家访那天，是小福那个学期第一次回家，刚好天冷降温，唯一的一件厚外套放在学校没带回来，只能硬扛着。看着瑟瑟发抖的小福，陈小晴红了眼眶。

当地学生和家长对于教育的态度与观念，让她产生了很深的无力感。陈小晴说，她带的整个年级只有一个家庭情况较好的学生去过兰州，其他学生很少有外出的经历，这一定程度上限制了他们的眼界和思想。

为了尽己所能给当地学生带去一些什么，她常常找一些学习成绩吊车尾的同学聊天。面对她的劝导，有些学生会直接说：

"老师你不用劝我读书了，我就不喜欢读书。我就随便读一下，然后跟我的爸爸妈妈一样到新疆、兰州等地方打工，这样生活也不错。"陈小晴认为，当地的教育条件相比以前确实好了很多，但是能考上大学的学生并不多。以2022年高考为例，漳县二中600多名学生中，只有40几个人考上了本科，而这个人数对这所中学来说已经是有史以来的最大突破了。"考出去的人很少回来，甚至举家牵走，而留在这个地方的人，又大多对教育不重视，一切总是要从头开始。"陈小晴觉得作为一名乡村支教老师，她所能做的最大贡献，就是给这些孩子带去关于读书改变命运的信念，并让他们能够坚定的执行这个信念。

一次走访，她认识了漳县四族中学的返乡大学生教师小赵。小赵是当地乡村人，同样毕业于福建师范大学，毕业后她毅然决然地回到自己的家乡，支援乡村教育。"扶贫先扶智嘛，虽然已经消除贫困，但是乡村振兴还是很需要我们这样的大学生的。"小赵告诉陈小晴，因为自己知道教育是多么重要，自己也是通过教育到了更广大的天地去学习、成长，她要把这些故事告诉给自己的学生。她的学生中有一个初三女生，学习成绩特别好，很有希望遴选到市里的高中。陈小晴在走访的时候鼓励她，一定要努力保持，考上市里的重点高中，接受更好的教育，可是女生只是默默地不说话。中考过后，陈小晴得知这个女生最后选择去了普通高中，因为这样可以为家里省钱，到市里的重点高中的话家里负担太重了。听到这个消息，陈小晴有点无奈："现实真的挺残忍的，如果她的家庭情况好一些，她的人生也许就会完全不一样。"

　　一年时间过得很快，转眼间陈小晴又回到福州，成为一名新闻传播专业的研究生。她认为这一年时间里，她给西部地区带去的东西还是太少了。尽管自己在支教的历程里，对乡村教育、西部教育有了更深的理解，在西部经历的一切也让自己的内心更加丰满，个人自我价值得到实现，获得了强烈满足感、成就感。"当你得到这些西部地区孩子的正向反馈时，看到他们的努力姿态时，你会觉得自己是很值得的。"但是，就如陈小晴所说，这一年的时间里，她大部分时候还是有着深深的无力感，这恰恰是她最为难过的地方。

　　陈小晴说，未来她可能会继续从事乡村教育，她不会放弃教育这个行业，她真心热爱。但关于乡村教育，她认为不能只靠乡村教师这个团队去努力，要从学生层面、家长层面，包括从国家教育政策和投入方面，去一起提升。"这是一个要集体发力的事情"，陈小晴说。

三、价值坚守：一直在乡村小学

　　方有红是漳州市云霄县东厦镇小学的一名老师，教龄已接近9年。她挺满意现在的状态："说真的，乡村这个教师工作相对城区教师会更加轻松一点。"

　　9年前，方有红从漳州一所高校的小学教育专业毕业。刚开始，她并没有选择成为教师，而是进入一家公司成为普通职员。恰恰是这个工作的复杂性让她觉得还是教师这个职业相对单纯一些，尽管她有很好的升职和调动机会，她还是决定回归教育行业。

都说宇宙的尽头是考编，方有红参加了当地的教师招考，进入东厦小学工作。每天面对天真无邪的孩子，虽然也有调皮的，但更多的是可爱。

与常人想象中的不同，东厦镇小学虽然是所乡村学校，但是地理距离与县城贴近，交通较为方便，当一名乡村教师并没有对方有红的生活造成很大困扰。近年来，由于农村人口外出和教育资源整合，许多村庄小学停办，生源集中到镇上的小学。她可以凭借交通工具通勤在家庭与学校之间，最大程度兼顾家庭和工作。政府也会给予乡村教师下乡补贴，比如路费补贴等。

2020年后，教师工作量激增，学生学习监管也很困难。乡村小学的硬件条件整体有很大提升，但是师资力量还是比不上城区。语数英主科之外的其他技能课程，本就缺乏老师，很多时候是由主科老师兼任。比如语文老师上完语文课后，还得教道德法治，甚至要教音乐和美术课。而疫情后每天早午晚晨检、晨报等例行工作更加大了工作量。"基本上每天都在轮轴转，一个又一个数据，一个又一个材料，然后还要在不同课程中转换，确实比较辛苦。"好在一段时间下来，同事们也习惯了这样的工作节奏。

令她们更为苦恼的是乡村孩子们的学习监管问题。当地很多家长外出务工，孩子们大多是留守儿童，线下教学中已经存在很多孩子回家后学习无人监管的情况。改成线上教学，家里的老人对使用电脑、手机等新兴网络技术上课不熟练，往往只能把一个设备丢给孩子，这样就造成孩子沉迷在电子产品之中。"孩子本身就处于成长期，自制力还不够，无法抵抗电子产品的诱惑。"

还有一部分孩子学习出现了困难。学生小全的父亲在监狱里,很小的时候妈妈离家,他就跟爷爷奶奶生活在一起。刚接手小全这个班级时,方有红就感觉到他是一个极其不自信的孩子。"他看人的时候不敢正视别人,就是那种很胆小很懦弱的眼神,斜视着偷偷地看。"同伴孩子们的调侃也导致他更加不自信。家访的时候,方有红感到他的家庭氛围也是比较压抑的。每次一说到家长,小全奶奶就会痛哭,这样的家庭氛围不可避免地对小全的学习、成长造成影响。但方有红也无能为力,只能平时趁孩子在学校时多给他一些关爱,制止其他学生嘲笑他。

回归线下教学时,方有红和同事们发现,孩子们的学习状态变化还是蛮大的,学习拖拉、不自觉的现象更突出了。父母陪伴的缺失、隔代家长的溺爱、电子产品的诱惑等,都可能是原因。

"其实我真的觉得,在乡村小学挺好的,压力没有那么大。"在方有红看来,城里的教育资源更好,但是压力也更大,竞争也更加内卷。而乡村则不然,方有红所在的小学每个班学生数在 40 人左右,教研相对轻松。

与此同时,国家对乡村教师的福利补助也在逐步提升,比如路费补贴、生活补助等,使得乡村教师的收入慢慢向城区教师收入水平趋近。在教师性别方面,也有意识地多招聘男教师加入。正如方有红观察到的那样,回城意愿强烈的,大多是因为工作地点偏远无法兼顾家庭和工作的女老师。"为了引进更多的男教师从事乡村教育,我们这边也有一些新政策。"

方有红说，尽管工作平凡普通，但9年多的时间，还是沉淀了一些幸福感和满足感的。每当走在路上，遇到自己教过的学生打招呼时，看着自己带出的·届又一届毕业生时，听到他们考上了哪些好学校时，她由衷地感到欣慰。"我们大部分人还是乐于奉献的。"

"我挺满足的，我想我应该会一直待在乡村学校"，方有红说。

耶鲁大学心理学家克雷顿·阿尔德佛（Clayton Alderfer）指出："个体发展是生存需要、交往需要、成长需要三种需要同时产生激励作用的结果。"[15] 待遇不高、无法兼顾家庭、成长空间狭窄，是长期困扰乡村教师队伍的三个难题。女教师居多的乡村教师群体，大多与家庭分隔两地，无法兼顾家庭的痛苦侵蚀女教师们留守乡村的决心。家庭老人的照顾、下一代的教育问题也照样困扰着她们，似乎只有回归城市才能解决这些矛盾。

对于目睹西部教育困境的青年支教老师陈小晴来说，刚出校门的她深深感受到乡村教育的提升是一个"集体合力"的事情。光靠乡村教师群体的努力，是远远不足以改变乡村教育现状和困境的。家长的重视、教育观念的变化、政策的支持、基础设施条件的提升等，都是撬动积弊的希望杠杆。"知识改变命运"的信念应该要牢牢扎根在西部和乡村孩子的心中，才真正有希望。

15.Alderfer C P. An Empirical Test of a New Theory of Human Needs[J]. Organizational Behaviour and Human Performance，1969(4)：142−175.

国家对乡村教师群体越来越重视。成长空间狭窄和待遇不高的问题，在当下已经有了逐渐改善的方法，正在向着好的方向发展。越来越多的充满幸福、充满信念的乡村教师在默默坚守和奉献。

「人物简介」

李华（化名），31岁，原为龙岩市新罗区某乡镇小学语文教师。后通过回城选拔考试，调回市区一所实验小学任教。在乡村教师岗位坚守8年之后，2022年回到教育资源更好、更能陪伴家人孩子的城市。

陈小晴（化名），25岁，福建师范大学研一学生，2021年赴甘肃漳县支教一年。目睹东西部教育差异和乡村教师真实现状，她认为要乡村教育不能只靠乡村教师这个团队，要从学生层面、家长层面、国家教育策和投入方面 起提升。

方有红（化名），31岁，漳州市云霄县东厦镇小学教师，一直坚守在乡村教师岗位。她认为现在的乡村小学工作环境还是很不错的。在9年多的工作时间里，她获得了从事教育事业的满足感、幸福感。

阅读陪伴：城中村儿童的一扇窗

"我希望我做的这些事情可以让世界变得更好。"

—— 公益助学者舒风(化名)

我国教育公益事业肇始于20世纪80年代，最初从"扶贫济困""儿童保护关怀"等方面展开，提供诸如为中小学生提供助奖学金、物资及基建等公共服务。随着大众对教育认知的加深，教育公益事业投入逐渐从资源导向转变为教育导向。[16]目前，儿童教育公益涵盖儿童成长的全部内容，课程设计领包括健康、卫生、性教育、职业教育等内容，其中最具代表性的新兴内容就是阅读领域的迅速发展。

孩子们应该多读书，书籍为他们展现的是更广阔的世界。城中村儿童在阅读方面十分匮乏。忙碌的父母无法抽出时间陪伴他们亲子共读，在家庭教育上没有精力或者能力给予有效的指导。城中村学校无法提供优质的阅读资源，孩子们在学校里无法享受阅读的时光、童趣。有老师、志愿者陪伴城中村的孩子们阅读，老师和家长见证了孩子的变化，他们开始热爱阅读，

16.21世纪教育研究院.中国教育公益领域发展研究报告（2019）[EB/OL].(2020-01-15).
https://www.sohu.com/a/367078887_100974.

看到了更大的世界，人生目标和理想也变得更加丰满。这样的时光将成为孩子们童年珍贵的回忆，这样的努力是一件很有意义的事情。

一、阅读：打开世界的一扇窗

2013 年在上海，一本绘本深深触动了舒风的心灵。"绘本"一词来自日语对英文 Picture Books 的翻译，一本书运用一组图去表达一个故事或一个主题，在中国有时又被称为"图画书"。1986 年著名的童书作家和插画家克里斯·范·奥尔斯伯格（Chris Van Allsburg）因《极地特快》（The Polar Express）获凯迪克奖（Caldecott Medal）时说："我们成年后都信奉的理性使得相信奇妙的事情变得困难，如果不是不可能的话。幸运的是，孩子们知道有一个穿着红色西装的快乐胖子驾驶着飞行的雪橇。我们应该羡慕他们。"

绘本不仅仅属于儿童，成年人的内心也会为之起舞。舒风还未及细看绘本的文字时，其中的画面已深刻拨动了她的心弦，令她回想起多年前为女儿阅读童书的情境，那时大陆还没引进现今这般精美的绘本，但母女之间亲子共读的温馨萦绕心间。舒风希望更多的孩子们能够享受这样纯粹的欢乐时光。舒风想通绘本培养孩子们的阅读习惯，让孩子们能够坐下来自主阅读，并实现亲子共读。这是儿童教育一个很好的切入点。

2013 年，舒风因偶然的机会前往上海，机缘巧合之下参与了上海友人发起的为城中村儿童举办公益图书馆的活动。她注意到城中村儿童在阅读方面十分匮乏。开始思考在这个领域做些事情。

2016年，舒风在厦门开启阅读公益助学活动，服务对象主要是厦门市湖里区城中村的学龄儿童。舒风尝试与厦门市各城中村的小学老师合作，从一年级开始，连续三年每周一堂阅读课，并为孩子们提供绘本童书。一、二年级的阅读课，由老师或者志愿者大声朗读绘本，三年级以上的班级则增加文字书籍。在此期间，他们根据老师的反馈和孩子们的实际情况，增加和调整阅读书目的难度。2018年8月，公益助学机构在民政局正式注册。

二、阅读：坚持是一种力量

对于一个初创的公益组织而言，舒风需要处理募捐资金。在资金上她们与具有一定公信度、具有公开募捐资格的社会组织合作，向社会募捐。近年来，互联网公益筹款模式蓬勃发展，2016年民政部指定腾讯公益网络募捐平台、淘宝公益、蚂蚁金服公益平台等13家平台为"首批慈善组织互联网募捐信息平台"。[17]他们选择互联网募捐平台开展募捐。企业的捐赠也是一个重要的资金来源。数家民营企业每年为助学拨款已成惯例。在投身公益事业之前，舒风在航运界工作了12年，2004年在厦门大学EMBA继续深造，积累了深厚的人脉，其职场和求学经历为助学事业提供了极大的助力。

人手问题同样棘手。早年舒风在上海参加阅读公益活动之时发现，育有幼童的全职妈妈非常适合做志愿者，她们通常拥

---

17. 人民网.民政部指定首批13家慈善组织互联网募捐信息平台[EB/OL].(2016-09-02).http://politics.people.com.cn/n1/2016/0902/c1001-28685555.html.

有相对稳定的时间，可以进行课堂阅读，且有学习动力，能够很好地甄别、挑选儿童绘本，并擅长与孩子们交流。但是当她在厦门创办助学时，很快发现上海的经验不能完全移植。她一直未能招募到合适的全职妈妈担任长期志愿者，必须根据厦门的情况采取其他方式招募志愿者。此前的工作经历让舒风了解到，部分企业对员工开展社会服务有要求，双方的需求恰好吻合。从事社会服务的企业员工可以根据自己的时间，前来参与活动。

近年来，各小学加强外来人员出入管理，深入小学课堂开展朗读活动的公益活动受到限制。借助互联网技术和基础设备的普及，舒风着手开始线上绘本朗读。2020 年 5 月，"线上阅读"上线，之后每周日晚上在微信直播平台进行阅读。时间、朗读书目、朗读人、进入直播间的方式会提前告诉老师、家长。活动一直延续至今，截至目前已经举办 100 余期。

线上阅读本身也存在一些问题。线上朗读以手机、平板、电脑为媒介，小学学龄儿童通常不能独立拥有自己的手机，平板和电脑的普及度远不及手机。相当一部分孩子必须借助家长的通信工具，在家长的协助、监督下参与这一活动，这意味着儿童能否参加很大程度受家长的意愿、时间成本等因素影响。

事实上，目前线上活动参与人数一直有限，通常数十人左右。朗读者和儿童之间的交流也远不及线下阅读课理想，孩子们注意力更容易分散，朗读者也很难从面部表情、肢体语言等外在形式即时得到孩子们的反馈。

很多城中村家庭的生活节奏混乱。对于务工人员和小商贩群体而言，保持工作和收入是最紧迫之事。家长们尽其所能配合学校，保障孩子们开展常态化教育已实属不易，投入其他的教育支出和时间成本是一种奢侈。舒风理解家长的情境，在这样的情形下，老师和孩子还相信阅读的力量，还参与朗读活动，就显得尤为珍贵。

三、阅读：传递温暖与陪伴

活动从线下的小学课堂转向线上后，舒风对于阅读、教育的理念有了更深入的思考。她一直相信，为孩子们朗读绘本的过程中，"陪伴"具有重要意义。线上朗读让孩子、朗读者失去了彼此面对面接触的可能。研究表明，人们通过现代技术进行联系时身体之间却保持物理隔离，这样的行为模式会带来潜在的负面影响。儿童社交活动减少，会引发亲密关系缺失、社会孤立感增加等潜在压力，甚至出现焦虑、抑郁、睡眠和食物障碍等临床症状。

舒风认为，线上活动无法取代现实生活中亲密的互动。在阅读课中，老师、孩子之间，通过声音的交流、肢体语言的互动和思想观点的交流、碰撞，创造出一种融洽而舒适的气氛，加强彼此之间的信任和亲密关系。儿童也在这样的互动过程中无意识地感受到来自师长和同学的"陪伴"。他们沉浸于儿童绘本的画面和文字中，不仅感知绘本表达的世界体系，也体验到周围世界的活力和爱意。"人还是需要拥抱，需要触摸的。人是需要去感受真切的生命的。"

从创立开始，助学一直面临着社会的质疑："孩子们语文

赛上小学五年4班的孩子们
给风阿姨的信（部分）

◀ 小学孩子们写给风阿姨的信

水平提高了吗？""孩子识字变多了吗？""做这件事情真的有意义吗？"一系列的问题都想要知道阅读的现实效用。阅读的效果其实是很难衡量和数据化的。舒风很无奈，但她说，"某一天，孩子们长大了，至少他们在回忆童年的时候，会有一个很温馨的时刻：有叔叔阿姨来讲故事。那些爸爸妈妈没做的事情，还有人在做。"

2022年7月，城中村小学老师给孩子们布置作业，写一封信给"我心目中的英雄"，意外收到一封写给"风阿姨"的信，令老师非常意外且感动。因为喜欢舒风的孩子们都叫她风阿姨。想到因为封闭教学，风阿姨已经许久没来学校带大家阅读，老师便询问孩子们，谁还想写信给风阿姨，老师将一起转达。结果又陆续收到了十余封孩子们的信。

其中一封信原文如下：

风阿姨：

您好！

感谢您六年来的陪伴。您一定不知道，在您来到我们班之前，我是一个不爱读书的小朋友。但是您来了！您的一些微小的举动却让我对看书这件事有了很大的改变。一开始我是一个爱玩的小孩，就算看书也是看漫画书，因为我在那时总觉得那么大一堆字很浪费时间还很无聊。但是现在看来这是一个可笑的想法。现在想那只是我不感兴趣的文字书时才会这样想。

从三年级后您开始大量地借书给我们看。就是从此之后我看了好多新的文字书。如《DK》《神奇图书馆》等。我开始接受了文字书，也慢慢地喜欢上了文字书。

十分感谢您—— 风阿姨这些年来借给我们的书。

小宇
2022 年 7 月 6 日

2022 年 10 月，周五第三节课，舒风再次走进城中村小学教室。伴随着班主任刘老师含笑的声音，"小朋友们看看是谁来了？是不是风阿姨来给你们讲故事啦？"班上的小朋友们蹦跳着簇拥在舒风身边，一时间欢声笑语盈满课堂。舒风开心地弯下腰与孩子们拥抱着轻声交谈，随后为孩子们朗读儿童绘本《亚历山大和发条老鼠》。

前路也许艰辛，但舒风十分坦然，只要还能够运营就不会放弃。"我还是希望能够一直做下去，再过几年，也许孩子们就不应该叫我风阿姨，而应该叫我风婆婆了。"

「人物简介」

　　舒风（化名），生于1970年，厦门人。曾经是航运业公司管理人员，2016年投身城中村儿童公益教育领域，与多家小学合作，为学生提供儿童读物和陪读服务。

仓库工人：平凡岗位的不平凡

"我在章彬（化名）身上看到许多一线员工的美德，朴实、顽强、能忍，关键时候敢于挑大梁。每次赶货或夜间没人加班，需要他时就能挺身而出，甚至牺牲陪伴家人的时间，每年过年都是最后一个走。每天重复做这样平凡的事情却不厌烦，就是最大的不平凡。"

—— 福州某工艺品公司何经理

制造业采购经理指数（PMI）和"挖掘机销售指数"，通常被许多人认为是国内宏观经济的"晴雨表"。也就是说，通过这两个指数的上行下降比率，可以一定程度上判断出国家宏观经济发展和调控的阶段趋势。

国家统计局2022年11月发布的数据显示，11月份制造业采购经理指数为48.0%，比上月下降1.2个百分点，创下新低。企业对短期内的生产经营活动预期趋于减弱，生产经营活动预期指数为48.9%，为2020年3月以来首次降至50%以下。[18] 而根据中国工程机械工业协会对26家挖掘机制造企业统计数据，2022年3月销售各类挖掘机37085台，同比下降53.1%。受多

---

18. 中国产业经济信息网. 疫情多发经济恢复态势放缓，11月制造业PMI降至48%[EB/OL].
(2022−12−02).http://www.cinic.org.cn/xw/cjxw/1382467.html.

重因素影响，我国制造行业持续受到一定冲击。

福州某工艺品公司原本是一家传统家居装饰品制造企业，近年来正向着文化创意服务产业升级转型。47岁的章彬（化名）是该企业的一名普通工人。入职企业的16年里，他兢兢业业工作，成为工厂物资材料仓库的管理员，用自己的敬业之心与感恩之情，温暖了家人、工人、老板的心。

一、坚守仓库管理岗位16年

47岁的章彬来自闽侯县，是一个外表看起来敦厚老实，说起话来腼腆内向，做起事来勤劳踏实的一线工人。2006年，在章彬的老乡、公司的创始人推荐下，他来到了刚刚初创的工艺品公司，到现在已经工作了16年。

自16年前入职起，章彬就一直在原材料仓库工作。章彬工作的公司是一家制造家具装饰的工艺品企业，各种原材料不仅数量巨大，而且配件多、小、零散。"一年有五六千种新品，一种新品就有几十种原材料配件，这些都是小配件。"章彬说。只有高中文化的章彬，刚到企业时对人和环境都不熟悉、操作流程也不熟练，闹出了不少错误。库存管理是要按照订单需求来调整的。有一次，章彬因为迟上报了所购材料，导致物资迟迟无法到位，耽误了原本定好的成品交期。他只好忙前忙后积极补救，跟采购沟通，催促物料及时到位，尽早如期生产交货。工作中当然也偶有出现和同事产生矛盾的时候，但章彬表示，只要各自做好自己的本职工作，按规定的流程规则来就没问题。

在经历了一段过渡期之后，勤奋好学的他已经能够熟练地掌握工作技巧。每晚下班后，他都认真复盘思考当天的工作，有哪些是相对紧急的、有哪些是应该避免犯错的事情，以便新的一天工作时可以更好地完成。

现在的章彬已经从一名普通员工升职为仓库管理员，可以驾轻就熟、高效地完成一整套工作流程：收货点数—与采购对货—入库查验—核对清单出货。即使每一批次的订单都会对原材料仓库进行大规模地整理调换，但章彬对于原材料仓库的每一个编码对应的零件位置都了然于心，找起来相当娴熟。"每天一般都会先验货，看看昨天到的货，然后将这些货归类放置到货架上，再到电脑上去查找是哪位客户的，最后再登记好，将清单打出来等交接签字。"熟练操控着电动叉车的章彬在自己的主场侃侃而谈，"随着公司壮大，仓库也逐渐变大，各方面跟上去，设备也提升了，比如这自助叉车。"

当然，日常工作中还是会遇到许多难题。作为最基本的原材料库，有时会出现订单多到仓库"爆仓"的情况。不仅仓库内被各个小零件堆得满满当当，外面走廊也被挤占得路都没有了，仅留了一个拖车可以勉强通过的小通道。每到这时也是章彬最忙的时候，整个仓库几乎天天加班到凌晨。章彬说，不久前他就出过一次大错，给客户的货对不上订货单，结果全部被退了回来。因为这事儿他被老板叫到办公室严肃斥责了，这也再次给他敲响了警钟，仓库管理工作需要极度认真和负责，每次都要认认真真地对好货单再提货和发货。现在谈起犯错他也十分坦然："没人不会犯错，但要争取下次不能再错。"

章彬说，公司对他的知遇之恩让他心怀感激，感情让他能够在岗位上坚守 16 年。在来工艺品工艺工作之前，高中文化毕业的章彬也跑过农贸市场、做过珠宝销售等工作，但是都没有什么长足发展。"当然自身的能力很重要，我肯定是水平不够，但是行业给不给你机遇，公司给不给你机会，是真的可遇不可求的。"章彬说。

二、"踏实肯干，勤恳热心"

像章彬这样的老员工，在公司还有许多。据公司人事何经理介绍，公司有许多从企业初创开始就一起奋斗的老员工，入职 10 年以上的老员工占了近 50%。也正是因为大家的各司其职，公司就拧成一股绳，不仅很团结，执行力也非常强。"每天重复做这样平凡的事情却不厌烦，就是最大的不平凡。"何经理说。

印象最深刻的是 2021 年，当时公司接了一个大订单，十分难得。但是紧接着困难也摆在了大家面前，包含开模具的时间在内，这些铁质工艺品的全周期生产交货期只有 28 天。正当大家铆足劲准备大干一场的时候，一场大暴雨不适时宜的从天而降。"那个雨啊，就像天上开了消防水龙头一样，不断往下倒，而且一直不停。"章彬看着暴雨，急在心里。长时间的暴雨将仓库里堆放的上万片铁板都淋湿了，而这些正是这批大订单的生产原材料。章彬深知，作为一家主做铁艺工艺品的企业，原材料潮湿生产出的工艺品，必定很快就会生锈。于是雨一停，章彬就主动请缨，组织一批仓库工人去手工擦拭淋湿的铁板："我们一定要把铁板擦干，这样做出来的产品品质才能得到保证。"

章彬和其他工人一起，用抹布细心的一片一片擦拭铁板、烘干，直到第三天天亮才全部处理完，这批货最终如期保质保量地交到了客户手中。事后公司领导表扬他，章彬也只是腼腆地说了一句："这是我应该干的。"章彬说，其实他当时也很害怕，因为东西特别多，货又特别着急的赶着要，但为了公司的利益，他必须全力以赴："做每一份工作都有责任，自己的事情要做好。"

在工艺品公司的主营业务中，百分之八九十都是国际订单。受到近年来国际局势复杂、美国通货膨胀、消费指数下降的影响，所有的外贸企业都受到了巨大的影响，对主营外贸出口的工艺品冲击力更大。何经理说："美国经济下行的压力是很大的，大家都在抛美债、抛美国资产，因为对美元不是很信任。"一些国际区域冲突引发影响到全球资金往来和贸易开展，对公司业务产生了巨大影响，最直接的就是国际订单大量锐减。"但不管如何市场还是在，虽然蛋糕变小了，但我们要扩大里面的份额。只要大家劲儿往一处使，市场里我们的份额就还能加，熬过竞争对手，才能获得更多订单。"何经理坦白地说，发展当然要靠员工，企业最根本的还是员工。只要员工能携起手来，每人都使把劲儿，就能将之往一个地方推。像章彬这样的一线工人，就属于公司的中坚力量，他往前就能带动下面的员工继续往前走。这样企业才能越做越好，企业才能更有保障，也能相互成就。

章彬很低调很谦虚，从来不主动提自己的成绩。"很肯干的，每年都是最后一个走。"何经理对章彬褒奖不断。在每年公司的优秀评奖中，章彬总是能高票当选。何经理表示，"大家都认可他，共事这么多年，群众的眼睛是雪亮的。他是实实在在干活、付出的人，每位认识他的员工都有所了解，所以才在每年的优秀评选中都将票投给了他。"同在一个仓库工作的工人小洪认为"踏实肯干，勤恳热心"是章彬最大的优点。"他是仓库主管，平时有什么事一叫他都会非常勤快地过来帮忙。每当事情多忙不过来时都是他来做，因为我们仓库大都是女生，他一个男生，重活都是他来做。"

"我能在他身上看到许多一线员工的美德，朴实、顽强、能忍，关键时候敢于挑大梁。"何经理说，其实作为仓库员工，章彬没必要做组装、包装的事情。但每次需要人手时，他总是如标兵般冲在第一线，在关键时刻只要打个电话就立马会从家里过来，也不问干到几点、要做什么，去车间加班，一加就加到凌晨三四点，毫无怨言。而这样的优秀一线工人，在工艺品公司还有许多。也正是因为员工们的无私奉献，成为公司支柱，公司才能一路发展壮大。现在，经过短短16年的发展，工艺品公司已经成长为属地闽侯县的外贸出口大户、纳税大户。

三、"人生三件大事都在公司完成"

章彬勤恳、踏实、有拼劲儿，他有着一线工人身上的很多优秀品质。但是也正是因为他对工作的投入，造成了他个人问题一直没法解决。"都没有空去相亲、找对象。后来公司熟悉他的人实在看不下去了，都开始为他介绍对象，不然他天天两点一线怎么可能找得到？"

16年一晃而过，章彬说："我30岁进公司，与公司一起奋斗成长。39岁贷款买房，41岁公司帮我介绍相亲对象，42岁结婚，43岁有了自己的孩子，老板还在孩子满月时包了一个大红包。人生三件大事都在公司完成了。"他还记得，刚入职没多久他的甲状腺出了些问题，在他住院做手术时，公司老板还亲自去医院探望他。章彬有些感慨，"都是互相的，我现在最大的愿望就是在我的岗位上，脚踏实地做好本职工作。"

章彬说，自己不仅每月工资稳定，年终还有一笔奖金，上班时间也从繁忙时段的单休变成了双休，若是需要加班也都有补贴。近两年订单量大幅减少，但因公司规模较大，还是有一些基础订单保持，一直都在坚持生产，至少工人们的工资有保障。章彬觉得，这份职业真的稳定，有机遇、有盼头、有发展。

2022年，仓库工人小洪的孩子以667的高分考上北京大学。老板带头在公司群里祝贺她，代表公司发奖励给她，还说以后考上大学的都可以申报获得奖励。提到老板时，小洪赞叹不已："为人非常和善，也很大方的，若有人提出困难他们都会提供帮助。买房子首付时也都会慷慨地借钱帮忙。"

"公司还提供员工宿舍。而且公司对面就是江景，平时还可以去散步，公司是诚心待我们的。"何经理感慨道，很多员工已经退休年龄了还希望继续做，因为他们对公司已经很有感情了，舍不得走，公司也愿意留他们。80%的员工都在贷款买房买车，他们很多都是附近村或乡里的，靠着这一份薪资来贷款买房买车养娃、支撑这个家庭，从乡镇走到县，再从县走到市。公司也养活了一个个的家庭，同时也稳定着一段段的社会关系。

公司给予了员工归属感，他们把这里当成第二个家，是生活的一部分，与此同时还收获了幸福感甚至成就感。这真正诠释了"个人助企业发展，企业助个人成长"的正能量奋斗精神。

现在的工艺品公司正通过线上争取订单，将库存的订单清出去。整个市场恢复还需要时间，因为工艺品公司 80%-90% 的订单都在国外，国外市场现在就像大病初愈的病人，整个国际经济还在恢复中，所以要靠员工团结起来劲儿往一处使。市场总要回升，归根结底会热起来。"在闽侯这边工艺品市场是非常有名的，我们公司已经从前三做到了前二，希望到时能做到第一。"何经理说起现在正在经历的一些风险和企业文化时与有荣焉，"公司的目标就是给客户创造美的体验，让家居带来生活的幸福感。"

大浪淘沙，让这个心齐团结的"金子"工厂在海滩中熠熠生辉。相信每个人都能在其岗，谋其职，尽其责，就是给这个时代交出的最好的答卷，就是抵抗一切不可抗力的最有力回应与回击。

「人物简介」

章彬（化名），47 岁，闽侯人，高中文化水平，福州某工艺品公司原材料仓库主管。入职前做过农贸市场经营户、卖过珠宝，30 岁经人引荐进公司。与公司一起奋斗成长，在公司完成了人生大事。自入职起，章彬每年都被评为"优秀员工"或"优秀车间干部"。

鞋厂工人：家与厂的守望

"很多人觉得工厂里面机器运转发出的是难听的噪声，橡胶气味很刺鼻很呛人很讨厌，但当订单下降的时候，我们都开始想念轰鸣的机器声和刺鼻的橡胶味。"

——泉州鞋厂工人温建国（化名）

纺织鞋服是泉州的重要支柱产业，国内知名鞋业品牌特步、安踏、361度等都来自这里。鞋服业的发达带来了上下游企业的蓬勃发展，无数个中小鞋企分布在泉州的各地区和乡镇，成为泉州鞋服产业链上的重要一环。42岁的温建国，是晋江一家中小型鞋厂的普通工人。在14年兢兢业业的工作之后，他从一线制鞋工人升职成为工厂物资材料的管理人员。在产业艰难的时刻，他用自己的温情，和鞋厂、老板、工人、家人共同度过种种困难。

一、家的牵挂

温建国来自江西瑞金，夫妻二人现在都在晋江打工，到晋江鞋厂工作已有14年了。2008年，随着当年农民工外出务工大潮，温建国夫妻离乡到晋江打工，成为鞋厂工人。当时，温建国的3个孩子年纪尚小，成为留守儿童，和爷爷奶奶一起生活在江西乡下。夫妻俩当时刚进鞋厂，之前从没有学过做鞋，收入不太稳定，不能及时给家里寄回足够的抚养费用。每个月的工资加起来只有一千元出头，实在拮据的时候，连孩子的奶粉都无法及时邮寄给老家父母。虽然温建国的父母那会儿还有能力工作，但要抚养3个孙子孙女还是十分不易。没办法，夫妻俩只能铆足了劲儿跟厂里老师傅学习和练习，一遍遍犯错又一次次修改，最终慢慢掌握制鞋技术。

疫情期间，工业区实行全封闭式管理，工人生活工作全部在鞋厂里，与外界几乎切断了一切联系。温建国困在厂里，心里十分惦记在乡下的父母。老人在乡下的生活来源没有保障，农村既没有方便的超市，老人也不会网购，所有物资的购买都依靠于乡村的赶集。"疫情严重那段时间，集也不让赶，虽然说乡下人员还没那么杂，但是我们也担心，老人们有的时候想着省几块钱就不戴口罩，他们又有基础疾病，我们做儿女的不能天天守在他们身边看着他们，很怕他们被感染。我就因为戴口罩这些事情和他们吵了很多次了，又生气又担心。"可以说，"有心无力"是疫情期间在外务工中年人的代名词。他们既要顾及赖以生存的工作，又要担忧远在家乡的老人孩子，诸多压力缠身，重担层级般增长。温建国说，一切的艰辛、无奈、愤怒、挣扎都不得不低头，因为根本无法顾及、无暇深思。

相关学者研究表明，"自身是老人或家中有老人、家中有子女的群体对疫情更为关注、风险认知更高。无工作和低收入群体风险认知更高、信息公开评价更低、情绪更消极、未来预期更悲观。新冠病毒疫情呈现出风险的不平等性，且风险程度越高,这种不平等性表现得越明显。" [19] 疫情中最苦最难的,可能还是留守在农村的老人和孩子。

温建国是家中独子,夫妻育有3个孩子,赡养老人和抚养孩子的压力让他一刻都不敢松懈,即使是在疫情期间,他也不敢休息。"大儿子已经大学毕业了,二女儿上大学,小女儿读高三,一个月工资就五六千块,要给孩子们生活费。二女儿我就给1000,小女儿给600块,他们额外买衣服买日用品另外再给,家里老人也没有退休金,生活起来很拮据。"温建国有强烈的责任感,说自己还年轻,还要多干一些。虽然过度劳累可能会引发疾病,但因为每个月基本上都处于入不敷出的状态,温建国根本没有条件也舍不得去体检,"目前看身体还没什么大碍,所以趁着现在,多做点事情,把儿女们养大成人。"对温建国而言,似乎早已忘记自己的身体,仿佛辛苦劳作就是他生命的全部意义。在他憨厚的笑容背后,难以掩饰无法给一家老小更好生活的愧疚与自责。

自打夫妻到晋江鞋厂打工开始,就对留守的孩子们疏于照顾。温建国说起这些糟心事,自责又无奈。有一次,他的女儿去县里上学,放学时没有赶上公交车,很晚都还未回家。温建国的父母非常着急,但老人不会发微信,只好一直给他打电话。温建国当时正在忙厂里的事情,父母不断打电话,他也焦心着孩子的安全和下落,一时没控制住,就大吼了自己的父母。"让

---

19. 王俊秀,张衍.风险认知、社会情绪和未来预期:疫情不同阶段社会心态的变化[J].社会科学战线,2022(10).

他们不要担心，其实自己心里也还是担心的，担心我爸妈急坏了，也担心着小孩子安全。那有什么办法呢，我什么忙都帮不到。"

疫情期间，女儿不小心淋雨发高烧。温建国的父母着急得不得了，但是去医院要核酸检测证明，"老人不会处理这些，不能及时去医院看病，也不像城里买药这么方便，只能用土方法降温。"人到无力之时，只剩怒吼，这可能不是针对对方发出的，而是对生活的一种呐喊与挣扎。但现实有时候也让伤人的话语脱口而出。

学校要上网课，他用积蓄勉强凑够钱给孩子买手机，保障她们的学业，夫妻两个人只能在生活上节俭自己的开销。"我们根本没钱给小孩子买电脑，没那个条件，而他们有了手机，谁知道他们有没有用手机在好好上课。有段时间小女儿在学校一连上半个月学，被封在学校里，我们也不知道她在学校里面过得怎么样，思想上有什么变化没，很担心她在学校的生活。"

这三年来，尽管困难重重，他们一家人始终抱成一团，齐心协力、互相理解、互相扶持。温建国说："小孩子也很理解我们，大儿子大学放假就会去发传单，赚了五六千块钱全部都给我们了，还挺孝顺的。两个女儿在学校吃的也不好，有时候快周末了，他们就不在学校吃了，说还是家里饭好吃。其实我也都知道，她们是想省点钱。"每次想念爸妈，想念儿女的时候，温建国都只能给他们打个视频电话，以解相思之苦。有一次女儿给他打电话，说突然停电了，温建国也只能为女儿做一些心理安慰，让她去找附近邻居帮忙，深深感到却心有余而力不足。

一部手机、一个影像，几乎承载着他们彼此全部的叮咛嘱咐与爱。虽然不能常伴左右，但心永远相连。

二、与工厂共克时艰

对家庭的担忧占据了温建国的一部分精力，而在鞋厂里的工作是时刻牵动着他担忧的另一个部分。

2020年末，往年这个时候，温建国和工友们都在提前备货，开足马力完成年终订单，等待工厂聚餐和奖金红包后回乡过年。可是这一年年尾，工厂订单量骤减，几乎下降了一半还多。根据国务院发布的数据，"2020年4月份全球制造业加速下滑，新冠肺炎疫情对世界经济的影响有所加剧，世界主要国家经济均明显下滑。国际货币基金组织表示，全球经济已几乎肯定进入衰退，其严重程度仅次于大萧条。"[20]工厂形势不好，各地倡导就地过年，温建国忧心忡忡，陷入十分焦虑的状态。

作为工厂物资材料的管理人员，温建国通常从早上8点忙到晚上10点。在追求生产效率的工厂效益面前，如何协调防疫和生产进度令温建国十分头疼。防疫规定带来的各种消杀工作、通行码检查增加了许多工作量。"我们要对进货的车和人员，一个个的检查二维码、通行证、测量体温，检查运输人员的健康状况。我们厂子派车辆出去拉货，也要经过很多手续流程，一层层审批下来才让出去。所以那段时间在车辆出入管理

---

20. 中国物流与采购联合会.国务院：新冠肺炎疫情影响加剧，全球制造业加速下滑——2020年4月份CFLP-GPMI分析.［EB/OL].(2020-05-07).http://www.sasac.gov.cn/n2588025/n2588119/c14533065/content.html

那边，经常有一些口角纷争，解决起来挺棘手，工作心情也会受到影响。"对于本就属于生产流水线作业、高强度工作的工人们来说，要额外认真、耐心、细心地去一遍遍地重复着相同的查验核对工作，不免会增加烦躁心理。温建国经常遭到不理解和议论。有一些工人互相不理解，也就时常产生矛盾。但他还是希望自己的工作对得起厂里的同事和老板。摸着良心做事，始终是他的人生信条。

鞋厂订单损失了很多，但不管当下生意如何，他和工友们总是能按时从鞋厂老板那里领到工资。特殊时期，自己的老板还能够按时按量给发基本工资，工友们已经满足了。"以前我们是有加班费的，多做一点就有多一些收入。但是现在没办法，所以我们也不好再去和老板多要加班费，就是相互体谅吧。"不只是温建国所在的鞋厂，其他制造业工厂的情况都差不多。不要说是给加班费、招兼职了，大批工厂在裁员精简，温建国说，这二年来，他们鞋厂从来没有裁员。"人都是互相的嘛，老板对我们好，我们也给他尽全力干。"温建国十分体谅老板的不易，会尽量把自己负责的事情做细做好，不让老板再操心。

14年朝夕相处，让温建国对鞋厂的工友和老板结下了深厚的情谊。在温建国工作的鞋厂里，老板和员工们会相互体谅，很有人情味。温建国就是凭借这14年相处积攒下来的感情，对抗着困难产生的个人焦虑与伤害。互相理解、互帮互助、知足常乐，是温建国面对困难时的处事原则。

三、机器轰鸣声重振

"很多人觉得工厂里面的机器运转发出的是难听的噪声，橡胶气味很刺鼻很呛人很讨厌。但是疫情最严重那段日子，订单大批量下降，我们都开始想念那种轰鸣的机器声和刺鼻的橡胶味。"温建国说，他和工友们怀念繁忙流水线作业的日子，期待一切恢复正常。工厂的轰鸣和生机是他们心系之事，大家都期待着重新看到不戴口罩的一张张面庞，有订单、有需求。

如今，工厂订单也逐渐恢复，机器的轰鸣声又重新响彻工厂，熟悉的橡胶味又重新回到鼻端。材料可以跨区域采购了，物流运输恢复正常了，工人可以随意出入工厂了。周末闲暇时间，温建国可以约上三两同事外出聚餐、放松畅谈。

供应链产业链安全作为产业升级乃至国家经济安全的基石，主要体现为供应安全保障、灵活低成本交付和价值赋能。专家们研究指出，我们应当借鉴发达国家和优秀企业先进经验及案例，借助"企业转型—产业升级—经济创新" 的价值层次模型，融合垂直产业链和水平产业链，以产业链的跨国经营为主线，营造我国供应链产业链的安全性、竞争力和价值优势。"[21]温建国所在企业的困境，是所有中小企业的缩影。无论是垂直产业链的改革，还是制造＋的新技术新思维引入；无论是创新生产、前沿技术生产，还是推行以创新、融合、多元"为特点的柔性制造、数字化制造、共享制造，作为生产制造业主体的一线工人们，都在用自己的温情和坚守，为传统制

---

21. 保链稳链：后疫情时代中国制作业供应链安全战略 [J] . 中国工业和信息化，2022(5).

造业发展注入积极的情感力量。

「人物简介」

温建国（化名），江西瑞金人，42 岁，小学文化水平，泉州晋江某鞋厂一线工人。家中从前属于农村贫困户，父母现仍居住于乡下，父亲中风十几年，只有母亲在父亲身旁照顾。夫妻二人都在晋江打工，家中 3 个孩子，大儿子刚工作，两个女儿在上学。

社区工作者：默默奉献的无名英雄

在许多人看不见的地方，在网格社会的缝隙里，有许许多多这样不为人知的人，在默默地奉献着自己所有的时间与精力。这些隐匿在宏观叙事和数据背后的普通人，他们的每一滴汗水和每一份辛勤，值得尊敬。感谢每一位在中国社会神经末梢默默奉献的无名英雄。

—— 调研组采访手记

社区网格化管理是基层管理的一项革命创新，它将过去被动应对问题的管理模式转变为主动发现问题和解决问题，通过管理手段的数字化提升管理的敏捷、精确和高效，还通过一整套规范统一的标准和流程提升管理能力和水平。网格化管理为社会治理提供了新思路，及时落实党和国家政策部署，有效防范化解各类风险，更好地服务了基层群众，维护了社会安定稳定。无论是哪个环节，都缺不了人的因素与作用，所有的数据、机制、管理、成效都依托于基层社区人员的工作上。基层社区工作者，是在社会神经末梢默默奉献的无名英雄。

一、下沉干部：艰苦与付出

林伊是福建某县发改办的一名普通工作人员。林伊大学毕业后先当了一段时间老师，后借调到县政府办公室信息科，之后调到县发改办。2020 年，县里落实中央和省市部署要求，干部重心下移，力量下沉，支援社区工作。林伊作为县一级公务员，响应号召下沉各镇区，先后做过高速口的志愿者，下沉到村镇基层、隔离点专班支援以及开展疫情工作督导。

下沉基层让她真正体会到了基层工作情况的辛苦、复杂。林伊说，抗疫工作其实是社会各行各业同舟共济的过程，医护人员冲锋在前十分辛苦，但其他的后勤保障工作也是许多人在默默坚守奉献。他们这些下沉干部以社区和网格为单位，坚守在前，其中的辛酸苦辣只有一同奋战的同事们才能深刻体会。"我们也承担相应的工作。但考虑到有些工作的艰巨性、危险性，且女同事可能不大方便等情况，一些男同事可能要承担更加艰巨危险的工作内容，比如物资的配送保障。"林伊说，当辖区里的局部地区划分为高风险后，它仍需要保障物资的正常配供应，这时就需要工作人员的日夜坚守。在高风险地区外围，会设立临时的帐篷作为工作人员的临时住宿点。投入工作的同事们要保障物资供应，不能回家。"这些同事们真的非常辛苦。住宿的条件就是一排帐篷，里面安置了简单的行军床和行军被。一段时间天气比较冷，还恰逢下雨，帐篷就会漏水，真的很艰苦。"

在外的同事们辛苦，在办公室的同仁们也不轻松。林伊所在的发改部门要兼顾大数据工作。大数据摸排工作十分紧急、重要，一刻都缺不了、耽误不得，在调人员形成的大数据专班开始了集中办公。"当时，我们单位里面所有的男同事全部出动，所有的行军床全部运到集中办公厅去。那段时间，他们也是一个多月没有回家，衣食住行，包括洗漱都在里面进行。"

2022年，林伊觉得一些人的心态发生了些变化，她工作的隔离点有一位密接人员给她留下了深刻印象。林伊说，在他们通过大数据排查出密接人员的时候，马上就会有医护人员穿着大白防护服上门将密接人员带走隔离，整个过程是非常匆忙和紧急的。这位先生来的时候可能没有什么准备，但他是一个烟民，匆忙中没有带烟到隔离点。他想要抽烟，提出是否可以让工作人员帮忙去买烟。但是隔离点按规定不能提供这种物资的。他又提出可否请他朋友买一些，送到隔离点由安保人员送进来。"但是因为隔离点的特殊性，从外面送进来的物资有可能存在着交叉感染的风险，所以这种行为是不允许的。我们物资运送受到很大限制，这种烟民又不像病人服药需求，我们无法满足他。"林伊和同事一直劝导，跟他解释事情的轻重，让他顾全大局，毕竟抽烟也是不健康的。刚开始他也觉得有道理，但越到后来他就越忍受不了。终于有一天，他扬言如果不允许他买烟就要跳楼。林伊和同事求助民警，用尽了各种手段才将他劝服和平息下来。林伊说，当时她想这个人真的很傻，居然为了不能抽烟就要跳楼。可是回头看，其实那个时候人有一种烦躁、不理性的情绪。

下沉干部是援助当地政策执行的基层工作者，他们没有权限去决定或者改变当地工作部署，但牺牲奉献很大，对援助和提升基层治理能力、创新基层治理模式具有重要意义。林伊认为，"多听群众和基层工作者的声音，我们的社会治理一定会更好。"

二、青年志愿者：情绪的调节疏导

陈鑫是福建师范大学学生，学生党员，在福建发布公众号看到号召党员去基层参与志愿者活动的信息，主动参与到志愿者工作当中。她还记得刚一进社区，工作人员还以为他们是来反映诉求的群众，在得知是主动报名做志愿者的时候，社区人员在诧异之余，更显欣喜。

陈鑫被安排做电脑信息录入的工作，大量信息录入令社区工作者头疼，作为年轻人的陈鑫操作起来确实更熟练和迅速，让其他社区工作者有时间和精力去处理其他难题。但像陈鑫一样来做志愿者的人还是少数，社区人员依然从早忙到晚不曾有闲下来的时候。陈鑫是直接联系社区来参与志愿者工作的，虽然也有官方的报名渠道，可是报名流程复杂，系统分配也不那么合理，各种因素导致社区人手紧缺，社区人员笼罩在焦虑、烦躁与混乱中。"我当时一到，坐在最左边的那个负责全社区工作的工作者就在不断打电话，她嗓门儿特别大，特别尖，穿透力非常强，就是那种女高音，你一进去，就会觉得耳膜都难受的那种，但她打电话的对象并没有意识到这一点，一直在跟她争论人员排查问题。那一个早上，那个社区工作者一直在打电话，整个早上我就随着这种尖嗓门的伴奏，处于一种非常烦躁的情绪里面"。

陈鑫担任志愿者的那段时间里，几乎每一天都伴随着各种争吵。每个来到社区提出诉求的居民都带着情绪，一遍遍与社区人员争吵，而社区工作者在一遍遍重复无效的解答与安抚之后，再也无法拿出耐心与友好，变得同样暴躁起来。她们也只是执行者，大多情况下也只能将居民的情况按照流程上报。

规则之外一定会有特例出现，而社区工作者的许多难题就是面对这些特例。陈鑫印象深刻的一件特例是一户爷爷奶奶与小孙子都变成了红码，按照规定三人留一个人在家，剩下的人分别转运隔离。但爷爷瘫痪，奶奶腿脚不方便，小孙子又需要大人照顾，三人分开都无法维持日常生活。社区就很矛盾，无法按照规定正常处理，上传下达需要流程，又十分繁杂，得到回应通常需要许多时间。因此社区工作者只能在安抚居民情绪的同时，一遍遍向上申报。最终三人被安排在家隔离，过程曲折，但好在结果还好。

所有人都有自己的牺牲、无奈。那段时间，社区工作者一直住在办公室。有一个早上令陈鑫印象深刻，那天她像往常一样来到办公室，看到社区工作者云姐的桌上一片狼藉，东西杂乱无章地摆着，鼠标垫旁边有一个碗，碗里面的东西糊成一团早就看不清原貌。"等到她好不容易闲下来，给我安排任务之后，她说了一句话，她说我都不知道儿子会不会记得我长什么样了。她儿子好像一两岁左右。"陈鑫对他们多了一份理解与尊敬。工作让他们牺牲了家人的陪伴照顾，也承担了大量的负面情绪。

"当志愿者之后，你会真正感受到那些工作者的不易，你会更加全面地看到每个人的无力感，可能减少一些争吵，减少一些愤怒，会对那些工作者带来许多便利"。陈鑫很想帮那些社区工作者多做些什么，但她能做的也只有做好手头的工作。在渐渐习惯了那些刺耳的声音之后，她学会把那些争吵变成工作的底噪，手头的工作才是更需要她集中注意力去完成的事情。"那天我爸有过来过一次，他想看看我在那边工作怎么样，结果当时我都没发现。是那个社区工作者看到有人过来，就去问有什么需要帮助的。我爸说，我来看看我家小丫头怎么样了，然后我才抬头发现我爸来了。"

也有许多居民在提出诉求之后，留下一句你们辛苦了之类的话，还有其他人像陈鑫一样主动报名志愿者。"志愿者有一个专门的群，社区工作者根据志愿者报名情况安排工作。刚开始的时候，人会比较疲惫，后来志愿者人多了，安排就越来越合理了"。负责的社区工作者、越来越多的志愿者，还有相关工作的不断优化调整，让混乱变得井井有条起来。

三、社区书记：每天都在打仗

林建，39 岁，福州市某社区书记。他所工作的社区于 2005 年至 2006 年之间建成，管辖周边六个小区，总共有 3000 多户居民、1 万人左右。社区推行网格化管理，从乡镇来说，一个社区就是一个网格，从社区角度来说，一个小区就是一个网格。

林建走上社区工作岗位也是偶然。大学毕业后，林建曾尝试过私企岗位，但最终还是走向体制内。"跟现在就业的人一样，大部分人的心态就是讲求一个稳定，很多人都有这种特别强烈的想法。"当时乡镇有用工需求，组织了一次内部招考，林建通过考试，成为劳务派遣的临时工作人员。与真正体制内的干部不同，林建作为劳务派遣人员，工资待遇较低，转为正式干部的机会十分微小。"如果做得好，有的地方是可以转成或者考成编制的。工作有成效的，有取得一定荣誉的，年龄各方面符合条件的，可以参加统一组织的公务员或者事业编制考试。但比例还是非常有限的。"在镇里工作的头两年，林建也曾经有过冲动想离开，趁年轻干点其他的事业。

家里长辈一直劝说："你这个年龄出去能干什么？有什么特长？有什么资源？还不如踏踏实实在基层干。"林建也就打消了离开的念头。但作为一个热血方刚的年轻人，林建还是有着非常明确的目标与坚持。"社区工作是最最贴近群众的。再大一个国家，层层落实到最基层的工作就是到社区。所以当时也是有这个方面的想法，不说为人民服务这么远大，至少来说有面对面为群众办实事服务的机会。工作还是要认真负责，领导交代的任务要比较尽心尽责的完成。" 2012年，镇里领导把平时工作认真、成绩突出的人员安排到社区工作，给这些人一个可以发挥的大平台和能够落实的人员待遇保障，林建就这样成为社区书记，成为一名社区工作者。

"我们社区工作任务是什么？可以说，社区负责辖区内居民从生到死的所有工作。"出生证、优生优育、死亡证明要来社区开办，邻里矛盾纠纷要社区调解，辖区内的商户管理、幼儿园、学校、酒吧、酒店、餐馆等场所的各种服务、消防安全等也是社区的职责范围。各种突发事件的保障，如发生火灾，社区要第一时间赶到现场处理。还有社会治安综合治理协调、文化教育、养老保险、医疗保险、失业金等，方方面面都是社区工作服务范围。

网格化管理机制的重任很多压在了最后一级：社区工作人员的身上。"2022年的3月，本地第一次做全员核酸的时候，那真的是猝不及防。"在此前，林建和同事们虽然准备了应急预案，但从来没有实行过，总有一种侥幸心理。但本地疫情蔓延后，突然间就开始全员核酸，可是林建他们什么准备和物资都没有，什么经验也没有。那天的经历，给林建留下了很深的印象。当天中午，林建到朋友家赴宴，在回家路上接到了"明天上午开展全员核酸"的指令。怎么做？物资在哪里？志愿者哪里来？医护人员从哪里调配？千头万绪都等着社区工作人员处理。当天的研究会一直开到16点，才定出具体方案。领导带着社区工作人员进行实地点位考量，可不可行？有没有实操性？怎么优化？核酸点布局怎么安排？走完核酸布置点之后已经到了傍晚的18点。"帐篷、桌椅、进行核酸扫码的手机这些物资在哪里？桌子椅子不够的要想办法借，去物业借，去培训机构借，借完之后怎么运到点位上？核酸要从早上的5点钟开始，这时候天还没亮要去拉灯，电源电线在哪里？还有人员的分工，到底要有多少个人，要怎么做，谁去做录入，谁去引导，谁去测验？"

18点多看完点位回来，林建和同事们顾不上吃饭，一个点位安排两个工作人员先把帐篷搭起来。把相关物资安排到现场后，已经是晚上 22 点多。布置完后全部人员集中回社区，反馈在现场做的过程当中还存在哪些问题，进一步补缺补漏。直到 0 点，还有好多问题没解决：电灯没拉好，警戒线一米线没贴，测温页码区、采集区、扫描区等都没贴。把物资补完已经是凌晨，整个社区的工作人员彻夜未眠。

"我们社区有个 1997 年出生的小妹妹，姓阮，刚刚考进社区工作站，因为紧急情况提前上岗。那天晚上到最后大家都熬不住了，因为第二天很早就要开始，我还是比较焦躁的，还要再去各个点位布置一下。小阮就说：你一个人怎么去，让我休息一下，一点半跟你一起去。"林建和小阮一个个点位补缺补漏完成后，已经凌晨 4 点多。

凌晨 4 点，社区周边所有的点位都已经开始大排起长龙。那是福州市第一次的全员检测，居民特别重视。可这时，医生还没接到位。"医务人员由镇上统一调配的，凌晨 4 点半去镇政府去接医生。真的是毫不夸张，车水马龙。在镇政府门口马路上，所有的车把路口都堵住了，镇政府里面大白走出来，那个场面非常壮观，毕生难忘。大家接医生，跟打仗一样，扯着喉咙喊。怕医生被抢完了。"社区工作人员好不容易把医生接到检测点位，已经 5 点了。因为没有经验，各项工作衔接得不好，居民群众情绪比较激动，部分人开始闹事，觉得没有组织好。林建他们赶快现场协调，直到医生开始正式采样，他心里的大石才算落了地。

"从 5 点开始，到了 8、9 点进行换班。防护服有效期就是 4 个小时，所以我们要赶去接下一班的医生。同样的操作，把下一班的医生分别送到点位上。这个任务繁重，我们每天要接三波医生。"那段时间，连续20多天乃至一个月，林建和同事们都是在这样的熬夜中度过。"每天反反复复，我们车每天不是在送医生，就是在接医生的路上。"而这些，仅仅是社区工作中非常小的一部分。林建和同事们还得奔波在上门隔离密接人员、无疫小区管理等诸多工作之中。首先面临的问题是人员非常欠缺，除了要满足点位正常检测之外，社区里还有20多个需要上门的服务对象。任务必须完成，但是没有医生怎么上门？应急办法是由社区工作人员采，但交叉感染风险非常大。"不干，我们有责任。干吧，我们也有责任。"林建十分无奈。

"我们社区就11名工作人员，没日没夜地干。干完还有下一件事，或者这件事还没干完，还要准备下一件事。这个就是我们的状态。" 大家尽心尽责，担负很大的责任。"在工作量这么大的情况下，偶尔会存在失误遗漏的方面。在这个失误遗漏前，我们做了大量的工作，打比方取得了99分，但是有这么1分的失误，那跟在后面的就是问责。"

大部分的群众还是比较理解、配合他们工作，但总有一小部分的群众是不理解、不支持，甚至威胁辱骂的。一些群众认为相关部门就是给我提供方便的，只要我觉得不方便了，就投诉你。你做了大量的工作我不知道，我就知道你这样的工作方式影响到了我，对我造成不便了。"每天晚上我们的工作人员彻夜值守，进行信息摸排，打电话反复核对他的信息，然后群众就不理解了：我12点钟要睡觉，专门打电话干吗？"当遇到这样的情况时，林建和同事们也免不了感到郁闷、生气和难过。

谈到未来，他希望可以准时下班，周末在家里过一个正常人的生活，给小孩子辅导作业，陪老人去公园散散步，仅此而已。"实在是太辛苦了。"

以林伊、陈鑫、林建为代表的普通基层社区工作者，以高度的责任感和使命感，急群众所急，解群众所困，成为社会治理中一道闪亮的光。在许多人看不见的地方，有许许多多这样不为人知的人，在默默地为人民奉献着自己所有的时间与精力。这些隐匿在宏观数据背后的普通人，他们的每一滴汗水和每一份辛勤，值得尊敬。

「人物简介」

林伊（化名），女，38岁，是某县发改部门工作人员，2020年5月开始成为支援基层工作的下沉干部。

陈鑫（化名），22岁，福建师范大学大四学生，主动请缨成为仓山某社区的基层工作青年志愿者。

林建（化名），39岁，福州市某社区书记，负责辖区内6个小区近1万居民的日常服务工作。

第三章

青年：时代的性格

导 语

党的二十大报告指出，"青年强，则国家强。当代中国青年生逢其时，施展才干的舞台无比广阔，实现梦想的前景无比光明。" 实现中华民族伟大复兴的中国梦，是包括广大青年在内的每个中国人的梦。筑梦新时代，奋斗正青春。青年既生逢其时，又重任在肩。时代发展，青春一脉相承。马克思曾深刻指出，"一个时代的精神是青年代表的精神，一个时代的性格是青春代表的性格。"青年，代表了时代的精神与性格。青春多梦，青春有着最闪耀夺目的光彩。

身处东南沿海经济活跃地带、改革开放前沿阵地，福建90后、00后的成长伴随经济建设发展的巨大成就、社会结构激烈转型、科学技术迅速发展，拥有物质充裕的生活环境，个人成长中发展机会增多、流动渠道畅通、文化氛围开放包容，身上具有鲜明的时代烙印和地域特色。当代福建青年的成长与发展，让我们看到了新一代的自强与担当，看到了社会发展进步的活力与希望。

一、青年的心态："躺平"背后是对"奋斗"的挚爱

在精神价值底色上，"丰裕一代"的福建青年享受着高质量城市化、高等教育大众化、互联网普及化的红利，普遍对中

国特色社会主义道路由衷认同，对实现中华民族伟大复兴充满信心。同时，新的青年一代生长的环境不同于他们的前辈，造就了他们完全不同的精神风貌。他们具有鲜明的个人主体意识，对切身利益更加关注，拒绝被标签化，有突出的个性色彩和表达欲望。

当90后、00后步入社会，遭遇到了市场经济发展到一定阶段带来社会资本分配和阶层分化的相对固化。他们在工作和生活中触碰到资本积累多寡带来的不平等，感受到在一些领域物质资本、金融资本、社会资本的积累和结构的影响超过个人劳动的创造价值，产生心理的不平衡感、无力感。一些青年嘲讽、抵触，在强烈渴望实现个人价值、实现阶层跃迁的同时，又强烈惧怕努力、付出的无意义。他们往自己身上贴上标签，自我调侃、自我解嘲为"躺平""佛系"。其实，"躺平""佛系"并非由于懒惰、散漫，其本质是对个人命运前途、价值实现的迷茫、焦虑。

丰裕一代塑造了年轻世代的个体化特征和精神追求，市场经济则影响了这一世代的心理状态，这些共同作用导致了一系列矛盾的社会心态特征。青年群体自嘲"摆烂""躺平"，又鞭策自己不断努力；渴望经济独立，又调侃羡慕"拼爹"；渴望恋爱与婚姻，又在亲密关系中望而却步，"不敢、不想、不能"恋爱、婚姻、生育。但这只是他们对现状和压力的一种语言表达、心理逆反、行为抗争。更深层次上，他们需要的是被倾听、被理解、被支持。

这是一个高速发展的时代，这是一个个性张扬的时代，青年一代有着强烈的奋斗精神。也可以说，正是因为青年如此地热爱和期望"拼搏""奋斗"，他们才如此地自嘲"躺平""佛系"。穿过迷惑的表象，我们才能重新认知新一代青年，通过他们的情绪、心理，看到他们真实的精神追求，看到他们的可贵、可敬的品质。

二、青年的力量：条条大路通未来

国际劳工组织发布的《2022年全球青年就业趋势》指出，全球青年就业复苏仍然滞后。据国家统计局数据显示，2020年和2021年我国16-24岁青年调查失业率月度峰值分别为16.8%和16.2%，而到了2022年初，青年失业率更是从2月的15.3%一路飙升，至7月达到19.9%的历史最高值。[22]

青年人失业率高，一方面是由于企业生产经营困难，吸纳就业能力有所下降，尤其是青年人就业占比较高的第三产业恢复缓慢；另一方面是由于青年人目前更多倾向于稳定性比较强的岗位，求职期待和现实岗位需求存在落差。青年就业难、创业难的问题受到社会各方广泛关注，青年群体本就迷茫、敏感、焦虑的情绪问题被进一步放大。

尽管如此，福建青年始终崇尚奋斗的工作伦理，持积极的奋斗意愿，摸索着前进的方向。血脉传承的"敢闯敢拼""爱拼才会赢"精神，无时无刻不激励他们在逆境中拼搏，充分发

---

22. 国家统计局 . 国家统计局新闻发言人就 2022 年上半年国民经济运行情况答记者问［EB/OL］.（2022-07-15 ）［2022-10-20］.http://www.stats.gov.cn/xxgk/jd/sjjd2020/202207/t20220715_1886483.html.

挥主观能动性，砥砺前行，开创未来，实现个人抱负。

回归乡野，发展乡村。针对青年就业难的社会问题，国家倡导青年"反向"流动，支持高校毕业生、农民工等重点群体"返乡"创业就业。福建乡村振兴建设如火如荼，回归乡野成为越来越多闽青的选择。据统计，每年有数万名大学生通过"村官""三支一扶""志愿者"等投身基层，用专业的知识和赤忱的热心助推乡村振兴。在福建乡村，还迎来了一批批"新农人"，他们用新思维、新技术为传统产业赋能，如通过大数据分析农产品采摘模式、经营网络直播平台，为农产品扩展销路。

灵活就业，零工经济。新经济业态的兴起，灵活就业市场迎来爆发式增长，快递员、外卖员、网约车司机、直播、电商、电竞选手等以零工经济为载体的职业发展态势迅猛。调查显示，2021 年底福建省灵活就业人员约 700 万人，占全部就业人员总数的 1/4，数量众多，规模庞大。[23] 城市居民对"线上"业务十分依赖，保证了快递员、外卖员的稳定工作，也让社会对这些奔跑在"最后一百米"的"都市毛细血管"更加认可。"灵活就业"已成为当代就业的"蓄水池"，也或成曲折前进中青年群体的避风港。

考研热潮，升级学历。据统计，2023 年全国硕士研究生报考人数为 474 万，再次创历史新高。[24] 究其原因，一方面，社会就业压力不断增加，毕业生难以在就业市场匹配到心仪工

---

23. 潘园园. 零工小市场 就业"大民生"[N]. 福建日报，2022-11-29（第 04 版：社会）

24. 中国教育在线. 中国教育在线发布《2023 研究生招生调查报告》[EB/OL].(2022-07-15).
https://kaoyan.eol.cn/nnews/202212/t20221224_2262775.shtml.

作。另一方面，职场对高学历、高知识的需求也越来越高。本科生在就业市场处于劣势地位，希望通过考研提高自身学历和就业竞争力，为未来职涯发展提供踏板。漫长又孤单的备考过程难免令人摇摆，"我真的需要研究生学历吗""我怎么上岸"的自我质问无时无处不在。但毅力、坚持和耐心不会白费，人生的每一步都会化为成长的动力。

三、青年的担当：个性化的发展与传统的凝聚

当代青年群体价值观与生活方式越发多元，追求个人价值实现，有明显渴望摆脱外部社会束缚的"个体化"特征，有强烈"按照自己意愿来度过一生"的欲望。自己的人生只需要为自己负责，也只有"我"才有资格决定"我"的生活方式。过去传统文化和社会公认价值都被剥离到个人福利水平的理性计算，"精致的个人主义"等论调甚嚣尘上。

西方的个体化社会存在不同的病象。如，从思想乃至行为方式变得更为自由，但人与人之间的羁绊日渐淡薄，人成为孤独的原子状态，进入断绝血缘、地缘、社缘关系的无缘社会。[25]城市独居的"空巢青年"数量增加，孤独症、社交恐惧症患者人数增多，"宅男""宅女"亚文化兴起。个体化社会可能会导致个体孤独、无序互动状态，甚至是道德解组、人际疏离、社会失范的社会危机。

中国有着集体主义的悠久传统。我们看到，在社会生活中，

---

25. 王丹丹 . 日本个体化社会病象分析 [J]. 青年时代 , 2020(2)：90-93.

青年群体间的守望相助有效打破了对个体化社会的担忧。社会团结理论认为，社会有机团结反而是建立于个人异质性之上。[26] 正是由于个体的差异性不断扩大，才使社会成员之间的相互依赖性越来越强。社会的多元分工、个体的多元发展，反而使社会总体统一性不断扩大。

福建有着浓厚的家庭、宗族文化，有着亲缘、血缘、地缘人群相互救济与扶持、凝聚力量共同发展的文化传统。近年来，福建青年也展现出团结合作、齐心协力的精神特质。青年善于动员社会支持网络，支援家乡健康卫生事业、社会民生建设，为社会稳定发展作出了积极贡献。在当代社会进一步开放和快速流变的条件下，福建青年群体的独立性、独特性、主体性日益得到显示和表达，但并没有走入"一盘散沙"的"原子化"道路。福建青年延续宗族、家族、乡族观念，在"多元个性"成长的前提下，依旧发扬"精诚团结"精神。

四、青年的使命：社会参与和价值追求

90 后青年成长于各类新鲜事物层出不穷的千禧年间，曾被贴上标新立异、倔强骄傲、贪图享乐的标签，更被忧心无法撑起家庭与社会的责任。但他们逐渐羽翼丰满，保持生命至上、国家利益至上、乐于奉献的价值观，在各行各业都成为建设祖国一线队伍的生力军，承担起家庭责任和社会责任，而且表现出更加积极、主动、有力的特点。

---

26. 向辉 . 社会团结：从涂尔干到罗蒂——涂尔干社会团结理论的悖论及其解决 [D]. 北京大学，2007：38.

社会协同理论认为，各界公民可以发挥社会主体作用，有序参与社会治理，自行做出道德行为，从而达到社会各系统形成自组织的有序结构。[27] 近年来，福建青年利用自身的时间、技能与资源，为服务社会、改善社会提供公共服务。福建省有数以万计的青年志愿者组织都以不同的方式，为社会公共事业奉献自己的力量。当代福建青年对家乡社会公共建设、祖国繁荣发展有着强烈的责任感，体现出勇于担当的时代精神。

少年终会长成。比起父辈，青年接受了更优质的教育资源，经历时间的沉淀与社会的历练，逐渐成为社会的中坚力量。他们继承、发扬福建精神，在乡村、在城市各行各业、各个领域奉献自己的青春，展示了当代福建青年"爱国爱乡、敢闯敢拼、多元个性、精诚团结"的独特精神气质。有理想、敢担当、能吃苦、肯奋斗的新时代青年，必将绽放绚丽光彩。

---

27. 颜彩媛，文萍，赵曙光. 高校青年志愿服务与社会治理协同机制研究 [J]. 太原城市职业技术学院学报，2016(08)：163-164.

青年农民工：从"打工人"到"小老板"

"越困难，越要去做，不能逃避。做好今天的事，
睡好今天的觉，不要为了明天未发生的困境患得患失。
生活往往会有柳暗花明的惊喜。"

—— 废品回收行业青年杜成（化名）

秋老虎余威尚在，集装箱搭成的临时仓库冬凉夏热，纸皮、钢筋、旧电器乱中有序地堆叠。正对面大马路的聒噪午后，废品店老板杜成躺在新淘的二手椅上小憩，即使吹着最大功率的大排档电扇，汗珠依然从脑门一滴滴砸下，脚下的蚊香烟雾缭绕。这是杜成在经历美国加息浪潮后，第一次享受"躺平"时光。

一、"打工是挣不了大钱的"

1989 年，杜成出生于罗源，福州下辖的一个滨海小县。千禧年后的几年，经济腾飞的动感吹进小城，点燃了杜成。他逃离"鸭母听雷"的高中课堂，奔走省会福州，学习挖掘机，后辗转跟随"雕刻""画画"等师傅学艺，"走马观花"式学艺打工。

成家后的杜成稳当了许多，在熟人介绍下，进了湖北鄂州的石材厂打工，一做就是 5 年。2019 年，杜成三十而立，在

村里熟人的帮衬下混上了厂里的一个小主管位置，正是"春风得意马蹄疾"。但年底的变故，改变了工厂、行业和每个人的人生轨迹。杜成离开湖北，回到了家乡。

"小孩的幼儿园下个月要交学费了，一学期四千块钱"，听到老婆的微信语音，杜成的心像一颗膨胀后被突然放气的气球，泄气中带着一丝焦急，他熟稔地从耳旁摸下刚别上的烟，从湖北回福建的第一周，杜成抽空了十三包的白狼。

"打工是挣不了大钱的"。辗转十多年的漂泊储蓄不下几包的好烟钱。前年在县里买了第一套房，那是父母加自己几十年兢兢业业做工的心血。尚有劳动能力的父母竭尽所能地帮衬子女，但仍无可避免地垂垂老去。"独生子女"的时代烙印让青年背上了沉重的养老压力。另加孩子的教育支出、家里的柴米油盐、每月按时催钟的房贷……

回家两个月后，杜成的一个发小需要资金周转，以较低的价格出租两间位于福州城中村的邻铺。杜成和家人合计了一下，刚好杜成的堂伯在福州可以照应，而父母年轻的时候有过一段开废品回收店的经历。杜成决定租下两家店面，一家人一起做废品回收生意。

二、"这样干几年，福州买一套不成问题"

收废品的店面本是最不讲究，但杜成还是拾掇了水泥仔仔细细把墙缝糊上，联系了师傅把两间店面的墙打通，给以后满仓的货物预留充足的空间。开张的黄道吉日更是找"高人"算过。

刚开业的日子正好乘上了疫情后"复工潮"的东风。杜成开着他大几千购来、车身上仔细喷有"小杜废品"大字的二手小货车，以福州三环走街串巷东吆西喝。车身带着人在不平狭窄的小路上摇摇晃晃，一如杜成的心情。附近老小区的大爷大妈很快"接纳"了这位新人，"这孩子肯给价，还很热心肠帮咱拎水果啥的，我们有啥废纸皮都愿意留给他"。

"首战告捷"的杜成勤勤恳恳摸索着这个圈子的规则，货源从哪里进，铁镍铜等废金属分别定价多少合适，甚至连秤的摆放也是门学问。尽管有父母先前经营的经验打底，但时隔十多年，新时代下的废品回收业也得与时俱进。杜成学着使用百度地图、高德地图等手机软件标注出自己店铺的位置，给自己打广告。

开业的前两个月不能归咎为简单的"新人运""开门红"，几分勤恳、几分选址、几分长辈指点，杜成门店不算大，生意却不算差。盘点时，好久没空抽烟的杜成叼着一口黄牙喜笑颜开，流水可观。开店第二个月，杜成的"老破小"货车升级成敞亮大货车。见杜成频繁将打包利索的货送上门，上游收货的老板调侃道，"这样干几年，福州买一套不成问题"。杜成谦虚地打哈哈，心里也怀揣着满腔希望。

三、"入行时间错了"

收货的清晨路上雾茫茫，刺耳的手机铃划破了宁静的雾霭，杜成接起电话，电话那头是母亲慌不择路的哭腔："快回来！你爸洗漱跌了一跤很严重……"。之后的记忆像是断带，"住院手续办理一下"，直到医院护士温和有力的声音，将杜成从一路上的慌乱拉回人间。杜成父亲的脚趾骨裂，让家里人伤心之余，店里的劳动力暂缺也成了一个大问题。

不能没人坐镇看店，杜成只好减少外出收货频率，卖货也变成了盈利更少的上门自取，"披星戴月"尽力弥补营业流失。前期投入大部分来自借款，加上前两年新买的房还有一部分房贷压力，扛在杜成肩上的压力不容小觑。如果接下来的几月无法盈利，杜成一家将面临债务和信誉的双重危机。

如果说，身体精神上的重压尚能忍受。那近年废品回收行业整体性疲软，就不是杜成一人努力可以解决。上下游、大中小配套企业复工复产进度不平衡，境外疫情扩散，产业链"堵点""断点"增多。废品店周边几个小项目的停工也释放着经济下行压力的信号。平时的货源占比最大还是工地上的废铁钢筋，这些货源数量的减少让废品店雪上加霜。

做这行最忌讳"闭门造车"信息闭塞，杜成知道还是要自己"自扫门前雪"，吆喝着饭馆聚餐请前辈共商解决途径，桌上堂伯直摇头，"入行时间错了，这行情下干啥都不容易"。

凛冽之风无声地刮在每一个人的身上，对于第一次尝试做老板的杜成来说，这风吹得尤为凛冽。如果未来的人们想要回顾这段行业历史，杜成店里的账簿无疑是一个很好的切口。在杜成的记账簿上，开店刚开始随便一周的货要用四五页记账，之后两页不到。

四、"是个善良孩子"

面临挑战，杜成知道自己作为家里的主心骨，绝不能自乱阵脚。他坚信"车到山前必有路"，十几年的社会磨砺使他不再畏惧挑战，"愈艰难，就愈要做"。谁也不能料及转机是否在前处。

有父亲之前经验的铺路，杜成找货还有点门路，再加上他手脚勤快、不爱计较的性格，在圈子里逐渐有了点小口碑。顺手的忙他总是帮上一把，哪怕是同行，自家店闲下来而别人生意看顾不过来的时候，杜成也不吝啬自己浑身的力气，顺去帮别人卸货。

网络空间互动日渐成为青年人社会交往的主流，杜成却略显传统，将存在于现实空间中的亲缘、地缘看作是培育强关系的土壤。线上的家族群语言互动，亲友间偶尔的聚餐，尤其是困难时的守望相助，是他对于社会交往尤其是熟人网络构建的坚守。

2021年初，杜成同是做废品行当的堂伯接货时手上的虎口被钢筋擦裂，儿子远渡重洋深造，短工小弟早一步回乡过年，正是青黄不接。杜成得知堂伯出了事，当即驱车前往店里帮忙。"伯，您不用担心，这段时间店里的活我包了。"青年人的承诺信誓旦旦，仿佛蕴含着无限力量。杜成感谢堂伯对父亲和自己初入行时的提点，干活尤其卖力。等最需要帮忙的阵子过了，堂伯按上工日结钱给杜成发了个数目可观的红包。杜成却分文不收，退了回来。

"杜成是个善良孩子，他爸爸有福气"，堂伯在微信家族群里常发道，附带"光宗耀祖"的文字表情包，以示他对这位小辈的朴素祝福。平时一些大货资源"懒得伤筋动骨"，堂伯就介绍给杜成去收。杜成店里丢失的货源和亏空又逐渐弥补了回来。

五、"天道酬勤"

2022 年，美国面临严重的通货膨胀，为了解决后续可能引发的失业率上升等问题，开始了第七轮加息周期。美元加息直接造成了全球大宗物品的价格波动。美利坚蝴蝶小小地扇动了一下翅膀，导致了全球经济紊乱的加剧。这场紊乱中一个分支——废金属价格大幅下跌，引发遥远东方一众生意人的叫苦不迭。

废金属价格几连跳水。"短短的几天内，原本一斤能卖出 34 块的铜现在只能卖出 28 块钱，全白干了"。对于在此前高价收购囤了三四吨铜的杜成来说，意味着原本店里最值钱的铜，现在出手会换来几万块的亏损，不卖积在店里又占地，两难之境。一时间，同行抱怨此起彼伏，打招呼时也在感慨"流年不利"。

大店尚有老底可吃，但像杜成这样的小店就十分艰难。店里能搜集到资源已经殆尽，面临新的危机，杜成沉下心气，想要另辟蹊径。在和家里人商量一番后，杜成决定开第二家分店，开辟新的货源渠道和更大的盈利空间，同时通过两家店面的经营来降低营收风险。

杜成第二家店选址非常不错，虽位于闽侯高新区的一个角落，但周围百废待兴，有大量的项目在施工筹建，且地段边缘，相应租金也足够便宜。杜成租下一栋民房加仓库，白天跑货，夜晚在木板搭的简陋小床上睡觉。第二家店开后的一段时间，杜成为了收货，跑遍了周边大大小小的工地。而没人帮衬，想要开辟一块新市场，没有那么容易。

工地的大门早不是过去随意进出鱼龙混杂，刷脸打卡自动测温一整套流程与时俱进。杜成"找人无门"，只能从工地守门的保安下手拉近乎，有时候被"驱逐"，或者找散工唠嗑完也无所进益。福州的初秋高温未褪，鞭挞在这个青年人的身上，却一丝也蹉跎不了他的斗志。银灰斑驳的货车是他的战友，几十包被散去的零烟和无数沾满发黄汗渍的旧衫是他辛苦的证明。

惊喜有时来自预想不到的收获。杜成与一个施工项目门卫王大爷唠嗑了小半月，两人非常投机。王大爷欣赏年轻人天天寻活的勤奋劲和日日碰壁却不气馁的韧性，也感同身受杜成闯荡生活的不易，他给了杜成一个机会。"我和咱们这项目张主管沾点亲戚，有些薄面，你待会杵这儿别走，我给你牵个线"。这天近黄昏时，张主管急匆匆和大爷打了个招呼准备出闸门时，王大爷眼疾手快把他拦下。杜成立马向主管敬了一根烟，不敢过多寒暄，直截了当地表明来意。张主管常年做工程，待人却十分客气，"小杜，是这样的，今天我没空。如果有时间，下次来我办公室谈。"

别人听来是客套话，但杜成认死理，既然给了话头，那就权当是个机会抓住。隔天早上天将亮杜成就醒了，换上自己最体面的衣裳，迫不及待驱车前往项目门口，先带上一大堆水果感谢王大爷，顺带打听了张主管的办公室。顺利进来后，杜成耿直地站在空荡的办公室门前，重复预演接下来的对话情境和腹稿。从晨光熹微到人声喧嚣，杜成终于"守株待兔"成功，见到了张主管。似乎"天道酬勤"，这一次运气站在了杜成这一边。地理位置的优越性，加上杜成的让利，或许掺杂着对年轻人热情冲劲的欣赏，总有一根弦触动了张主管。最终杜成和张主管达成了合作关系，这意味着在这个项目完工前的大半年时间，杜成将有一批稳定且数量不小的货源。

六、"每个青年都是历尽沧桑才终得正果"

2020年以来，在复杂的国际环境、充满不确定性的全球经济形势下，我国部分行业遭受冲击，劳动力需求下降，一部分青年群体面临阶段性的就业压力。压力下，青年人的困惑如潮汐涌动，尤其对于许多像杜成一样受教育程度不高、专业技术能力缺乏、就业稳定性差的青年务工群体。他们怀揣着满腔热血与力气，却不知在何处挥洒的。受文凭桎梏，他们没有明确的职业上升渠道。在纯粹的宏观数据分析里，看不到他们在时代的迷雾中盼望的出口和归宿。

高中肄业的杜成，握着手里为数不多的牌，淌着看不清深浅的河流，深一脚浅一脚地前进，他走的不算顺利。但对比一些在岸上拿着文凭拥簇着的人群，和另一些在迷雾中徘徊不定的务工者，杜成弥足幸运。身处时代的动荡浪潮中，杜成牢牢把握住每个可接触可用的着力点，让自己蹚过湍急的河流不翻船不弃航，逆流而上。粗中有细的杜成，带着近乎鲁莽的胆气闯荡拼搏，用真诚待人和努力勤奋留住机遇。

学者指出，"农民工青年创业过程中，面临着创业经验匮乏、创业起点低、创业心理和资金压力大、创业环境复杂等诸多挑战。"[28] 然而即便万般不易，仍有越来越多的农民工青年，在相关政策扶持下，根据自我特性和优势找到生长点和机会点，利用现有资源，在夹缝中攀升，"跟跑"成长。

[人物简介]

杜成（化名），罗源人，33岁，2020年回到家乡创业，扎根废品回收行当，先在福州仓山区城中村开了第一家废品回收店，后在闽侯高新区开了第二家店面。目前经营状况稳定。

---

28. 李振刚，张建宝 . 劳而不富：青年农民工缘何工作贫困？[J] . 社会发展研究，2019(4)：134－154.

灵活用工：多元的通道

"这些被传统观念定义出来的不安稳的工作，或许正在带来另一种安稳。灵活用工为失去传统就业途径的青年们，提供了一条多元的绿色通道。"

——福州某快递站快递员向哥

33℃的夏末，体感温度直逼 40℃。"已入库"的电子音此起彼伏，向哥把被汗水濡湿的短袖 T 恤的下摆卷到了肚子上，拿着快递扫描枪，在快递驿站安置在室外遮雨棚里的货架间穿梭。这是他在快递点工作的第二年。谁能想到，他在 2020 年的春节前还是一名快餐店的小老板呢？

2020 年中国 GDP 同比增速大幅下降至 2.3%，中小微企业利润下滑比率同比超过 30%。部分企业停工停产，大厂员工在裁员的风声中战战兢兢，没有殷实家底、现金流的小微企业老板彻夜难眠，失业、倒闭的阴云笼罩在昔日繁华的都市上空。生存危机无差别地席卷了城市的每一个角落。像向哥这种二三十岁、受教育程度不高、缺少专业知识技能、就业观念灵活但抵抗风险能力差的青年群体，也在这场风暴中摇摇欲坠。在个人理想和经济现实的拉扯和辩证之间， "灵活就业"成了茫然而不安稳的青年们的避风港。

一、"宁可睡地板，也要当老板"

认识向哥的人都知道，当老板一直是他的梦想。莆田人那句"宁可睡地板，也要当老板"的俗谚，隔着一百多公里深深地扎根在他的心里。好像这是一条通向自由的"康庄大道"，不用被人呼来喝去，赚钱、自在，又开心。所以初中毕业的向哥早早就离开了当时正在修建大学城的上街镇岐头村，带着一身的胆量和志气去寻找能让梦想开花的土壤。

初入社会的向哥缺少开店的资金，便先进厂打工，攒了一笔小钱后试着抓了一下木雕"风潮"的尾巴，和朋友一起开了一家小作坊，自己既是老板又是员工。但很快因为同行竞争激烈和木雕市场衰落，他不得不去兼职送快递来保证资金周转。那是他第一次骑上快递员的三轮车。

2015年那时干快递业很累，作为物流业的分支，在电商行业爆发式增长下，快递迅速成熟，订单量也随着人们对网上购物热情和信任的增长而猛增。为了多赚些钱，向哥选择负责最大的区域。早上六点多钟到快递点分拣出自己区域的包裹，一直送到晚上七八点，要是遇到丢件和投诉的情况则更麻烦。

有次他正在跑在鼓楼区的小区里找他的收件人，突然接到了一个陌生号码的来电，向哥熟练地接通，嘴里正说着："您好，请问您……""这不是我的快递！你们送错了！我的快递被你们送哪去了？"对方急躁地打断了向哥的问候语，话音像炮弹一样隔着听筒砸了过来。向哥闻言眉头紧了紧，放软语调说："好的，请问您的姓名、手机尾号和收件地址是什么？我们核对之后会把您的包裹送过去。"对方咄咄逼人："还要核对？那要等到什么时候。现在就找到送过来！我急用！"对面报出了一个距离向哥所在地20多公里的地址，而此时他还有一百多件快递没有送完。对方感受到向哥的沉默，直接放话："你叫什么？今天要是送不过来，我就去你们公司投诉！"

那天向哥被公司罚了款，扣掉了他跑一百单的工资。那年，国内的市场经济在人们眼里是一片光明的焰火，"零工经济"和"灵活就业"尚未成为大众熟悉的词汇。风里来，雨里跑，得不到基本的社会保障和尊重，零工的心酸让向哥坚定了攒钱当老板的决心。

2019年，向哥29岁，却已在社会上摸爬滚打了快15年。他带着几年攒下的钱，跟亲戚合伙在大学城附近开了一家快餐店。

二、"当了老板请大家吃席"

快餐店的装修布局是向哥和亲戚亲自敲定的，风格简单、颜色明快，比起一般小店铺稍为有点些格调，舒适的卡座等待那些疲惫的年轻人的光顾。装修期间，向哥每天骑车四十多分钟去店里盯着，给工人们打下手。装修队打趣说："还从来没见过这么勤奋的甲方。"装修完成那晚，向哥站在取餐台后，目光平缓地扫过这70平方米空间里的每一片墙纸地砖，内心澎湃。那一刻他感觉每一位路过门口、好奇地向里张望的路人都是未来的顾客，他突然觉得自己长久以来的梦想就要在而立这年实现了。

开业前一天，向哥自己买了一挂鞭炮，定了两三对花篮，没有通知一个朋友。亲戚好奇地问："不找些朋友来热闹热闹吗？"向哥说："等做出点成绩再说吧。"结果开业当天有辆小面包车呼啦啦送来十几个花篮，花店老板笑得十分喜庆地冲向哥说："这些花是您的朋友们一起给您订的，说'别藏着掖着，他们都支持你'。"

店铺顺利地开了起来。大学城里年轻人的消费能力超出了向哥的预期，开业第一周每天的营收能有三四千，分到向哥自己手里能有七八百。有人看到商机，借着给他们拉了一家奶茶店加盟的名头申请入伙，提议形成"店内循环"，吃喝饭后甜品一条龙。向哥调侃道："股东越多，客源越多。"那时他一度以为，他的老板梦想已经实现了。创业之前，曾经的同事们揽着他的肩膀说："当了老板记得请大家吃席！"向哥始终没有忘记。

2020 年春节前，向哥和两个合伙人一同将运输来的食材清点入库，想节后继续乘着刚开业的好势头，把名气继续推广。结果好势头就这样被关在了那个"春节假"里。居家活动，减少外出。向哥和合伙人因为各自关在家里被迫赶了把潮流，时不时便在微信上开"线上会议"，商量着怎么能度过"寒冬"。

年前进的新鲜食材放到解封后不知道还有多少可以用，这些损耗暂且不管。在这种特殊环境下，各地交通受阻，进货更加困难，食材涨价已成定局。快餐店的食材有些是速冻品，此时正整齐地摞在后厨的大冰柜里，店关停了但水电费还是不能少。房租每月 8000 多，一月份向哥他们刚刚交了半年的，就再也没开过张。加上员工工资和其他成本，每月至少还得 2 万元的流动资金。在这每日客流量为零的冬天，三个男人对着一块小小的手机屏幕相视无言，只好拿出各自的家底硬撑，连遇事不求人的向哥都开始找朋友借钱填补店铺的资金链。

有天合伙人兴高采烈地给向哥打来电话，说国家为了帮扶出现经营困难的小微企业出台了政策，可以减免3个月的租金。向哥听到这话猛地从床上弹了起来，抓着电话的手心溢着汗，屏幕上的小字一个一个印进向哥的眼睛里，却看到政策里可以减免房租的店铺还有一个"国有房屋"的帽子，而他们那条街上很少有店铺能属于这个行列。向哥深吸一口气说："哥，这跟我们没啥关系。"

大学城附近的美食街是靠学生的力量野蛮生长起来的。3月开放堂食后，向哥便期待着春天学生返校能给美食街复苏。但延缓返校、全面封校阻断了向哥的念想。影响远不止这些，冷清并不会随着开放堂食而结束，人们明显地减少了外食频率，放弃一部分日常生活来换取安全。虽然没有客流，但餐饮店每天的食材都要备好。眼睁睁看着食材浪费的滋味不好受，索性招呼店里的员工一起消耗，一连吃了一周多，连打嗝都是鸡排味。

进货渠道的费用明显高了起来。为了缩减成本，一个合伙人自己开面包车往返运进食材。天不遂人愿，合伙人疲劳驾驶出事故碰伤了腿，花了一大笔医疗和维修费。店铺这边鞭长莫及。

向哥眼瞅着街道沉寂下去，一些熟悉的店铺贴上了"转让""出兑"的字样，傍晚一些空荡的店铺不会再亮起灯光，整条街道像一块接触不良的霓虹灯牌，寂寞地等待着遥遥无期的下一批客人。向哥和剩下的几位老板还在努力挣扎，那段时间一推开店门，就能在残留着消毒水味道的店堂里，看到一个愁眉不展的、戴着口罩的青年。

三、"越流动，越安稳"

人们对餐饮、购物等方面的需求逐渐向线上转移，市场对外卖、快递等灵活就业岗位的需求不断增多，这给了很多青年一个维系基本生活的缓冲带。而对向哥这种小店主来说，外卖平台也成了他的"老板梦"的最后防线。

其实开业没多久，向哥就联系了各大配送平台。不过当时他们并没有特别看好这条路，只是把它当作门店的额外收入，多一分不多，少一分不少，主要心思全在线下店的生意上。没想到一切都颠倒了。

为了破局，向哥戴上防护口罩，骑自行车穿过好几个街区去找平台经理谈合作。对方看他真诚，索性也打开天窗说亮话，许诺利用后台数据把向哥的店顶到首页，给向哥的店更多的流量，代金券、满减活动一应俱全更是基本操作，这样就吸引来了一批新客户。但平台要从每笔订单收益里抽成，以此来获得它的"利润"。向哥心里盘算着，线上打破了空间阻碍，能让顾客看到、尝到自己家的产品。有了第一批顾客就会有回头客和第二批新顾客，只要有客流就能做起口碑，有了口碑就不怕倒闭。向哥嘴里哼着"爱拼才会赢"的小调奔走在榕城的大街上，感觉自己在微冷的春天里摸索到了一线生机。

穿梭在城市中的外卖员（周英琦 摄）

但平台是"现实"的，店铺们的业绩平台一清二楚。知名度高的店，平台不用怎么花心思管理就能有更多的收益，久而久之不断有知名度比向哥更高的店被推上首页。向哥的外卖能给客户的代金券越来越少。逐渐的，平台前两页上找不到店的影子了。顾客流量依旧很少，少到即使向哥已经大幅度减少配菜，但消耗量依旧只有三分之一；少到即使已经走了两个员工，前台和后厨依旧闲到看着对面刚刚倒闭的铺面发了一整天的呆。

6月底的一天，向哥突然被做奶茶的小店员叫住，说："哥，我打算去找新的工作了。"向哥还记得这是他新招来的员工，20来岁的小伙子，机灵能干，同时打着几分零工。按他的话说是"越流动，越安稳"。年轻人用更剧烈的职业流动来获取"安稳"的经济收入和生活。向哥看了他良久，大方地给他开了全勤的工资，祝他可以找到更赚钱的零工。

后来，向哥看到年轻人开着送外卖的电动车，在城市的街道上奔走。向哥突然意识到，这些被传统观念定义出来的"不安稳"的工作，或许正在带来另一种安稳。各类平台和灵活就业将散落在社会上的无序劳动力组织起来，整理、打包、外派，给予了劳动者一定程度的自主性，减少了劳动者外出务工的盲目，为失去传统就业途径的青年们提供了一条安全多元的绿色通道。

2020 年 8 月，最后一位合伙人拍了拍向哥的肩膀，带着他的奶茶店招牌也走了，承载向哥"老板梦"的小店贴上了转让的广告。一笔寥寥无几的转让费，甚至不够向哥归还朋友们补贴餐厅的资金。

家里突然打来电话的时候，向哥差点以为自己"创业再失败"的风声飘到了他爸妈耳朵里，生怕老人家跟着上火。他小心地接起电话，就听电话那边说："健康码要在哪里找啊？"向哥松了一口气的同时又感觉心酸。他爸妈没什么文化，也不会开车，出入公共场合必备的健康码对他们来说都是"高科技产品"，没有年轻人在身边简直寸步难行。

四、"成为两亿分之一"

2020 年末，想起小店员说"越流动，越安稳"时的坚定目光，向哥两手空空，在摇摇欲坠的生活中，打通了快递站的应聘电话，走向那个曾经他不再想做的快递行业里。

一年多过后，向哥成了快递点里的"顶梁柱"。他渐渐觉得，对灵活就业保持一份好奇心，把消极态度变成积极行动，或许可以迎来一种新生活。灵活就业在国家政策的推行扶持下日趋完善。在给新来的快递员做完培训，他语重心长地说："现在快递比我五六年前做的那会儿好多了。在驿站里围着机器转，总好过夏天顶着大太阳满街跑，科技水平更强了，社会保障也更好了。" 向哥边说着边完成了包裹的上架入库的演示，贴好取件码的包裹整整齐齐地排列在货架上，等待跟各自的取件人回家。

物流快递企业动态调整运输线路，降低物流受阻带来的影响，保证快递岗位上员工的稳定工作。向哥也在"打零工"的日子里，抹清了开店时的借款白条，灵活就业的生活走向"新"的轨道。

居民的习惯也在改变，对"线上"业务非常依赖。社会整体对那些奔跑在"最后一百米的都市毛细血管"更加认可，和客户之间关系的改善让向哥的再就业体验好了不少。他每天入库时明显能感觉到衣物、蔬菜水果、室内健身设备等宅家生活必需品的快递量的增长，这也意味着"宅经济"快速发展，外卖、快递等灵活就业人员在其中发挥着重要的连接作用。体会过物流岗位对社会运转有多重要后，向哥对自己的工作有了新的认识。

基于那次"失败"的开店的经验，向哥跟驿站老板建议可以开发一个小程序，里面涵盖收件、寄件甚至干洗等配送服务，也算是跟"互联网+"接轨了。大多数快递驿站基本都不包含配送服务，向哥他们开发使用这个小程序便能占到更多的物流市场，提高工作的灵活度。向哥完成上架入库后，便找了个背阴的角落坐下来，处理小程序上的那些订单。这部分算是承包快递点之外的收入，能赚多少全靠腿勤不勤劳，这让向哥更有干劲。多劳多得就可以获得更多更快的经济回报，直接的经济利益让更多的人愿意在就业环境严峻的形势下去接受灵活用工的生活方式。

据国家统计局数据显示，2021 年底个人经营非全日制以及新就业形态等灵活就业规模达到 2 亿人，过去是就业形态的补充，现在正在成为主流。

五、"现在的生活就是最好的答案"

灵活就业的灵活性和双方低成本优势，为青年提供更加自由的工作环境以及更加多元的收入途径。在不稳定的就业环境下，灵活就业带给青年新的生存希望，成为他们跋涉在沙漠中可以歇脚的绿洲。

2020 年国务院办公厅印发《关于支持多渠道灵活就业的意见》，要求"增加非全日制就业机会"。《"十四五"就业促进规划》也充分肯定了平台劳动的新就业形态，要求"支持多渠道灵活就业和新就业形态发展"。2019 年至 2023 年政府工作报告连续 5 年提及"灵活就业"。

向哥看着政策从支持发展新就业形态、拓宽灵活就业发展渠道向加大灵活就业人员的权益保护转变，切实感受到了原本灵活就业中的缺少社会权益保障、劳务关系难以确认、相关法律体系不够完善等问题在逐渐向好转变，国家政策举措进一步促进了灵活就业的发展。

向哥家里亲戚打电话说，要不要找些更"传统"、更"稳定"的工作，向哥在电话这边"嗯嗯"，然后随手接了又一笔物流配送单。与具有高学历和专业技能、为了个人理想和寻找"人生价值"而放弃大厂格子间、选择灵活就业的"斜杠青年"不同，"向哥们"面临更大的生存压力和养老负担。像他这种受教育程度不高，缺少专业的知识和技能，没有稳定的主业，却敢想敢干、有精力有体力的青年有很多。灵活就业的生活虽然忙碌，但可以靠自己的劳动养活自己，让"向哥们"有了更多尝试和行动的勇气，乘着灵活就业的大船，让自己的生活继续向前迈进。

送快递时，向哥偶尔能看到当初从他店里出去转行送外卖的小店员，两人在红灯的十字路口戴着口罩谈天说地。提到店铺的事情时向哥一顿，想了两秒后回答："也不是不想再做老板，只是现在考虑的方面更多了，想离家更近一点，方便照顾家里老人。而且这些零工上手也很快，工资不少，说不定今后会一边开店一边兼职，也算是给生活多一些保证。暂时先做一块砖，哪里需要往哪搬。现在的生活就是最好的答案。"向哥开着他的电动三轮再次上路了。

青年从未停下闯荡世界的脚步。社会不停摆，快递不停运，向哥们也不曾停止向前。

[人物简介]

　　向哥（化名），32 岁，福州人，初中学历。曾为了自己的老板梦走南闯北，从事过各种职业，如机床工人、快递员、勘测员，开过木雕小厂、餐饮店，后选择回快递点上班。不高的受教育程度让他的工作选择受限，但灵活就业和零工经济为他提供了更广阔的发展空间。

海洋石油人：能源报国

*"望着一望无际的大海，真的很想念家人，但作为
海洋石油钻井人，真的没有办法，责任在这里。"*

—— 海洋石油人汤伟忠（化名）

　　海洋石油是保障国家能源安全的重要力量。我国海洋石油勘探开发用 40 年时间走出了一条独立自主的发展之路，走过西方国家海洋石油工业百年历程，实现了"从小到大、从弱到强、从落后时代到走在前列"的历史跨越。海洋石油人肩负能源报国的职责使命，以实干实绩为保障国家能源安全作出贡献，个人的故事中闪现着中国能源发展的脉搏与未来。

一、和月亮一起上班

　　36 岁的汤伟忠来自福建省漳州市，是中国海洋石油 982 钻井平台工程船的船长。2009 年，汤伟忠毕业于集美大学航海技术专业，当时有许多航运公司到学校招聘，他选择了中国海洋石油。"同学们的选择五花八门，有选择远航、近海的，也有选择游轮、集装箱船的，只有我选择了现在的职业。"

　　汤伟忠原本以为，海洋石油工程船工作周期没有远航船舶那么长，正常工作四周轮休，能兼顾未来生活。没料到，他在海上一飘就是十多年。由于钻井平台 24 小时运作的缘故，他

和同事们常常伴着月亮一起上班，迎着日出回舱睡觉。长期维持这样的生活状态是比较艰难的，但汤伟忠表示，通过超十年的出海历练，他适应了海上钻井期间高强度的工作状态，坚定了对海洋石油行业的热爱。汤伟忠从钻井平台工程船的普通船员做起，一步步升任成了船长。

海洋石油 982 平台，是中国海洋石油公司自主投资建造的第一座深水半潜式钻井平台，主要从事深水勘探项目。工作任务主要是根据物探船舶勘测过的数据进行钻探作业，开展石油与天然气的探井分析，研判是否有开采价值。"我们现在勘探的是水深超过 1000 多米的海域，以前的技术都没有达到这个范围，都只在 100 米以内。"随着国家能源勘探技术的提升，中海油开展了许多高精尖和超难度的新项目。

从建造到交付，汤伟忠参与了海洋石油 982 平台的海上试航、交付后营运的大部分作业。"海洋石油 982 是第六代钻井平台，交付的时候也是全球较为先进的钻井平台之一，也有很多黑科技，比如动力定位系统和钻井系统，都是当时较为先进的。"令他难忘的是，2018 年交付使用后，钻井平台首秀航行俄罗斯，得到了俄罗斯国家媒体的报道，提高了其在国际上的知名度。当他与俄罗斯工作人员交流时，对方表示"这几乎是他们工作过的最好平台"，汤伟忠当时也为中国自主的发展和技术感到自豪。

首秀回国后，钻井平台稳定在南海区域范围作业，主要负责陵水区块和宝岛区块的油气勘探。2020 年初新冠疫情刚刚肆虐之际，汤伟忠正在陵水区块作业。当时的陵水 17-2 气田正处于钻井勘探的重要攻坚阶段。陵水 17-2 气田是我国首个千亿方自营深水大气田，一年能够稳产 30 亿方的天然气且可以持续生产供应 10 年以上，建成后将成为保障海南自贸港和粤港澳大湾区建设能源供给的主力气田。这是我国迄今为止自主发现的平均水深最深、勘探开发难度最大的海上深水气田，标志着中国海洋石油勘探开发能力全面进入"超深水时代"[29]，汤伟忠表示，"探明这些储量为保障国家能源安全贡献不小的力量"。

二、困在海上的日子

海员工作本就十分辛苦，不但面临着长期离家、漂泊海面、没有信号、日夜颠倒等困难挑战，一旦遇到风高浪急的恶劣天气，还得担心设备、作业甚至自身生命等安全。作为工程船船长，汤伟忠肩上的担子很重："很多情况下海事责任都是船长一个人在承担，责任和压力会比较大一些。"

海上钻井平台的生产处处充满压力，海洋石油的开发开采不仅具有高风险和高投入性，在开发开采的过程中始终要面临极端的海洋环境，甚至石油在开采、贮运和使用过程中落入海洋会造成严重的海洋环境污染。汤伟忠在生产过程中既要考虑人员的生产安全，防止人员遭受人身伤害，又要避免生产中造成海洋环境污染。

全球疫情对整个产业和从业者带来了更多的压力。作为国

---

29. 环球时报. "深海一号"大气田，日产量达千万方 [EB/OL]. (2021-11-25). https://baijiahao.baidu.com/s?id=1717326156776502340&wfr=spider&for=pc

家能源供给侧重要的生产企业，要做到尽量不停产，而防疫安全工作至关重要。海员们上钻井平台工作唯一的交通工具是直升机。平台上的海员来自全国各地，疫情后要提前 14 天到三亚隔离，之后才能上平台。汤伟忠所在的平台有 100 多名员工，海上空间比较闭塞，大家都集中在一片生活区域上就餐、工作与生活，如果有一个人感染，情况就会很严重。因此，汤伟忠每天核查核酸、健康码，追踪人员的旅居史，任务繁重。往往下了夜班后还不能倒头就睡，直到做完数据整理核查才能休息。有时候，他还得联系当地的卫健委人员上平台进行核酸筛查。平台远在外海，联系、接送、采集、返回，整个过程要付出大量的时间、精力和成本。"我们是央企，承担着社会责任。"汤伟忠说。与陆地企业相比，公司人员的隔离和防疫成本高昂，

海洋钻井平台

但企业还是认真地执行防疫政策，保障海洋石油工作人员的安全，确保油气钻井正常生产。

一段时间里，海员们的休假也存在很大的不确定性。2022年上半年，与汤伟忠换班轮休的船长因在家遇到疫情，无法前来海上，汤伟忠只好在海上又坚持了两个多月。当然，企业有相关激励政策安抚超期上班的人员，对于因疫情无法正常休假的员工，给予一定的补助，尽量让员工心态平衡一些。但生产的紧张、安全的重压，以及对家庭的思念，还是烙印在甲板上船员的孤独背影中，留在了看似平静的海平面上。

海洋石油人的辛苦付出不会白费。汤伟忠说，就在刚刚过去的2022年10月，他们的钻井平台在海南岛东南部海域发现了中国首个深水深层大气田，探明地质储量超过500亿立方米。

亲身经历探测过程的汤伟忠难掩语气中的激动："非常兴奋，特别是听到测井工程师们分析出来的预估产量，就感觉我们又做成了一件十分有意义的事，帮助国家实现能源方面的一些增长。"

可以说，钻井平台进行海上油气开采应该是整个海上相关的行业风险是最高的。有些作业海域水文气象复杂、有些则是高温高压井，有些地质结构复杂、有些井场资料有限，有些实钻地层压力比预测井底地层压力偏差较大，情况十分复杂且变幻莫测。而宝岛21-1的成功发现，不仅证实了宝岛凹陷的勘探潜力，也表明中国海油在深水深层勘探技术上取得了重要突破，对类似层系的勘探具有重要的指导意义。

"现在各国都在极力保障本国的能源供应，我觉得我们辛苦点没什么，能为国家能源储备做些个人贡献，就值得。"汤伟忠发自内心地感叹。

三、海上的大家和远方的小家

"心中最愧疚的，是对家人。"海洋石油钻井人的职业特殊性，汤伟忠在过去十多年里，大部分时间都是在海上度过的。在他们海洋石油钻井人的心中都有两个家，一个是在海上的"大家"，一个是在远方的"小家"。

汤伟忠粗略算了算，从 2009 年大学毕业进入中国海洋石油出海工作至今，超过一半的春节、中秋、国庆等节假日都是在海上度过的。对于自己的小家，他实在问心有愧。

无论是儿子、丈夫还是爸爸，他觉得自己没有一个角色做得合格，因为他总在家人最需要的时候缺席。汤伟忠的妻子在漳州市区当小学老师，谈恋爱时因为海上信号的缘故，平时总是很少联系，只能依靠内心深切的真情来维系。2009 年，刚成为海洋石油人的汤伟忠在中海油服的供应船上工作，船上都没有开放的网络，只有仅限工作使用的海事卫星电话，亚太地区的通话大概一分钟 0.8 美金左右，所以非必要几乎不让员工个人使用。那时的网络还没这么发达，汤伟忠总是在出海之前抓紧时间跟家里报一下平安与动态，让家人不要太担心，然后返航回港时就到处搜索信号、收消息……

2016 年，海上可以通过中高频设备呼叫公司的话台转拨电话，汤伟忠就在工作间隙与家人取得短暂的联系。由于这是一个公共频道，当汤伟忠在与妻子电话沟通交流时，整个南海所有值守的船舶都能听到。"为了避免被别人监听的尴尬，我们会用闽南语交流，也算苦中作乐吧。"

汤伟忠很感慨："这么多年坚持下来也都是两个人互相信任才能走到现在。"当然，也有吵吵闹闹的时候，都有各自的辛苦，更多的是当然是互相包容。2016年后，海上基本上能实现网络自由了，虽然无法像陆地一样刷视频，但正常发消息还是不在话下，消息畅通感觉就已经很知足了。汤伟忠也不得不感慨这十年间国家的科技发展如此迅速。

汤伟忠的女儿是在春节期间出生的。虽然女儿出生前他有幸刚好轮休陪伴在身边，但在女儿的成长过程中，大部分生日他都是缺席的。所有同事都想回家过年。因此，汤伟忠工作这么多年，有80%的春节假期是在海上工作，孩子的生日几乎没有陪伴过。而孩子的教育与辅导更是依靠他妻子一人完成。"有时望着一望无际的大海，真的很想念家人，但作为海洋石油钻井人，真的没有办法，责任摆在这里。"汤伟忠说着，语气愧疚又无奈。

这两年，回家的时间更不确定了，与家人相伴的时间也更少了。仅有的休假时间，有一大半要耗费在酒店隔离、绕路回家上面。2022年初，汤伟忠的父亲查出了胃癌晚期。子欲养而亲不待，由于疫情影响，汤伟忠只能通过海上视频通话，与躺在病床上瘦骨嶙峋的老父亲聊聊天。几个月后，汤伟忠的父亲与世长辞。未能侍奉床前的遗憾，让这个闽南汉子潸然泪下。他星夜兼程回家治丧，安抚家人之后，带着伤痛又匆匆返回一望无际的汪洋大海之上。

汤伟忠说，刚进入集美大学航海学院的时候，老师就告诉他们，海洋航运业身上背负着宏大的社会与人类责任："没有航海人员，全球有一半的人要挨饿，有一半的人要挨冻"。当然，汤伟忠在严格的意义上，已经不是一个单纯的航海员了，而是一位海洋石油人。国防、工业与民生对石油和天然气的依赖，目前的清洁能源暂时还无法取代。从保障国家能源安全层面看，石油人是不可或缺的海上螺丝钉。海洋石油人任重而道远。

2020 年，习近平主席在联合国大会上宣布，中国要力争在 2030 年前实现碳达峰、2060 年前实现碳中和，以打赢低碳转型的硬仗。在碳达峰、碳中和的未来发展方向上，中国的能源开发应该会以清洁能源为主，如核能、风能、光伏等新能源。国家出台了很多政策补助海上风电建设，汤伟忠所在的中国海洋石油也介入了海上风电安装项目。在往清洁能源为主的过渡阶段，推动能源生产和消费革命，兜住重要能源国内生产自给自足的战略底线，有效保障国家能源安全，是建设能源强国的必然要求，也是包括汤伟忠在内的每一位海洋石油人的责任。

「人物简介」

汤伟忠（化名），男，36 岁，漳州长泰人。从集美大学航海专业毕业后，在海上石油平台工作十余年，目前是中国海洋石油982 钻井平台工程船的船长。海员工作性质所致，与家人聚少离多。汤伟忠始终热爱海洋石油工作，参与了发现宝岛 21-1 大气田等重要能源开采工作，是一名有责任有担当的海洋石油人。

"四非"就业：延展职业空间

> 就业压力成了压在"四非"（非"985""211"、
> 非"双一流"）毕业生们身上的一座大山，这种压力不
> 只是外部的，更深刻地改变着他们的自我认知和心态。
> 他们在每一个路口做出自己的选择，延展着职业发展的
> 可能空间。
>
> ——调研组手记

　　根据教育部发布的数据，2022届高校毕业生规模达到1076万人，首次突破"千万大关"。大学生就业压力逐年增加。根据中国社会科学院社会学所主持的"中国大学生追踪调查"数据显示，非双一流本科院校毕业生去向落实率最低，就业满意度下降程度最大，失业担忧情绪上升最为明显。"四非"毕业生——即非"985""211"、非"双一流"的毕业生，在就业大潮的裹挟之下，探索着自己的选择和发展空间。

一、小鱼："是不是我真的没什么能力"

　　在从公司返回出租屋的地铁上，小鱼还是没忍住心里的委屈，在拥挤的人群中哭了起来，眼泪浸湿了口罩。这是小鱼来到杭州工作的第三个月，下班前她被老板叫到办公室里，说是

要商量转正的事情。但商量到最后又是一顿指责，"你不能拿五千块钱的工资就干五千块钱的活啊，我们的工作性质就是这样的，你该加班的时候就是要加班的。"谈话的最后，老板告诉小鱼转正的条件：工资和实习期一样，但还得再抽出一部分来交社保。考虑到每个月三千块的房租，小鱼鼓起勇气和老板争取多一点工资，但老板以她的能力不足为由拒绝了。想到这里，身在异乡的水土不服、离家千里的满怀乡愁和委屈一齐涌上小鱼的心头，她不由地想起来想起自己"逃"来杭州的本心。

大四毕业后，恋家的小鱼回到家乡福州找工作。在学校时小鱼的专业成绩名列前茅，实践能力也不错，所以对找到一份心仪工作信心满满。第一次投简历，小鱼试图投递给一些"大厂"，但是简历上的毕业院校似乎注定了它们无法进入第二轮面试筛选；"大厂"们的招聘要求上清一色写着：只招"985""211""双一流"。"四非"的小鱼甚至无法获得一个面试的机会。

在发现投简历的公司都没了下文之后，小鱼开始有点慌乱。从那时起小鱼几乎夜夜失眠，在床上辗转难眠的时候就会打开手机，一遍又一遍翻看招聘平台，但最终她也没有收到任何接收简历的消息。面对这样的现实，开始第二次递简历的小鱼再也没着眼"大厂"，而是给所有只要求本科学历的企业都投了简历。在四处掷出简历后，小鱼终于收到了一点回音，几家公司发来面试邀请。

就业挑战仍未结束。小鱼第一次入职的公司给出的待遇不错。虽然公司规模不大，试用期也一直在加班，但小鱼想到试用期就能给出快五千的公司实在难得，也就没再多想。而她开始工作后一周，就遇上了来讨薪的前同事。在那位前同事的提醒下，她才意识到自己的老板是个老赖，试用期过后一定会找个借口把她辞掉，而这份看起来待遇丰厚的工作其实是一个泡沫。听完这些话小鱼愣在原地，突然地感到一阵后怕，这种情况完全出乎她的意料之外。

这次之后小鱼找工作的要求放得更低了，只想着能找到一个靠谱的能转正的公司就行。但入职了两三家公司，她都难以熬过试用期。"要么是工资完全负担不起生活，要么就公司自己都要濒临倒闭。"几次找工作经历后，小鱼的信心也被消磨了大半。

她离开福州前做得最久的一份工作，是一家会展策划的品牌部。小鱼在那里工作了一个月。入职后小鱼参与的第一个项目是外省的一个展览会，为了这个项目她几乎牺牲了所有的周末，即使是下了班也时时刻刻盯着手机，生怕错过了甲方的消息。就在小鱼正在为工作的顺利而感到庆幸时，主管却让她不用再跟进这个项目。小鱼慌了，赶忙拉着主管问为什么，主管摇了摇头："展览会不办了。"将近一个月的心血付诸东流，公司收入也受到重创。会展策划这一高度依赖线下运营的行业情况早已变得十分严峻。"一个忙了很久的展览或者是项目，说停就停了。"

在找工作上栽了一个又一个跟头，小鱼不由得感到慌乱。在学校的小鱼成绩好能力强，加上天生讨人喜欢的性格，几乎没有遭遇过什么大的打击。但毕业后一次又一次的打击让她开始有点自我怀疑。"是不是我真的没什么能力，不然怎么会找工作这么难呢？"

失落的小鱼想到线上经济更活跃的城市夫试一试，或许境况会有所改善。当她将这个想法告诉妈妈的时候，妈妈立马否决了她，随即和小鱼爆发了争吵。小鱼是家里的小女儿，父母对她的期许就是可以留在福州。"待在爸爸妈妈身边，总比漂在外面轻松吧。"曾经小鱼也抱着可以永远不离开家的想法留在福州。但是此时她的失落盖过了对家的眷恋之情，只想快速地逃离一次又一次来自就业问题的打击。

带着对妈妈的愧疚和失落的心，小鱼坐上了北上杭州的动车。然而，大城市的就业之路同样严峻。

二、克林："想要那样的松弛和自在"

2022 年，大四的第二学期，就读于一所"四非"院校的克林开始准备自己的毕业实习。由于天生爱好闯荡的性格，她选择了远赴上海，想要在这个繁华的大都市里闯荡出一片天地。然而来到上海的克林，马上就遭遇了第一个大难题。在她的预想中，上海是一线城市，想要找到一份合适的工作应该不是难事。但实际情况却没有那么简单。和在福州的小鱼一样，克林也因为学历的缘故，在找工作的时候被"卡了脖子"。

克林毕业于一所"四非"院校的数字媒体专业，克林从来没意识到这是卡住她的一道坎。另一个大难题就是生活开销，上海物价令克林咋舌。在还没拿到工资的时候，她微薄的积蓄无法支付日常的吃喝住行，一向独立的克林不得不打电话向父母求助。面对这样的难题，克林仍旧没有放弃，她想只要坚持就一定会有收获。最终，克林进入一家小公司做新媒体运营，即使这家公司到她的出租屋需要将近两个小时的通勤，实习工资也只能勉强维持生活。

单位通知居家办公。说是居家办公，但实际上这家规模不大的小公司单凭线上的远程办公根本无法维持经营，克林在家更是无所事事，每天就是在家面对着自己的手机。手机里各式各样的消息狂轰滥炸，远在老家的父母也不停来电询问。克林虽然嘴上不停地安慰父母没事，但心里却开始担心自己是不是真的要被困在这个小小的出租屋里，更担心的是这份工作会不会丢。

小微企业抗冲击能力更弱，就业人员面临的失业风险也更大。被困在家里的克林，唯一的希望就是不要被辞退。被封在出租屋里，做饭要买菜，房租要交钱，即使每天能够活动的地点只有出租屋狭小的走廊，她依旧要应付这座城市的高昂费用。然而最令她担心的事情还算发生了，克林失业了。雇主发来的消息中透露着为难，克林理解公司停摆了太久，可能真的挺不过去了。

克林自诩天生乐观、敢拼敢闯，但这次经历后，她第一次萌生了"躺平"的念头。克林回到泉州，约上留在泉州的朋友们一起散心。

在大学的四年里，克林早已走遍了泉州的大小街巷，但这一次让克林重新审视了这座古老的城市与自己的生活。"我以为我的出厂设置是一个注定要乘风破浪的人。当我在西街吃完一碗只要七块钱的面线糊，看到一个女孩拿着咖啡走过街巷，感觉她是那样的松弛和自在，就好像明天没有什么值得担心。那时候心里有一个声音告诉我，我想要这种生活。"

最终克林在泉州留下了，依旧从事着本专业工作。泉州的新媒体行业还不发达，初入职场的克林更是工资微薄。克林还有着辞职的念头，可曾经失业的体验给她带来的伤痛，让她不知何去何从。

三、朱朱："舒心愉快更重要"

在选择就业城市时，广电专业的朱朱在老家南平和省会福州之间产生了纠结。朱朱很喜欢老家的生活，乡野间的生活节奏就如溪水一般潺潺缓缓，绿水青山也能给爱好自然的朱朱一个寄情之处。但老家无法为她的恋家之情找一个归处，这里的就业机会不多，发展空间肉眼可见。福州工作雇佣要求高，生活压力也更大，对于天性慵懒的朱朱来说有些难以适应。但毕竟是省会，机会也多，可以选择自己喜欢的、有意思的工作。

初来福州时，朱朱为了节省房租，选择借住在福州工作的姐姐的员工宿舍里。虽然住得很拥挤，但能够省一份房租，对于朱朱还是非常划算的。但是还没等朱朱找到工作，姐姐单位开始排查宿舍区里的外来人员。朱朱也就不能再住下去了，匆匆收拾一番就慌忙离开，另找住处。

朱朱投递简历的过程也同样艰难，符合预期的工作几乎没有。"双休的公司几乎是凤毛麟角，可大部分公司开出的工资都很难负担福州的房租。"第一次入职的公司是一家电商公司

◀ 组织儿童户外研学活动

的运营，面试时公司给出转正后月薪四千二的承诺，并保证两周后转正。上班的那一周里，工作强度异常的大，而且一直重复地做一些复制材料的工作，她觉得就好像流水线上的搬运工。朱朱想到转正后还算不错的待遇，也没有多想。不料两周以后，老板就把她打发了，也没有付任何的酬劳。"我那个时候才意识到自己可能是上当了，他们要的就是一个免费的零工。"有了这次经历后，朱朱对找工作变得有些怕，她放慢了投简历的速度，更加频繁地在网上翻看每一家招聘企业的"风评"。最终她入职了朋友所在的公司，虽然没有双休，工资也只能勉强维持生活和支付房租。"但至少不会上当了。"

朱朱上班的时候突然接到一个电话，来自老家的人社局。"是朱朱吗？请在17号回来参加'三支一扶'的入职体检。"朱朱反应过来，两个月前，没了工作的朱朱回了一趟老家南平，本意是休息一段时间，但正好碰上家乡"三支一扶"考试。在家人撺掇下，她抱着试试看的心态去参加了，没想到却在两个月后收到了入职通知。

朱朱又一次陷入了纠结之中：回南平，无疑是一种"躺平"的选择。但对失业的担忧总是笼罩着朱朱的心，拥有一份相对有保障的工作，"至少不用再担心被裁员"。调查显示，近年来大学生希望选择体制内就业的比例有较大上升。在失眠了一个晚上之后，朱朱向主管提交了自己的第二份辞职申请。曾经的朱朱觉得，自己应该做自己喜欢的事情，拥有一份相对体面和完满的事业。"但发生了这么多，我已经不这么想了，我只觉得当下的舒心愉快更重要，能够不要担惊受怕就很好了，明天的事情谁都说不准。"

朱朱坐上返乡的大巴车，成为村里党政办的工作人员。新的工作地点离家的步行时间只有五分钟，不用担心被房东赶出去的生活让朱朱感觉轻松。

新生活并不全然轻松，从乡里乡亲的矛盾调解，到对村镇情况的实地考察，朱朱要做的工作多得超出她的想象。工作烦琐，也时常遭到群众的质疑甚至谩骂。"我本来想回老家或许可以轻松一点，没想到我还是得莫名其妙被骂，还是得在假期加班。"

四、薛泽："让世界成为小朋友们的书本"

薛泽，厦门人，2016 年加入中国人民解放军某炮兵旅，2018 年光荣退伍。2020 年自大专毕业后，他参加退伍士兵的升本考试，成功考上了省内一所公办本科院校的广告学专业。作为福建数十万专升本毕业生中的一员，薛泽的经历既典型又特殊。

2022年2月，怀揣着对未来的期待，他奔赴上海实习。"年轻人就该趁着30岁前出去闯闯，大城市才有更多的发展机会。"本是广告学专业出身的他，选择了一个出乎所有人意料的职业——户外徒步教练。

户外徒步作为新兴且较为小众的服务行业，目前在北上广深一线城市盛行，主要为公司或者团体服务，提供户外旅行的路线规划和运动指导。户外徒步教练结合了"导游"和"运动教练"职能，既需要负责客户在外的饮食起居，同时指导客户运动中的动作要领和运动后拉伸。

薛泽说，自己去实习的这家大公司，服务对象不乏像阿里巴巴、腾讯这样大型企业的管理层，而公司亦有教练凭借自身的踏实肯干收到这些企业中伯乐抛出的橄榄枝，得到像他这样的专升本院校毕业生难以企及的职位。他想，趁着年轻，凭借自身的努力，或许有跃龙门的机会。

2月14日情人节当天，本该去往女友家拜访父母的薛泽，与女友就毕业后的"去留"问题发生了激烈争执，最终两人不欢而散。薛泽独自登上了离开家乡的航班，开始沪漂之路。薛泽踏实肯干、乐观开朗，很快得到了同事和领导的肯定，随之而来的多项目参与和课程设计培训让他获益良多。但由于实习生身份，3000元的底薪加上零星的订单抽成，无法支撑在上海的生活开销。为了增加收入，他接过线上修图的广告老本行，也应聘过淘宝的服装男模，但都是杯水车薪。甚至每个月，他都需要从退伍费中拿出一部分钱来贴补生活。在上海市郊村子的出租屋中，薛泽在电话里宽慰父母，也像在安慰自己："就当是在学习和积累经验，交点学费，付出总是会有回报的。"

2022 年公司业务开展受到很多限制，业绩不好。有一段时间，公司通知全体员工居家办公，所有的户外徒步订单全部取消。这意味着除了 3000 元的底薪外，薛泽不再有任何的收入来源。自来到上海后，女友对他态度冷淡，让他对于这段持续三年长跑的爱情感到悲观。空虚与无助逐渐侵蚀他的内心。"对我而言，那是一段安静得令我有些窒息的时光，就感觉自己的人生是一种停滞了的状态。"薛泽在返校参加毕业典礼时，这样描述自己的感受。

一段时间里，物质与精神的双重匮乏反映在薛泽的身体上。如杂草般的头发替代了退伍军人代表性的寸头。缺乏维生素的摄入，黑眼圈和青春痘侵蚀了他的脸庞。在出租房里长时间久坐，让他原本挺拔的身形变得有些佝偻。更糟的是，他察觉到这样颓废的生活方式让自己的情绪越来越暴躁。看着身边一大波来自各地的年轻人陆续离开，在与父母和女友长谈后，薛泽踏上了返乡的旅程。

回到家乡让他感觉久违的轻松。朋友们在与薛泽聊天中，也明显感觉到他重新变得开朗了起来。他开始规划接下来的人生。

薛泽带着厦门特产悄悄去到女友学校，想给她一个惊喜。但经历了不欢而散、两地分隔，见面后的两人都有些无所适从。简单的两句问候过后，两人就陷入了沉默。短短十分钟的见面，给这段学生时代的感情正式画下了句号。

薛泽重新开始找工作。他本想就本专业求一份安稳的工作，然而几次的碰壁再次点醒他所处的尴尬处境。作为专升本文科毕业生中的一员，想要求得一份体面的传统文科类工作，他就不得不面对文科就业市场愈发高筑的学历壁垒，以及趋近于饱和的工作岗位。最终，他决定继续从个人兴趣与经历出发，凭借着上海户外徒步公司的项目参与经验，以及之前企业学习的户外课程设计，进入厦门一家户外研学机构。

不同于上海的户外徒步，户外研学产业是"旅行 + 教育"模式运营。传统消费模式逐渐向高端化、个性化等方向升级变迁，以研学旅游为代表的体验式教育，处于重要的发展机遇期。厦门作为著名旅游城市，与北京、上海、天津等城市并列为研学产业最为发达的地区。这类城市拥有深厚的历史底蕴、丰富的文旅资源，旅行内容以历史足迹探寻、知名学府参观为主，帮助学生了解当地历史人文、自然风光。

目前薛泽负责自然教育和户外教育两个部分。户外研学项目周期短，订单数量多。薛泽凭借着出色的工作能力被领导委以重任，这也意味着更多的工作压力。然而薛泽乐此不疲。他说这份工作"让世界成为小朋友们的书本"，带领小朋友们寓教于乐让他格外有成就感。

薛泽的故事只是当下高校毕业青年群体的一个缩影。挤进一线大城市，找一份在外人看起来体面的工作，不再是他们唯一的奋斗目标。今天的青年更为看重个性追求和自我价值，兴趣爱好和个性化追求成为职业选择的重要标准，一些青年甚至为此选择放弃"大厂"高薪职业，或者离开体制内高稳定性工作环境，投身收入不稳定、前景不明朗的新兴职业领域。

薛泽对曾经嗤之以鼻的"安稳"两个字有了全新的理解。

回到家乡，或许是当下另一种更加"安稳"的选择。相较于上海，厦门的生活气息更加浓厚。在上海，从薛泽公司到出租屋的那段路，夜晚过了 10 点就有些清冷，而此时厦门的夜生活才刚刚开始。"人间烟火气，最抚凡人心"。薛泽还是喜欢家门口夜市沙茶面的味道。不论是家庭带来的物质资源和情感慰藉，抑或是更慢的生活节奏和更低的生活成本，都让薛泽有了一种如释重负的感觉，也对未来重新燃起了希望。他希望自己能尽快解开事业和感情上的困惑，在厦门重新开始自己的人生。

[人物简介]

小鱼（化名），22 岁，福州人，毕业于福建某所二本院校新闻传播专业，毕业后曾返回福州工作半年，其间多次因工作不合理待遇而离职。2022 年 8 月到杭州一家新媒体公司担任新媒体运营。

克林（化名），22 岁，泉州人，毕业于泉州某所二本院校的数字媒体专业。大四毕业实习其间前往上海，2022 年 6 月回到泉州工作。现在泉州一家新媒体公司担任新媒体编辑。

朱朱（化名），23 岁，南平人，毕业于福建某所二本院校。毕业后曾在福州工作半年，后通过南平市"三支一扶"考试后返回家乡工作，现为南平某乡镇党政办工作人员。

薛泽（化名），25 岁，厦门人，性格开朗大方。2018 年退伍，2020 年参加退伍士兵的专升本考试，考上省内一所公办本科院校广告学专业。毕业后在上海业内知名户外徒步公司实习，后回到厦门，在一家户外研学机构负责课程研发，担任研学教官。

考研：人生不止"上岸"

> 考研如一场"考验"，青年在一次次自我肯定和否定中不断成长，磨炼了意志和耐心，练就了更加坚毅的心态。考研最终成为成长路上不可磨灭的印记，深深镌刻在时光中。
>
> —— 调研组手记

2022年，全国报考硕士研究生招生考试的人数再创历史新高，达到457万人，增速到了新高的22.5%，人数比2021年增加80万。青年群体的教育焦虑可见一斑。不少人惊呼"太卷了"。"考研难""内卷"不仅仅是个人感受，也是一种社会事实。

无数的应届生、往届生甚至是在职工作的人选择考研这条路。备考研究生意味着长时间的投入和未知的预期结果，对于很多人来说都是巨大的挑战，需要计算投入和产出比后无数次的权衡、挣扎。以笔为戎、奔赴理想的斗志点燃了无数考研人的岁月，他们有的在书桌前埋头苦读，有的在工作空隙间读书。他们戏称考上研究生为"上岸"，希望搭乘考研这条船到达梦想中的彼岸。无论结果如何，考研如一场"考验"，青年在一次次自我肯定和否定中不断成长，磨炼了意志和耐心，练就了更加坚毅的心态。考研最终成为成长路上不可磨灭的印记，深深镌刻在时光中。

一、"人生的每一步都算数"

罗子强，泉州人，大四学生。出国留学一直是他的梦想，从大一起他就开始准备语言考试，从各种渠道申请院校招生的信息，期待能够申请上心仪的留学院校。

近年来，受全球疫情、中美关系复杂化、世界局部地区动荡，以及主要留学目的国留学政策反复变化等影响，一些学生出国留学申请难度增大，行程受阻，计划被打乱。是否继续出国留学成为许多考生和家庭的选择难题，成为社会热点话题，归国困难、返乡难等话题也频上热搜，引发网友广泛讨论。

2020 年 3 月，罗子强每隔两小时就刷新一次申请系统，比吃饭还勤快。当他每次满怀期待地按下"查询结果"后，眼神总是流露出落寞与失望。他投递申报香港理工大学的计算机专业，一个月就收到了拒信。这个"拒绝"来得太突然，往年

◀ 罗子强的自习室

学校会在投递的几个月后才会被拒绝。这让他有些慌张。他又投递了香港其他几所学校，如石沉大海。

在发出第107份邮件后，罗子强意识到这条路走不通了。按照往年情况，他本可以申请上香港理工大学的王牌专业。但报名人数越来越多，名额缩招，这条道路变得过于拥挤。越来越多的人在收到拒信后另谋出路。

对于罗子强来说，申请留学和国内考研最大的区别是"机会成本"。一般来说，留学申请需要学生提供相关申请材料，包括本科学位证、成绩单、语言成绩等。但国内的研究生考试机会成本更大，备考时间长、复习资料多、"一考定结果"让许多人望而却步。而近年来留学成本和风险大幅度增加，让人重新思考留学的性价比。

在辗转反侧后，罗子强放弃了申请留学，决定参与国内研究生考试。"无论如何，放弃申请留学，不能放弃读研。不读个研究生，总觉得人生会有缺憾。"这也反映了许多人的心态。

罗子强选择湖北大学作为目标，提高上岸概率。"先考上再说。"在复习备考过程中，他感到有些吃力。"复习资料堆成山，许多知识需要记忆背诵，让我感到困难"。在备考的过程中，他反复质疑自己的备考动机。"之前留学的准备都白费了吗？我真的需要研究生学历吗？"焦虑与不安出现在他的复习资料上，他看着一行行的知识点，感到有些恍惚。

冬日寒风冷冷，罗子强闭上眼睛，听到考场上的笔尖在纸上沙沙作响，仿佛置身战场。以笔为戎，有剑拔出锋的锐气。2020年12月26日下午，他套上笔盖，眼神中流露出几分落寞。

看着已经交卷的考生走出考场后欢呼雀跃，他却怎么也开心不起来。他望向窗外阴沉沉的天空。"在考研的'胶囊'里待了太久，要出去看看。"

几个月后，罗子强激动地点击下国内考研成绩页面的"查询"按钮。可惜的是，结果不尽人意，他选择在国内参与考研也与理想院校失之交臂，只收到一所西藏地区双非院校的调剂通知。关上灯，房间里些许暗沉。他望向快要西沉的日暮，扯着自己的衬衫衣角。霎时间整个世界变得安静，而他的内心却如波涛汹涌。

他点击了"拒绝调剂"。与大多数人不同，他没有选择"二战"（二次备考），而是孤身一人前往深圳打拼。在辗转多份工作后，他最终在上海扎根。在一家央企里，他靠着自己的能力和人脉取得领导的信任，凭借出色的工作成绩和表现在公司有了一席之地。在考研中收获的毅力、坚持和耐心都没有白费。"人生的每一步都算数"，都化成人生成长的动力。

二、"再考一年，说不定就上岸了"

林雪语书桌前有张贴纸，上面写着："每个优秀的人都有一段沉默却得不到结果的日子，我们把那叫作扎根。"睡前她都会凝望许久，想到自己的处境，感慨万分。

2020 年 5 月，大四的林雪语在投递许多份简历之后，尚未找到一份理想的工作。看着身边的人都在备考研究生，她也就索性加入了备考大军。"随大流准没错，工作也不好找，校园是临时的避风港。"

近年来，新传类考研难度飙升，甚至被称为达到了"地狱级别"。微博话题"新传考研调剂"中有 390 分、400 分的考生大呼初试被刷，表示"实在太卷了"。与以往相比，分数达到国家线并不意味着高枕无忧，也可能无奈地接受调剂。

林雪语觉得虽然竞争激烈，但"上岸"的大有人在，说不定自己就是幸运儿。在父母的支持下，她开始备考。学校实行封闭式管理，她只好在家里房间里支起一张桌子和椅子，摆上台灯，开始备考旅程。在校学生备考当然更有氛围感，耳边回荡的集体背书声、堆叠成连绵山峦的书籍无不带来备考紧张感，同学朋友之间的相互提醒和打气也会带来学习的动力。在家独自备考则更加考虑自律与规划性，在无人监督的情况下如何安排作息、如何缓解焦虑情绪。家里依然有着各种事情随时打乱她的安排。她的弟弟不能出门上辅导班，家人打算把这个重任交给她。她感到父母不理解自己，边背书，眼泪止不住地流下来。

她切断了一切社交。"那时我关闭了微信朋友圈，将微博、小红书、抖音都删掉了，我希望沉浸在自己的世界里，没有人打扰。" 林雪语报了考研机构的课程，但课程后来只能转为线上。一切都是新的情况，她感到无可奈何。慢慢地，林雪语适应了上网课。通过一块狭小的屏幕，她聚精会神地复习考研知识。

日历本一天天变薄，桌前垒起的书籍资料慢慢变厚。闲暇之余，她会将撕下来的日历纸写上心灵鸡汤。在漫长的备考日子里，她徘徊在"我不上岸谁上岸""我怎么会上岸"两端，反复否定、怀疑自己。对于看不到的未来和迷茫的当下，她倍感焦虑与不安。励志的一字一语对她来说都像是灵魂的救赎，让她从深渊中走出来。

临近考试，各大考研机构推送"决战 50 天，这些知识点你掌握了吗？""这些知识点必考，点进来收获 30 分！"她每天沉浸在焦虑中。她打电话给朋友，表示居家备考时间里因为无法自律，无法完成学习规划。还有居委会通知的全员核酸检测，看着眼前长长的队伍，她无可奈何。她将书本知识拍下来，一边排队，一边默念知识点。

她对未来寄予太多期待，想要获得他人羡慕的目光，想让父母对自己刮目相看，想成为学术精英。2021 年 2 月，元宵节，窗外的烟花在空中绚丽地绽放。林雪语和几个表姐妹一起出门玩烟花棒回来。耳畔传来元宵晚会的欢庆声，眼前是丰盛的佳肴，身边是可亲的家人，林雪语感到十分满足。她点开研究生考试成绩查询页面，却没能流露出笑容。事与愿违，"岸"离她很远。这时的她，如一只迷途的羔羊，不知路在何方。

"或许，再考一年，说不定就上岸了呢"。在 2021 年 4 月 15 日的日历纸上，她写下了这句话。

在经历失败后，从伤痛到重新振作也是许多考生的心路历程。微博热搜 #你愿意花几年考研上岸# 吸引了不少网友讨论，总阅读量 8000 多万，讨论 8000 多次。有的网友表示应届生考研的性价比最高，一年内"上岸"才是值得的，如果备考太多年那就成了固执。但也有网友认为当下考研竞争愈加激烈，备考一年就"上岸"的概率较低。无论如何，无数考生总是在备考路上看到光明，看到"上岸"的希望。

三、"我的初衷是为了帮助更多的人"

陈京是福州的一名实习医护人员。一直以来，成为"白衣天使"是他的理想。在取得医护人员从业资格证之后，他如愿以偿地穿上了白大褂。虽然做个普通的护士也能实现救死扶伤的愿望，但他更希望成为三甲医院的医生。"生活嘛，就是在平凡中找到不平凡。我想要帮助更多的人。"陈京坚定地说道。

要成为主治医师，就需要有研究生学历。在朋友的鼓励下，他开始备考福建医科大学的研究生。"不要害怕失败，努力做一件事不至于一无所有，想做什么就去做吧。"

陈京每天按照计划完成自己的复习任务，一切按部就班地进行着。为了把握复习的分分秒秒，工作午休之余，他赶紧拿出考研资料。当困意爬上眼皮时，他赶紧用水洗把脸，然后聚精会神地投入学习。朋友调侃着说："你的书上都是一股消毒水味"。

"在职备考确实比较困难，到了下班的时候我已经筋疲力尽。无数次医护动作让我的手臂很酸痛，有时候胳膊甚至握不住笔。很多时候回到家，我累得无法集中精力复习。我比别人少了很多复习时间，进度赶不上别人。"他陷入了精神内耗中，自我怀疑，自责自己，一想到可能会失败就感到无比焦虑。

2021年12月，在陈京准备考研复习冲刺的时候，接到了外派支援的工作任务，组织通知他需要立即前往西安。这意味着更高强度的工作，甚至可能无法及时赶回考点，几个月的复习可能"打水漂"。

◀ 陈京的复习资料

　　一面是备考，一面是作为医护工作者的职责，陈京陷入了两难。无论如何抉择，都需要放弃一方。接到通知的那个晚上，陈京坐在阳台门槛上，手里反复摩挲着发旧的书籍资料。他的未来充满了未知和不确定，像一团迷雾还未散开。望着天上高悬的月亮，他安慰自己"守得云开见月明"。陈京将备考资料整整齐齐地摆放在书桌上，提着行李箱离开房间。他心里有种说不出的滋味。

　　"我并不后悔，我考研的初衷也是为了帮助更多的人。人民的生命才是最重要的。以后再考研也来得及。"他做出了艰难的决定。他从未忘记自己的初衷，希望自己能够在岗位上贡献出更多价值，散发出更多的能量。

[人物简介]

罗子强（化名），男，24岁，泉州大四学生。2020年放弃申请出国留学，备考国内研究生，最后并未如愿。他放弃调剂，只身前往深圳打拼，目前在一家央企工作。

林雪语（化名），女，23岁，2021年毕业于福建某高校新闻学专业。求职失败后加入考研大军，在家和附近自习室备战。在考研失败后，她选择继续备考。

陈京（化名），男，25岁，福州某医院实习医护人员，工作之余备战考研。备考冲刺时候接到外派支援工作任务，不得不放弃考研。

乡村美育：浪漫的理想

一群年轻人投身到一项崭新的事业中，展现着最真挚的热情、最坚守的初心和最浪漫的理想。

——调研组采访手记

2015年国务院办公厅印发《关于全面加强和改进学校美育工作的意见》指出，"美育是审美教育，也是情操教育和心灵教育，不仅能提升人的审美素养，还能潜移默化地影响人的情感、趣味、气质、胸襟，激励人的精神，温润人的心灵。"乡村美育将家国情怀、传统文化、乡土乡情的传承有机结合，有助于乡村儿童、农民树立文化自信、培育美的人格，带动乡村产业发展，为乡村振兴注入新的活力。

在宁德市屏南县，有这样一群致力于用"乡村美育"事业年轻的人。他们坚定地认为"美就是一种生产力"，将美育元素融入乡村发展，为乡村振兴探索"慢而美"的发展可能性。

一、吴慧沁："人人都是艺术家"

2016年起，屏南县在"人人都是艺术家"的文创屏南活动吸引了大批艺术人才来投身乡村美育，推动乡村振兴。

在屏南姑娘吴慧沁的眼里，家乡这几年的发展令人刮目相看。吴慧沁毕业于中国美术学院社会美育专业。2019年10月，她在屏南县一个小村庄里创办的"溪谷"研学基地正式开张。

她仍清楚记得开张那天的盛况：中国美术学院艺术管理教育学院的副院长和屏南县领导共同为研学基地授牌，首批前来美术写生研学的100名学生浩浩荡荡入驻。看着崭新的研学基地宿舍和人头攒动的热闹景象，吴慧沁对于基地今后的发展充满希望。

吴慧沁大学一毕业就回乡创业，没有任何工作经验。事业上所有的沟通、处理、安排都由她自己一点点摸索完成。给重要领导讲解美育理念、上台发言传递美育思想、安排美育基地的吃住行和研学行程，这些都成为一份份心理上的重压，让吴慧沁的身体健康出了些问题："我是一个遇到压力就容易胖的人，疫情之后我胖了15公斤，整个人的免疫系统都不好了。"

近年，省内的短途旅游、研学需求大幅度增加，主打"艺术教育＋研学旅行＋写生创作"的"溪谷"成为新晋理想之地。基地订单如雪片般飞来，吴慧沁每天都能接到下订单的电话。3年来，溪谷美育研学的名气提高了，不少团队慕名而来，生意逐渐有了起色，吴慧沁也日益淡定从容。

她认为在乡村能做的事情很多，以美育的角度进入是一个推动乡村振兴的好机会。"我觉得是很有前景的，因为这几年政策上面也给了非常多扶持。"吴慧沁的美育研学基地，从选址、审批到建设，都有当地政府的大力支持。吴慧沁考察时偶然来到如今基地的旧址，觉得很符合他们的需求，心中甚是欣喜。但一问才知道，这个地方当时已经在规划建度假村，图纸都画好了。"我们尝试着现场沟通了一下，没想到当时陪同的乡领导就直接拍板同意了。"这之后，家乡的各级领导常常挂念并询问项目进展情况，协调了银行办理贴息贷款、开通绿色通道，为之争取发放创业补贴等政策，大力支持她这个返乡大学生的"乡村美育"事业。

"二期工程项目预计年底开工建设，建成后基地将可以容纳 500 人集中食宿。"吴慧沁介绍，届时基地每年可接待 5 万至 10 万人次开展活动，并依托古村自身优势开发极具地域特色的研学品牌。"内容涵盖社会美育、传统文化技艺、民风民俗、非遗文化、农业产业等寓教于乐、文旅融合的主题，链接屏南县内各个乡镇的特色古村及特色产业，打造乡村研学产业梦工厂。"

如今，美育事业小有成就的吴慧沁已经是县里的政协委员。正是"乡村美育"创业经历使她获得了快速成长。吴慧沁说："现在遇到什么事我都不怕了"。

二、毛国瑞：坚定文化自信

毛国瑞是吴慧沁的师弟，毕业于中国美术学院社会美育专业。由于学生在屏南创业的缘故，中国美术学院把社会实践基地设立在这里。在乡建乡创的大潮中，毛国瑞开始驻扎屏南，开展他名为"乡野艺校"的毕业设计。

"乡野艺校"作品获得 2020 届中国美院毕业设计银奖，这极大地鼓舞了毛国瑞和他的团队伙伴。"我们相信在这里可以做出一些事情。"年轻气盛的他几乎立刻决定，要以"在地创业"的方式将毕业设计变成真正落地生根的乡村美育事业。

2020年1月，社会美育公益品牌"乡野学校"成立。

"不论乡野艺校能走多远，首先得出发。"毛国瑞说。毛国瑞每天都只能待在村里，拿着手机到处拍，寻找可以创作美育课程的素材。村民们不了解，看着他像流浪汉一样无所事事，经常问他："你是不是傻？这样大学岂不是白上了？没工资还跑到这里来受苦？"

听着这些话，毛国瑞虽然心里不舒服，但也没太当回事。因为他心里坚定地相信，乡村美育是一种新的发展方向，一定大有可为，只是村民们现在还不了解、不能接受而已。他决定努力地沉淀自己，推动美育融入乡村发展的行动。入村展览、乡村互动音乐会、公益美育课、大自然音乐课，他和团队创作得热火朝天。

一向社会招生，毛国瑞傻眼了。他认为自己的美育课程内容非常好，但却无人问津。在中国美院上学时，毛国瑞授课一次课酬800元还包食宿。而在村里，三位中国美院毕业的高才生共同授课，两天课程仅收200元都卖不出去。直到课程转成公益性质后才有少数学生报名，第一期24个，第二期7个。辛苦研发的课程没人买单，微薄的学费也仅够材料费，这让他感到灰心，并开始对自己产生极大怀疑：也许我真是傻？

就在他垂头丧气、万念俱灰之时，中国美院的社会美育项目发起人陈教授来前看望他。几个人围坐在取暖的柴火堆旁，毛国瑞一直同老师诉苦，反复在说到底是否该走，若不走又如何能让村庄活起来？想了一圈，村子里既没有人也没有物，的确做不了什么，还是走吧？

"三月三祭水节"舞龙现场

　　陈老师请他不要轻言放弃，再努力拼搏一把，并带了4位年轻人来帮他，这为毛国瑞注入了"灵魂力量"。毛国瑞想，现在也有人手一起分担苦活脏活累活了，撂挑子不干个但不负责任也很"混蛋"，思来想去决定还是再坚持一下吧。

　　新来的师弟提出了"节日"的概念，通过节日增强文化自信、改变精神面貌、增强村子活力是一条比较可行的路，节日能把人聚起来。他们策划了"三月三祭水节"，利用村子里随处可见的稻草材料，组织70多位村民编织制作一条100多米的草龙，编排了表演节目，吸引来了三四千人；他们策划了"七夕快乐"节日主题灯光秀，从村中古老织布纺机组成的艺术装置开始，将红丝牵连的丝线和乡村自然山水结合，吸引了许多人前来线下打卡，诸多人还通过毛国瑞的抖音直播间线上观看了艺术演出。

"我们希望通过乡村美育，引导村民们发现生活之美、创造生活之美、拥抱生活之美。"毛国瑞表示。也是从这个时候开始，他们真正把"节日快乐"的概念和想法付诸实践，形成之后许多美育活动的雏形。村民和社会对美育活动的强烈反响，毛国瑞原本火烬灰冷的希望开始重燃。他们不断拓展和丰富形式，"节日快乐""今晚吃什么""美育课堂""1000个美育计划"的设想开始一一出炉，他带着新来的4人一起做得如火如荼，"乡野艺校"渐渐步入正轨。

经过三年时间的沉淀，"乡野艺校"的教育效果也逐渐显现。村头的小卖部、田间的大树下、流淌的溪水中、村民的家里，都是他开展"乡村美育"的课堂，小朋友们可以随处体验绘画、音乐、舞蹈、大地艺术。12岁的小村民阿武和他9岁的弟弟，每周末最期待的事情，就是爸妈把他们从城里的小学接回村里，参加"乡野艺校"的美育活动。"他们不再盯着手机与屏幕，也不再和父母争吵打架，美育让他们学会了解决问题、平和沟通。"毛国瑞非常自豪地说道。

2022年5月，毛国瑞和团队在村里小学开展了主题为《花也是一种野草》的"乡村美育课堂"课程系列展。展览中，孩子们的绘画作品"生"在泥土里、"长"在田埂中、"结"在葡萄架上，带着村民和学生家长用新的视角审视乡村的一草一木。"丈量、整理、想象、建设"是毛国瑞最经常提到的4个词，他通过自身所学，逐渐找到通过美育复兴村庄的方法与路径。

毛国瑞说："现在村子已经成了市级金牌旅游村，我们在默默做事情的时候已经给这个村庄带来了很多机遇和改变。"

三、王水庭："乡村发展最终还要依靠人"

王水庭是毛国瑞的创业伙伴。与乐观开朗的毛国瑞相比，他显得更加内敛沉静。"我没有什么很大的目标，我刚开始就是觉得这里没有城市那么卷。"王水庭说他更喜欢乡村的悠闲、清静和慢节奏。

在毕业即失业的青年普遍焦虑中，王水庭连春招都没有参加，就决定要去乡村创业。他甚至是在毕业展演的现场决定了这件事。在他看来，大城市的高薪工作背后，是高度的内卷和焦虑，他想换一种人生的活法。

"我的美育之路多少有点理想主义色彩。"王水庭的美育宗旨是实现艺术地生活，这在旁人听起来确实有些虚无缥缈与难以理解。他的理想是在乡村通过"丈量、整理、想象、建设"的工作方法，把扎根田野做成一次亲身在场的美育实践，用美育活动融入乡村，用美育议题推动乡村发展，以在地创业参与乡村共建，最终盘活并激活乡村。

2020年1月来到村里的王水庭，没有什么稳定收入，只能靠着不断降低的物质欲望来维持基本生活。借住在村民家，吃着农家青菜，日出逛村收集资料，日落回到住处早早入眠。在家庭情感方面，遇到的最大危机来自女朋友。由于王水庭一门心思要去福建乡村扎根创业，女朋友最终还是和他分了手。创业的艰难和感情的创伤使他很长一段时间都沉浸于消极的情绪中。好在来自父亲的支持，让他坚持了下来。

"我的父亲就是很普通的一个人，但是他很坚韧。在他的人生哲学里面，就一个词'慢一点'。他认为什么事情不能总是急功近利，马上就要有成果，而是要耐得住。这也深深地影响了我。"父亲没有责备王水庭不走寻常路的选择，而是确认他正在做的是正经事之后就给予了无条件支持。这让王水庭十分感动，因为他坚持的美育这件事，如同父亲教给他的人生哲学关键词，恰恰就是很慢的。

乡村美育是艰难、成效慢的。它看不见摸不着，不像开一家咖啡馆、图书馆或者直播卖一些农产品那样简单直观。"乡村人的改变才是真正的改变，乡村的发展最终还是要依靠人，而不是这些表面的建筑改造和功能改换。"王水庭认为以往快速发展的文创模式，很多时候是经不起时间检验的。带领的人走了，村民的心就散了；产业一旦没有发展起来，整个模式就被搁置了。

美育是通过自然美、艺术美与社会美的途径，在潜移默化中对人们（特别是青年一代）进行情感的陶冶、健康审美力的培养与健全人格的塑造。只有从根本上改变人的气质、观念和想法，才能产生乡村发展的内驱动力。王水庭十分关注留守儿童、返乡儿童的美育浸润，他把目光投向村庄里留守和返乡儿童的美育公益教育上。

小博是村里的留守儿童，长期与爷爷一起住，父母都在外地打工。父母长期无法回来，小博也无法出去。疏于管教的孩子长期浪迹在村头，与长辈斗嘴、搞恶作剧、不爱学习，"坏小孩"所固有的特点在他身上都有。王水庭带着他在田间地头进行美育活动，树叶画、土堡探秘、徒步大自然，还为他和他的小伙伴们策划了夏日冰激凌售卖计划，让他们走街串巷去观察，学会从他人的视角来看待事情、与他人平和友善地交往。"现在的小博，一回到村里就会主动来找我们，问有没有事情要帮忙，需不需要他，整个人的变化非常大。"

2022 年 10 月，在来到村里将近 3 年之际，王水庭美育理想中的"乡野艺校"实体校址终于接近完工。这座投入 300 万元建设的乡村美育基地，需要他们用 20 年的时间来偿还贷款。"尽管还没有营收，但我觉得已经很好了，能够建起来已经非常满意了。"

接下来，王水庭将全身心投入到乡野艺校运营和高级美育课程的定制工作中。在他的畅想版图里，屏南的乡村熙熙攘攘、人头攒动。乡村美育发展虽然速度慢一点，但前景可观且延续性好。乡村振兴，要有"以美育人"的精神追求、"以文化人"的文化逻辑。王水庭在"慢一点"的人生哲学里，与乡村美育"慢调子"的发展同频共振，一点一滴积累起乡村振兴的能量。

[人物简介]

吴慧沁（化名），31 岁，中国美术学院毕业生，屏南县人。大学毕业后返乡创办美育基地，致力于乡村美育事业。

毛国瑞（化名），28 岁，中国美术学院毕业生。在屏南完成毕业设计作品"乡野艺校"，毕业后扎根乡土，探索实践乡野艺校的愿景。

王水庭（化名），28 岁，中国美术学院毕业生。拥有浪漫的乡村美育理想，关注留守和返乡儿童的美育公益教育。

第四章

创业者：韧性的精神底色

导　语

　　企业是市场经济的微观主体，企业家精神是企业发展的"灵魂"。中小微企业是经济发展的韧性和潜力所在。小企业家、创业者的精神气质对经济社会发展具有重要的影响意义。福建作为民营经济大省，市场经济发育发展较早，孕育出了一大批有胆识、能吃苦的企业家，形成了具有鲜明时代特征和地域特色的企业家精神、创业者精神。

　　近年来，受外部环境复杂性不确定性加剧等影响，企业特别是中小微企业困难增加。福建各级各部门从推动复工达产、缓解资金压力、扩大市场需求等方面出台了一系列纾困政策，助力中小微企业渡过难关，充分体现了党和政府对民营企业和中小微企业发展的重视和支持。福建中小微企业在不平凡的发展历程中，展现出迎难而上的坚定信心、锐意进取的坚强意志、创新创业的昂扬精神、为国为民的责任担当。

　　在经济从高速发展到高质量发展转型的关键时期，企业家、创业者责任重大、使命光荣。理解、感知他们的所思、所为，具有十分重要的现实和理论意义。

一、历史与文化演变

福建各地尤其是沿海地区，自古就有依靠海上贸易谋生的传统。海路由泉州出发，北上琉球、日本、朝鲜，南下则绵延到东南亚各国乃至印度洋沿岸，形成著名的海上丝绸之路。宋元时期，海外贸易达到鼎盛。明清时期犯禁下海现象始终未绝。清朝末年，大量福建人下南洋前往海外谋生，创造了曲折动人而又波澜壮阔的华侨故事。开创中国邮政史上第一家民间国际邮局"天一信局"的郭有品，"华侨旗帜"陈嘉庚，心系祖国始终资助中国革命和抗战的无数闽商华侨，是福建企业家的精神榜样。

在长期的商业活动中，闽商也逐渐形成了内容丰富、形式多样、特色鲜明的闽商文化，孕育出有着敢闯敢拼、反馈桑梓、重信义、开放兼容、随机应变等诸多独特内涵的闽商精神。[30]

福建企业家精神生发于深厚的福建文化底蕴中。闽商精神既有中华民族传统的儒、道、法家综合特质，同时又有明显的地域文化特点，与其移民融合文化、闽学、理学传统文化等深度关联。

闽学传统文化和理学传统文化是福建企业家精神产生和升华的文化源泉。闽地开放性的移民融合文化，熏陶出闽商兼容并蓄的气质。闽学的"善采纳"理念造就了福建企业家兼容并包、开放整合的海洋精神；闽学传统文化的革故鼎新、市场意

30.张幼松，林龙.论传统闽商精神与新闽商企业文化建设 [J].厦门理工学院学报，2010,18(2)：11-14.

识、重商主义，激励着福建企业家坚定敏锐、孜孜以求、志存高远、勇于攀登；闽学的"重节义"理念激励着福建商人把"报效祖国、回馈桑梓"作为其商业成功后的第一要务。同时，福建企业家也深受朱熹理学的顺应客观规律、服务与造福社会的深远影响，善观时变，并在事业有成之后，不忘中国心故园情，铸就了福建企业家顺势有为、回馈桑梓、奉献社会的优秀精神。

改革开放以来，福建发挥独特的历史、区位、群体等资源优势，大力发展民营经济，缔造了厦门经济特区发展、晋江经验等发展故事。如晋江一地的企业靠着"创"和"闯"，成就了享誉海内外的"晋江造"。这一时期，福建企业家表现出鲜明的文化基因与跨越发展路径。敢为天下先、敢于打破现状、敢于走在市场前头的性格；擅长经商、擅于创业求富、勇于冒险变革的特质；追求创造创新、有胆识魄力、在复杂的市场环境中能驾驭矛盾的素质；合群团结、兼容开放、社会责任感强的品质。[31]

2004年，首届世界闽商大会对福建商人精神归纳为32字：善观时变、顺势有为；敢冒风险、爱拼会赢；合群团结、豪爽义气；恋祖爱乡、回馈桑梓。为闽商近千年的发展历程和长期艰苦创业形成的独具特色的闽商文化精神，做了一个高度概括。

福建企业家精神具有鲜明的时代特点。在改革开放初期秉持"冒险精神"，敢为天下先，充分利用了改革开放初期计划

31.廖新平，石慧琼，黄美娇.当代福建企业家精神的文化基因及跨越路径 [J].福建商业高等专科学校学报，2014, 05(5)：79-83.

经济体制下的市场不均衡所带来的商机，快速地推动了企业的发展和市场的成熟。随着对外开放的不断扩大，企业家发扬"学习精神"，利用沿海对外贸易优势，充分学习国内外先进的技术、理念和管理，快速地帮助福建乃至中国经济融入了全球产业链中。进入互联网时代，企业家更注重"开拓精神"，借助互联网将西方市场比较成熟的商业模式快速在国内省内推广，"福建制造"和"福建智造"走进千家万户。

二、新时代的福建企业家精神气质

新时代，福建涌现出大批的创业者、企业家，在一次次磨炼中，由小变大、由弱变强，展现了企业人追求民族复兴中国梦的强大精神动力。新时代福建企业家精神有了新的文化显现、新的内涵发展。

（一）实现从无到有的创新能力。当今世界面临百年未有之大变局，危和机同生并存。企业家只有迎难而上、开拓进取、不断创新，才能抓住时代机遇。福建省企业家以其敢为人先的创新精神和创业精神，回应社会新期待，在产学研结合、企业组织管理、人才队伍培养、开拓崭新领域等方面勇于创新，在创新领域取得优异成绩。2021年福建全省民营经济增加值3.38万亿元，725家中小企业入选2022年第一批福建省创新型中小企业，5个产业集群上榜工信部2022年度中小企业特色产业集群百强名单。

（二）应对社会公共事务的责任担当。在面对社会公共事务时，企业家群体主动作为，积极投身其中，充分展现了企业家的责任担当和迎接挑战、迎接不确定性的能力。众多企业家顶住经济领域的风险压力，积极提供与各自领域相关的服务，发挥了不可或缺的社会作用。2022年8月30日召开的"中国这十年·福建"主题新闻发布会上，时任福建省委主要领导肯定全省广大民营企业家乐善好施，据不完全统计，10年来捐款超过200多亿元，2020年以来捐款捐物30多亿元。

（三）直面现实困难的向阳而生精神。乐观坚韧是遇到困难时企业家的精神底色。企业家们积极克服各种困难，度过一个个不平凡的关口，不免焦虑和担忧，但并不恐惧，依然保持积极和韧性，仍然对未来的市场发展充满信心。坚韧性是他们的精神内核，他们坚持用生存的韧性跨越周期的困难。他们坚信企业要生存下去就应该具备迎接挑战、迎接不确定性的能力，以及艰难困苦、玉汝于成的精神。

（四）敢闯敢试与规则意识的深度融合。福建省企业家敢为人先，敢于打破固有的舒适区，具有捕捉消费需求新变化的市场应变能力，体现出敢闯敢试、敢为天下先、敢于承担风险的企业家精神。但企业家的敢闯敢试并非不受约束，而是以法治意识、契约精神、守约观念等现代经济活动的重要意识规范，遵循市场规律，遵从法律规范，从而促进市场经济的良性协调与高质量发展。

（五）构建命运共同体的价值追求。企业不能独善其身，也无法单打独斗。在更加开放、共享、共荣的经济环境中，福建省企业家摒弃小而全、大而全的思维，用开放、互信的思维参与企业合作，跨越地理、文化、线上线下等差异，实现合作与共赢。

三、建功新时代，企业家大有可为

中国有着超大规模的市场，有很多传统的领域需要进一步转型升级，有很多新领域新赛道有待进一步开拓，未来蕴藏着巨大的创业机遇。时代呼唤广大企业家谱写新的创业史。

各级各部门持续在新起点上大力营造市场化、法治化、国际化的营商环境，促进各类经营主体公平竞争，支持民营企业发展壮大，依法保护企业产权和企业家权益，进一步激发了创新热情，加速释放创新红利。新时代、新征程，福建省民营经济一定大有可为的。

福建中小微企业将持续发展壮大，为新福建高质量发展注入新鲜活力，为推进中国式现代化作出新的福建贡献。福建创业者、企业家正以新的创新热情、创业豪情、创造激情，持续推进各领域创新发展，为全面建成社会主义现代化强国注入澎湃动力，凝聚成福建人追求中国梦的蓬勃力量。

让年轻人爱上惠女服饰

"我们当地人祖祖辈辈都穿惠女服饰，现在年轻人都不穿了，觉得惠女服饰快要失传了。所以我把它'捡'起来，做了很多活动，影响当地人。大家慢慢为穿家乡的服装感到自豪。"

—— 惠女服饰传承人李莹（化名）

一、守护家乡文化的载体

惠女服饰 2006 年被列入国家级非物质文化遗产名录，其设计别具一格，背后蕴含着独特的惠女精神文化内涵，是研究闽越文化传承变迁及中华民族多元文化交融的珍贵文化遗产，受到人们越来越多的重视与保护。然而，当代的年轻女性很少会穿着惠女服饰，这是当今世界所有传统文化传承中都面临的一个问题。

李莹是土生土长的惠安女，小时候她在母亲衣橱里看到一件传统惠女服饰"贴背"，被它独特的花纹和款式深深吸引，从此便与它结下了不解之缘。十多年前，李莹在惠安县城经营着一家影楼，经常认识一些艺术工作者，并带他们到风景秀美、人文独特的老家写生、采风。其中一位外地画家感慨于一些传统文化要素的流逝，对她说道，"你知道以后中国人会伤心什

惠女服饰

么吗？会伤心传统文化的远去。"

李莹意识到如果不去在意，不去传承，或许这么美的、承载着惠女文化的家乡服饰真的要面临失传的风险。李莹从此便在心里埋下这样一个种子：我家乡的服饰这么美，为什么不把它弘扬出去，让外界的人更多地了解惠女。惠女服饰，这是我家乡的文化，我一定要把它保留下来，让它传承下去！

近年来，惠安县在传承弘扬惠女特色文化方面做了大量工作，打响"最美海岸 风情惠安"文旅品牌。李莹想，要让传统得以继承，就必须让年轻一代人热爱，想要让年轻人愿意并且喜欢穿，就得让传统走进年轻人的审美。她开始琢磨为什么年轻人不愿意穿惠女服饰了，并通过自身的时尚审美积累和对人体服装构造的了解，开始钻研传统惠女服饰的改良与创新，想要通过契合年轻惠安女的时尚审美来达到守护这一文化载体的目的。

起初，她的服饰创业之路只是摄影和旅游之外的副业，但她依旧用心。在她的潜心钻研和大胆尝试下，她手中的惠女服饰经历了"临摹传统——改良版型——色彩出新——图腾创新"四部曲。最开始推出的几款改良版惠女服饰，也都在当地有着不错的销量，大街小巷里有越来越多的年轻人穿着她改良过的惠女服饰。由她独创的荷花刺绣图案还成功申请到了相关专利。

二、"生意场不会因你初出茅庐而仁慈"

不久，李莹发现有一些成衣店开始模仿她的改良版式进行生产与售卖。因为他们并不是私人定制，用料上也没有李莹讲究，加之多年来积累的客户渠道，很快便以价格上的优势获得了这场战争的胜利。于是惠女服饰市场上，出现了"劣币驱逐良币"的现象。"生意场上血雨腥风，不会因为你是个初出茅庐的新人而对你仁慈。事实是，当你崭露头角的时候，一些人已经眼红你很久了。"

李莹意识到了问题所在，但她的初心不允许她降低衣服质量去迎合市场。"我是想要弘扬惠女文化的，也不是想要通过做这个衣服来赚钱"。所以尽管这段时间的店铺门可罗雀，辛苦积攒的客源投向他人，一起合作的好姐妹们都劝她不要做定制了，也找个代工厂批量生产吧……她依然坚守初心，埋头在案前琢磨新的款式与图案，等待着属于她的时机。

李莹用十分的用心、百分的品质、与之相当的价格来保障她所制作的惠女服饰的价值。大家穿得久了，也逐渐发现她的衣服不仅款式新，质量也好，其他家虽然能有相同的款式但是没有一样的质量。于是回头客就来了。用她的话说，她撑过来了，她的惠女服饰也就越做越好。

2020年初，正当业务经营逐步风生水起的时候，市场环境变得严峻起来。"没有人需要拍照，没办法结婚，经营的影楼'关门歇业'；没有旅游业，没有画家、摄影师来采风了，手里的'惠女家园'旅游平台也陷入了停滞；组建的模特队也没有机会可以穿着惠女服饰参加表演展示了；大家都闭门在家不敢外出，自然也不会有人需要买新衣服穿了……"她意识到单靠自身的财力、物力和精力，难以兼顾这么多的工作或责任，便开始审视自己到底需要什么，到底喜欢什么，好像到了要做选择的时候了。

在再三思索、权衡下，她最终下定决心关停影楼，将旅游平台转与他人经营，自己全身心投入到惠女服饰、惠安文化传承的工作中来。她说："感觉人活这么久，要做一点有意义的事情。我们现在小孩子也长大了，赚的钱也够花了，家里人也支持我做这个事情，当地政府也很重视，我自己也愿意，想把这个事情做好！"李莹全身心都投入到了研发、制作惠女服饰上，于2021年成立了自己的服饰科技有限公司。

三、从"治小家"走向"为大家"

近年来，福建省各地重视妇女事业发展，开展了因地制宜的探索，积极支持妇女在经济发展、社会治理、文化建设等各领域发挥越来越重要的作用，激发"她智慧"，激活"她力量"，展现"妇女能顶半边天"的别样风采。这也与传承弘扬"惠女精神"的优秀传统文化精华相呼应。

2022 年 4 月，泉州媒体发布的"静止，即是前行"抗疫视频点赞、转发量均突破 10 万，闽南人"爱拼会赢"的精神被完全激发出来了。李莹动员惠女模特队的小姐妹们组成巾帼志愿者团队，穿上靓丽的惠女服装，制作热腾腾的爱心饭菜，送给医护、公职、志愿者们手里。在一群白色中，经过改良的惠女服饰色彩鲜艳，尤为引人注目，成为一道亮丽风景线。当地媒体进行了报道，引起了广泛关注，也让越来越多的人认识惠女服饰，感受惠安文化之美。

在李莹事业蒸蒸日上的同时，她积极献身公益，除了助力公共卫生事业之外，她还开办各种形式、各种类型的惠女服饰培训班，将自己掌握的缝纫技术与绣花技巧传授给更多的人，让越来越多的人了解这一非物质文化遗产，也让惠女服饰有了更多的传承人。2022 年暑假期间，李莹开设了 8 期惠女服饰相关缝纫技巧的公益培训班。她说："利用农闲时间，让更多农村妇女掌握一项新的就业技能，她们学会了，以后也能教给更多的人。"

20 世纪 60 年代首次凝练的"惠女精神"包括了"艰苦奋斗、尊重科学、无私奉献、拼搏创业"的内容。2021 年，惠安县第十四次党代会进一步总结提出"团结奋斗、弘扬美德、胸怀梦想、奉献时代"的新时代"惠女精神"。李莹说："新惠女是在乡村振兴中乘风破浪，把苦难轻轻咬在嘴角，优美地站在海天之间。"

曾经的她小小的肩膀挑土挑沙，扛过相机，做过旅游。如今的她拥有一批忠实的惠女服饰粉丝，申请了一项又一项相关的专利，还拥有许多"名头"。她对于惠女服饰的执着与热爱受到了当地人的好评，也获得了当地政府的认可，获得惠安县"优秀农村实用人才"、泉州市非物质文化遗产惠安女服饰代表性传承人等荣誉称号。

[人物简介]

李莹（化名），女，46岁，大专学历，致力于传承惠女服饰文化的惠安女，目前经营自己的服饰科技有限公司，从事惠女服饰研发、制作。

从"陈大厨"到"陈总"

"想出来、做出来，不仅需要阅历，更需要胆识。
这个时代更需要敢想敢做的精神。这大概也是我们福建
人的精神吧。你看，我生意做得比以前还大了。"

—— 农家乐老板陈立（化名）

1983年，陈立出生在福州北部寿山乡的一个小山村中。受到各种武侠小说的影响，年少的他不爱读书却爱冒险，渴望着像侠客一般"鲜衣怒马，追逐江湖"，在"江湖"中闯出一片天地。只上了七年学的他早早辍学，拜别了学校去社会闯荡。他的第一份职业是厨师，后转投其他生意。兜兜转转20年，最终又回到了灶台前。

一、村里首个返乡创业村民

陈立干过不少工作，却都干不长久。2000年后，正逢寿山石市场大火。陈立在看见身边有人靠着寿山石一夜暴富，便也打起了寿山石的主意。为了更好地摸清里面的门道，陈立甚至和几个兄弟一起前往老挝打了一年工。然而寿山石让这个18岁的小伙狠狠"绊了一跤"。"当时看到身边人都发财了，我就想这么简单我也行。谁知道越陷越深，最后钱都亏进去了。"在寿山石上栽跟头的陈立不仅把攒下来的余钱全用完了，还赔

进去了不少。为了能够早日还债，陈立离开家乡，前往福州打拼。在未来的十几年期间，除了 2008 年结婚，陈立再也没有回到过家乡。

2018 年 10 月，陈立老家被列为省级农村人居环境整治提升试点。在政策的扶持下，村里掀起了一波返乡创业潮。通过家里人得知了这一消息的陈立，在家人的劝导下，也成为返乡创业大队的一员。村里的第一家农家乐由此也孕育而生。

"人生真的就是各种选择构成的巧合啊。"陈立在灶台前发出这样的感叹。生活有时就是一个 0，少年时候满怀"侠客梦"，近 40 岁重操菜刀当厨师。

阔别家乡 18 年，陈立回到家的第一件事便是着手改造庭院。"回乡创业时，一切都没像现在这么好，东西都是旧的。一个厨房，一个杂物间，几张木桌就构成了这个农家乐。我和

▲ 农家乐小院墙上张贴物

妹妹两个人，虽然辛苦，但很有滋味，一切也是在慢慢变好的。"如今，陈立的小院从之前的 5 张桌子、10 多种菜色，增长到20 多张桌子、50 多种菜品，在旅游高峰期每天接待 40 多桌客人。随着生意越来越红火，陈立慢慢将精力放在了农家乐的管理上。但他仍然认为最重要的依旧还是怎么把菜做得好吃，怎么将客人留下来。

二、插上乡村振兴的翅膀

陈立昔日的老家，垃圾随处可见，杂物乱堆乱放，家禽四处乱跑，污水任意横流。近年来推进农村人居环境整治改善，老家成为真正意义上的绿色乡村。正逢 11 月，陈立看着枫叶渐红，光晕挂在细密的纹理上，思绪好像荡回了从前，感叹道："村里的绿化是做得越来越好了，多了很多灌木丛，环境也是比从前好了很多。要不是旁边那几棵老枫树，我都快认不出来自己的家乡了。"

老家所在的晋安区加大了对这个美丽乡村的宣传力度，很多报纸和电视台来这里采访。区、乡镇组织了许多乡村文化旅游活动，都让陈立感到"政府对我们的宣传和帮扶是非常多的。要不是政府政策，我也不会回乡创业，也不会有今天的成果。"尽管他对乡村振兴的具体内涵并不清楚，但是实实在在的农村变化让陈立骨子里十分认可乡村振兴。"对老百姓来说肯定是好的，乡村能发展起来都是非常好的，有回来创业的都做得还行。"

作为第一批回乡创业的企业家，陈立在取得成功后也从未忘记与自己生于同根的村民，经常与村民有着生意上的往来，平时店里忙的时候也都会直接雇村里人来帮忙。"我生在这，长在这，爱在这。村民有困难，我走起来了当然要伸出援手，村里面做的那些地瓜粉，我们也会直接收购，鸡鸭菜啊那些的也都是村民那边买的。猪啊牛羊啊那些也都是山上的。这也是一种先富带后富吧。我们和住宿的也有合作，那边提供住所，这边提供伙食。"

三、风雨过后还有阳光

餐饮业被有些人称为社会的"晴雨表"。近年来，餐饮业、已经密切关联的文旅服务业发展受到一些影响。陈立的农家乐也身处其中，生意走走停停。"没办法的事情。对我们这种做生意的人影响是非常大的，最直接的影响就是客流量的下降，收入的下降。有客人来就做，没客人来就休息。客人当然是越多越好啦，要是长期没客人来的话，就不太好了。"

好在相比于其他人，农家乐是在自家开店，不用交房租。大部分的活也是自家人帮忙，连做饭用的水也是从山上引来的，这些都帮助陈立节省了不少的开支。但陈立不得不克勤克俭。"我们一家人可都靠这家店，你看我也有两个孩子。要是不好好赚钱，怎么能保障他们的生活呢。"说到这，陈立笑了起来。岁月在他脸上留下了一丝痕迹，但也带来了更多的泰然与洒脱。

2021 年 7 月，陈立开了一家越野骑行基地。"闽清那边的一个俱乐部给了我灵感，在抖音刷到之后我就去那边实地考察了，就做起来了。"他投入 30 多万元，购进了 10 多部越野骑行摩托，还引进了泡茶、烤全羊等项目，从单纯的农家乐衍生出各种户外休闲体验项目。他还给农家乐小院从内到外翻新了一遍，庭院内用竹篱笆和鹅卵石搭建的花坛内花开正艳。

也是这一年，陈立注册了户外运动公司，从陈大厨正式变成"陈总"。谈到新开的业务时，陈立也得意地笑了笑："光靠农家乐这一条路能走多远呢。你知道人闲下来的时候就爱多想，我们生意人更是如此，而且不光要想，更要敢做。不仅需要阅历，更需要胆识。在这个时代背景下更需要这种敢想敢做的精神。这大概也是我们福建人的精神吧。"

数十年的打拼让陈立对厨师之道，处世之道有了更深的理解。"生意和烹饪其实都是一个道理，用心做食材，用心做生意。"陈立对食材的要求近乎苛刻，一定要是村里的，山上的，原生态的。容易腐坏的食材很少购买。他说，卫生与食材是餐饮的灵魂，为人正直、为商诚信、待人以诚是他的做人之道。"我这里最多的就是回头客，回头客应该占了80%左右吧。"回头客给了陈立骄傲的资本与底气，因为你足够好，顾客才会在品了那么多家店后，还记得你，还回来找你。"作为厨师，我要征服顾客的舌尖；作为老板，我要征服顾客的心。"

回顾过去的生活，陈立有自己的感悟。"天气也许不如预期，但要走总要飞。但不管飞到何处，飞到哪种高度，都应该记得自己的初心，记得自己来自哪里，受了哪些人的恩惠。我这个人最大的缺点就是顽固、不听劝，所以走了那么多弯路。但咱乡下人在泥里摸爬滚打惯了，受过苦受过累，走错路磕掉牙往肚子里咽。你看，我生意做得比以前还大了勒！"

[人物简介]

陈立（化名），男，40岁，福州人。初一辍学后外出闯荡，当过厨师，做过小生意。2018年10月返乡创业，成立村里第一家农家乐，后成立户外运动公司，从"陈大厨"转身成为"陈总"。

卖情趣用品的大学生

> "我们不只是在做玩具，其实我们是在做很新很前沿的东西，并且要结合很多文化和产业的发展，才能为行业注入新的东西，把这些东西结合起来就不一样了。"
>
> —— 大学生创业者黄洋（化名）

近年来，很多人就业越来越偏向稳定，"考编""考公"温度骤升。但对于一些人来说，对创新、创业的追求流淌在他们的血液中，镌刻在他们的基因中，只有不断突破自己、打破常规才是有意义、有价值的人生状态。

一、"铁饭碗没有灵魂"

"铁饭碗"重新被人们讨论和青睐。但黄洋从心里排斥这种稳定的有些固化的选择。"我认为这是非常畸形的，我从小就喜欢自由，不喜欢被束缚，我经常会去挑战规则。大家越不接受它，我越是想挑战一下。"

黄洋家里人生意做得很好。父母早早为他铺好了路，研究生毕业后去学校当一名高校教师，这是世人眼中一份很体面的工作。身边的同学也大都选择考公或升学，以稳定为主。但黄洋拒绝躺平，如果原地踏步，他觉得人生就没有什么意义。他想要不断突破自己。"为什么不能更努力一些？"

2018 年，当其他学生还沉浸在高考结束的喜悦之中时，17 岁的黄洋已经开始探索他的生财之道了。作为泉州人，"敢闯、敢拼"的精神深深地烙在了他的身上。

"一开始只是做做微商。但是我觉得效益太低了，就去做闲鱼。耳机啊，衣服什么的，反正什么赚钱我卖什么，就是感觉赚钱可以实现自己的价值。" 他甚至做过从平台扫货口罩再卖给微商赚取其中差价的事情，虽然起初赚了 8 万元，然而很快供应商卷钱跑路，导致 10 万元打了水漂。通过自己的摸索，黄洋也对市场的运作有了初步的了解，开始慢慢积攒了一些小钱，也结识很多生意上的"朋友"。

"有一个之前闲鱼卖耳机的客户，她给我转钱转错了，转了 8 万块到我这里来。我马上还回去了。她觉得我非常值得信任，就介绍她老公过来。她老公把我的货扫了，那笔订单他要了 1000 根测温枪。"当时测温枪 70 元进，170 元出，市面上卖 200-500 元，这一笔他赚了 20 万元。

黄洋没有停止探索的脚步。大三时，他争取到孵化园的创业项目，想做出租车司机的腰部按摩椅。他做了大量的市场调研和用户需求分析，项目也得到投资人的认可，愿意投资 50 万元。但在项目进展中，黄洋无法认可投资人的理念，最后他带着一众人走掉，项目也没有做成。虽没有将自己的想法化为成果，但黄洋开始从这里面思考投资人的盈利模型，学习其中的业务逻辑，也加深了自己创业的决心。

二、"大家越不接受，我就越想挑战"

近年来，"宅经济"发展迅速。很多人居家办公，与亲友隔离，孤独的情绪需要排解，情趣用品行业的市场需求增多。黄洋对这个行业做过精细的调研，他发现二次元行业的情趣用品品牌较少，且这一行没有行业巨头，当前市面上的产品不够好。黄洋有着自己美术专业的优势，凭借自己的设计和团队的技术完全，可以让这个行业的产品再上升一个层次。

"我去参观过东莞的厂，他们没有那么多想法。这些头部商家搞那么多钱，不去创新，不给用户带来更好的产品，活该被干掉。"黄洋想要创造一个行业的头部，谈到二次元行业情趣用品会让人们想到他的产品，就像使用避孕套会想到杜蕾斯，这是黄洋想达到的目标。

2022年4月，黄洋成立了自己的淘宝工作室，一个人既当客服又管运营生产、拍摄、对接供应链，拼命工作。工作室刚有起色时，棘手的问题也随之而来。如放在淘宝首页的图片没有注册版权，被竞争对手盗用注册反过来告自己盗用版权。黄洋无奈只能下架原来的产品，这也为后面的版权保护积累经验。他不断优化介绍，对比打样，从无到有创立了自己的品牌标识。

麻烦远不止这些。随着工作室订单越来越多，代工厂却出了问题。在早期做产品阶段，黄洋都是通过将照片发给代工厂的方式来进行产品的生产，而由于代工厂自身即做零售和批发，在黄洋生意越来越好的同时，代工厂自己的生意却越来越差。就算做批发也赚的没之前多，代工厂取消了与黄洋的合作。这造成了工作室订单堆积。黄洋想办法解决问题，不停地打电话，最终联系到温州的一家工厂，把供应链给补上。

三、"为行业注入新的东西"

黄洋的团队成员是一群有拼劲儿的年轻人。现在店铺业务正处于上升期，黄洋在厦门工业园租了一栋大民房。员工们吃住工作都在这里，早九晚九，几乎没有娱乐社交时间，各司其职，全身心投入店铺经营中，都奔着这一行的好前景好业绩去。

黄洋对自己的产品要求很高。"价格低但产品不好，消费者照样不买单，我就是要做出这个行业的优质产品。" 在美术方面，黄洋不断优化创作，精益求精；在面料配比、针线密度上也不断调试，力争给用户最好的体验。在运营方面，黄洋十分注重用户反馈，通过建立客户 QQ 群、微信群，收集用户使用体验和建议，及时反思产品设计存在的问题，以用户需求导向跟进产品的改进和创新。客户的复购率高，很多顾客已经在店里消费超过 2000 元。

身处急剧变化的时代中，黄洋非常重视学习，且十分善于模仿学习超越。他除了和同行业对比学习，还去参加阿里的培训课程。黄洋团队做了一个和工厂对接的新系统，突破传统的图片发给工厂然后工厂加工的模式，提高工厂和店铺之间的沟通效率。

未来，黄洋想将 AI 与自己的产品相结合，模仿动漫人物声音，给产品自定义声音和文本，给用户带来交互体验。"我们不只是在做玩具，其实我们是在做很新很前沿的东西，为行业注入新的东西。" 黄洋怀着一颗拥抱梦想的心，继续带领团队探索着行业的前沿。

[人物简介]

　　黄洋（化名），男，22岁，泉州人。17岁开始创业，创业经历丰富，勇于寻找创业新赛道，从做微商卖衣服、耳机，到成立淘宝工作室，售卖情趣用品，立志打造行业头部企业。

金融创业者的行稳致远

"我们也是小微企业，但我们秉持着专业的人做专业的事的原则，专心于金融服务这块，为中小企业服务，股票利润再高我们也不去干。"

—— 福州某金融服务企业法人代表林悦（化名）

民营经济和民间资本活跃的地方，金融服务业务的需求也大。不论是小微企业或个人，在遇到信贷、风投、融资等问题的时候，都希望找到能用好政策、整合资源、高效提供解决方案的金融机构为其服务。在这个新兴产业，利益的诱惑很大，承担的风险也很大。

一、艰难的创业

2022 年 12 月 11 日下午 18 时，福州市台江区的某高层写字楼里，林悦正在与公司高层召开会议，共同商讨着公司未来的发展战略。会议结束，他并没有立即离去，而是站在会议室的门口继续与人讨论着一些正在开展的项目。

林悦是这家从事实业投资、典当、个人与企业金融服务的综合服务企业的创始人。到今天，企业已经走过了 8 年的时间。

年轻时候，林悦干过许多的杂活，而最终吸引他目光的却是金融。得益于原先的职业，林悦发现许多的小微企业都实行轻资产运营模式，将产品制造和零售分销业务外包，自身集中于设计开发和市场推广等业务。小微企业的这种模式虽然能够降低公司的资本投入，但少抵押物的公司，其现金流和信用却难以被银行承认，大量的创业创新企业处于"求贷无门"的困境。这让他看到了商机。

2015年，凭借自己积攒的资源和人脉，他成立了这家金融服务公司。"小微企业需要有人帮企业做诊断，有人引导他。人社、招聘、融资辅导，领头羊的经验，行业评估，我们帮企业梳理这些东西，帮助他们解决一些问题。"

近年来，金融服务业也受到了一些宏观经济发展环境的影响，林悦的公司也不例外。"一些项目因为人员限制效率变慢，周期也变长了，公司付出的时间翻倍，收入还是一样，这对客户还有公司都是很不利的。"不仅是林悦的公司出现困难，自己许多的老客户也倒在了困境中。"路过看到他们店面都是空的，心里也不是滋味。"

有时候公司即便无法正常经营，100名员工的底薪却还要照付，几百平的店面房租也要照交。对于林悦而言，这每月几十万元的开销都是实打实不可避免的。人力资源问题同样困扰着林悦。"一些经验丰富的老员工要么回老家，散落在天南地北，散很容易，想再聚起来就难了。"

二、"什么节点做什么事情"

"只要还能够运营，就不会放弃。"即使面对困难，林悦也并未坐以待毙，而是从行业中看到了自己的方向——转型。

整个金融行业的内卷的背后是利润的降低，行业也处于病态之中。在这个风口浪尖处，林悦率先开始了自己的转型之路。"我们选择和保险公司合作，从原来使用现金改为使用银行保单，这样一来降低了企业的成本，另一方面公司的利润也在提升。"

此外，也许是金融行业者独有的敏锐性，林悦将目光放在了线上服务。"作为服务于企业和企业之间的桥梁，我们传统的服务模式是和客户面对面去沟通。我们现在正研发一款可以线上给客户提供服务的小程序，通过将所有银行准入条件录入数据库，客户筛选就能给出一个很好的建议。"这一应用还处于内部试用阶段。无纸化、线上化模式降低了用工成本。在这个过程中，如果客户需要深度引导，服务也能进一步跟进。

与此同时，公司开始开源节流。开源节流是 2021 年以后整个中介市场的鲜明写照，很多行业取消了员工的底薪。为了节省开支，增加员工积极性，林悦公司对员工实行了劳务派遣制。"只要做事就有工资拿，每一家优秀的企业都不养闲人，我们偏向有工作能力和经验的员工。"

"什么节点做什么事情。"林悦说。专业的人还是应该做专业的事。"前段时期买厂房很赚钱，很多人贷款去扩张房地产，投完后收贷的时候，钱却收不回来。我们就专心做好专业的事就行了，现金流很重要。"转型升级、开源节流，公司迎来了转机。

三、如何走得更好更远

在林悦服务的客户中，许多公司发生了逾期现象。归其原因，林悦认为主要的问题还是在于防范意识不足。"很多企业都是因为信息不对称而硬撑撑倒的，这些企业很少会去收集各个银行的信息。就像人们是生病了才去找医生，出问题了才找律师，小微企业也是一样。大多数企业只知道埋头赚钱，没有风险防范意识，且考虑到成本问题，大多数小微企业不会设置风险管理部门。"

为了强化风险意识，林悦很重视经常性向高校教授请教宏观经济和行业发展动向及政策，也经常和金融行业相关的人们聚在一起喝茶、聊天，及时掌握市场变动情况。在这一过程中，不断去思考可能的风险，已经出现困难如何应对。

秉持着专心做好金融服务的心，林悦还认为行业发展迫切需要建立行业标准，强化政府引导。"国家的低息流转政策对金融这个行业有所帮助，有利于金融服务机构的发展。但对金融服务的管理标准及细则还没有建立起来，归根结底是要建立行业规则。""行业协会做行业评估，帮助企业诊断未来的发展形势方向。也可成立行业专家组，对企业经营开展相关培训，帮助创新创业企业走得更好更远。"

"选择某个行业可能是偶然，但你一旦选择了，就必须用一生的忠诚和热情去对待它。"林悦明白，只有不断地发展，不断创新，才能在风险再次来临时屹立不倒、勇立潮头。

[人物简介]

　　林悦（化名），男，44岁，闽侯人，本科学历。2015年成立金融服务公司。面对困难开始转型之路，呼吁建立行业标准和强化政府引导。

不曾止步的传统行业人

"云雾散开后，天一定会更亮。罗曼·罗兰说，真正的英雄主义，是在认清生活的真相后依然热爱生活。生活不会停，人的梦想也不会停。创业的路不好走，但我会接着走下去的。"

——建设公司老板许金（化名）

传统行业是国民经济的重要组成部分，关系着无数人的生计。近年来受到各种因素影响，一些传统行业运营成本直线上升，运营压力增大。面对市场环境的变化，一些追求梦想的企业家力求为传统引入新的活力，改变传统现状和粗放型的生产管理方式，推进行业良性发展。他们的身上，折射着当代中国经济转型发展的现实状况和从业者的心态走向。

一、"远洋渔业没那么脆弱"

林强是福州一家远洋渔业公司 CEO。他所在的公司是家族产业，主要在公海进行阿根廷鱿鱼和秋刀鱼的捕捞作业。林氏公司主要经营远洋渔业，以阿根廷鱿鱼和秋刀鱼为主。秋刀鱼捕捞属于新兴领域，我国台湾及日本起步较早，大陆从 2000年后才逐渐开始秋刀鱼捕捞。目前全国有秋刀鱼捕捞牌照的渔船有 60 余艘，林氏公司拥有 4 艘。可以这么说，大陆食用的秋刀鱼，每 15 条当中，可能就有 1 条是林氏公司捕捞来的。

秋刀鱼的捕捞过程显得滑稽而喜庆。夜晚，船长通过雷达锁定秋刀鱼的位置，然后用鱼灯吸引秋刀鱼到船的周围。在红色的鱼灯照射下，鱼群逐渐平静，然后渔船用一个类似于吸尘器的装置将秋刀鱼吸上来装箱冷冻。林强开玩笑说，"我记得上一个为了追寻光而失去生命的好像是夸父。"

但在丰收喜庆的故事背后，远洋渔业人有着独有的辛酸。"远洋渔业本身就是一项困难重重且有风险的事业。"从领海基线量起，200 海里之外便属于公海区域。远洋捕捞作业基本都在公海区域内进行。林强说，"船员心态和出海成本是我最担心的事情"。渔船一年出海两次，一次半年。这半年里，船上所有人几乎过着一种与世隔绝的生活，只有一个多月的时间在忙着捕鱼，其他时间都在无所事事、喝酒、打牌中度过。因为网络信号不好，船员们在漫长的出海讨程中都不能给家里打个电话。船员平均年龄在 35-40 岁，都是男性，他们在船上最牵挂的就是自己的家庭。半年，对于很多人来说就是极限。等到靠岸之后，船员们往往需要通过一些报复性消费来治愈漫长的煎熬，而渔船则稍做休整，换一批船员开始下一波捕捞。

近年来，全球疫情形势复杂，这"半年"时限成了一个变数。整个世界范围内，很多港口外堆满了船，排队、卸货、检测、消杀、隔离，入港时间被大幅延长。原来船员们只需要一周便可"解放"，有时却需要 2 至 3 个月。这对船员的精神状态带来了极大的挑战。"不仅时间被加长了，而且他们还会担心家人是否有风险。船上消息闭塞，船员们只能干巴巴地等着。

风浪中分拣渔货的渔民（蔡祥山 摄）

公司考虑到这些，给船员们涨工资，但钱不能帮他们解决这种担心，只能算是一点安慰。我记得有个小伙子刚结婚不久，本来他靠岸后刚好迎接孩子出生，结果因为在船上耽误了两个月，最后也没能赶上。都是靠几条船混饭吃的兄弟，我知道船员们心里着急。但这事我们也没有办法解决，只能熬。"

伴随着停靠时间的延长，公司的捕捞成本直线上升。两三个月的停泊费用高昂，单是渔船的停泊费就要每天1000元，有一段时间价格甚至还有所上涨，但这只是所有成本的冰山一角。原来很多船直接停泊马尾港，因为排队原因绕到大连等其他港口，外加油价不断上涨，进一步加大成本。林氏公司以前的船员包括福州、台湾，东南亚等地招募来的，为了安全舍弃了太远的和外籍船员。相比于东南亚的外籍船员，大陆船员的工资更高。林林总总算下来，每多停泊一天，公司成本就增加近 10 万元人民币。两三个月下来，公司成本增加了几百万。

如果遇到意外，鱼货翻检没能过关，成百上千吨的鱼货只能销毁，亏损将以千万计，这会给公司带来毁灭性的打击。"好在我们公司运气不错，没遇到这种大灾难"。

成本在增加，鱼货的价格却在下滑。这与一段时间的冷冻食品危机有关。有很长一段时间，"冷冻海鲜产品不安全"的传言造成消费者对冷冻食品的恐慌与排斥，抵触心理直接导致一些冷冻食品价格下跌。2021 年 1 月，中国科协科学辟谣平台与中国食品科学技术学会共同发布了"2020 年食品安全与健康流言榜"，对十个流言进行辟谣。其中第一条流言就是"冷链食品外包装不安全，不能再吃冷冻食品了"。第四条流言是"吃冷冻肉有害健康"。权威机构的科普工作对行业的健康发展具有重要的意义，让行业人感到欣慰。

渔业生意受到挫折后，林强开始寻找新的发展机会。他看到了近几年蔚然成风的预制菜。预制菜是经过预加工的成品或半成品，拆开包装后通过加热或蒸炒等就能直接上桌。经济高度发达的社会，生活节奏繁忙，缺少制作传统饮食的时间和精力，方便食品很快就打开了市场。在日本，预制菜成为深入国民日常生活的产品。中国人的生活节奏日益加快，做一顿饭对于工作忙碌的年轻人已经成为一件十分奢侈的事，做饭时间成为需要计算的重要生活成本。近年来，外卖的迅速兴起也印证了这一点。但外卖存在一些卫生状况和食品安全隐患，预制菜的商机就浮现出来。

林强想，他的远洋渔业可以提供原材料的支撑，能消耗囤积的冷冻鱼货，原有的客户资源也能起到助力作用，这样一定获得不错的收益。说干就干，他迅速拉起了一个团队，就用渔船捕捞到的鱼来制作预制菜。他首先推出了酸汤巴沙鱼、川香水煮巴沙鱼等，几次试吃和消费调查都得到了良好的反馈，他信心倍增。他还制作了精良的宣传海报，在他的商业合作伙伴处多次聊起他对预制菜市场的美好创想。

但新行业的深浅难以预料。小范围上架后市场反应平平，再加上多家"行业大鲸"纷纷涌入这个赛道，给刚刚起步的林氏带来有形无形的压力。最终，林氏撤走了资本。

回望这一次尝试，林强认为撤资是明智的举动。那段时间多家预制菜公司爆雷倒闭，市场陷入了一段时间的低迷。但林强心底对预制菜市场还留有一丝余温，"我还是认为预制菜大有可为，如果再有机会，我会再次投入，现在还需要积累。"

虽然预制菜的尝试以失败告终，但林氏公司总算是挺过来了。

在林强看来，福建省水产行业正处于上升阶段，并没有那么脆弱。他的渔民朋友们也对中国渔业抱有极大的信心，"只要把海洋和市场交到渔民手中，我们很快就能把福建的渔业市场做大，福建渔业也没那么脆弱。"

二、建筑人的柳暗花明

2008年，初出茅庐的许金选择进入房地产行业，在国内某著名房地产公司担任职业经理人。或许在外人看来，许金的未来一片光明。而不甘如此的许金，有着项羽"彼可取而代也"和刘邦"大丈夫当如是也"的雄心壮志。"我不甘只是为了别人打工，我觉得人这一辈子总要为自己而活，为梦想、为野心而活。"

2019 年，许金创业，创立了自己的建筑公司。初期除了搞建筑，许金还经营过原材料开采，做河沙采集。"有关建筑的所有东西我都摸了一遍。"早期建筑施工所需的沙子都来源于闽江等流域，许金靠着这也确实赚了不少钱。但随着生态保护工作的不断提升，政府禁止了河沙的开采，这使得建筑行业被迫转用机制砂。许金放弃了开采河沙的工作，转而全身心投入到建筑公司的运营上。

通过这几年，公司规模不断壮大，发展至今，员工数扩大到 35 人，在具体项目上有管理人员 100 多人，施工工地上来自全国各地的建筑工人更是数不胜数。

但接下来的一段时间，因为部分地方交通管制等情况，许金的企业出现了严重的困难。部分项目工人无法上班、原料无法运送，工期延长，无法按时竣工。"人员返工隔离、防疫物资采购、增强日常监测监控，这些都使得我们费用增加。"困难远不止于此。"大家买房需求的下降使得房地产行业很不明朗，这对建筑行业造成了巨大的伤害。"许多建筑公司支撑不住而选择破产清算，许金的企业也在风雨中飘摇。

许金创业伊始，还没有来得及享受多少建筑业红利，就要面临生存问题。作为一家建筑业中小企业，许金的公司很难享受到一些政府部门的优惠政策。作为私企，向银行贷款也不便利。资金问题压的许金喘不过气来，深陷泥潭的他也只能个人垫资，或者吃以往项目资金的老本。

"能做的只有咬着牙关往前走，想要活下去，就要给自己找活路"。许金也想了不少法子，他把闲置的塔吊、外架、脚手架等建筑设备租赁出去，虽然租赁收入和往年相比有所下降，但终究也是解了些燃眉之急。

但随着形势不断变化，许金不得不裁掉一部分公司员工，以此来降低用人成本。"如果不裁员那就只能拖欠工钱了，真的是没有办法了才会出此下策，为了生存那就要忍着痛往前走。"但许金坚决不拖欠工地工人工资。"我工地上的工人们大多来自河南、四川农村，他们背井离乡来到东南沿海就是想要讨份生活，他们愿意跟着我做就是信任我，我不能辜负大伙的信任。有时候开发商没能及时把工程款打给我们，我们就会垫资、贷款，想方设法将资金存到一个工资专户上，再定期发给这些工人们。"

一个很重要的难题是尾款的回收。建筑行业的施工周期漫长，换到手的只有高的风险和低的收益。投资一个项目从签订合同开始到最终验收，几乎都要经过五六年的时间。虽然实际工期不会拖到这么长，但是建筑行业的最终验收程序复杂，要求繁多，有很多项目都已经完工好多年了，仍然欠着一部分的费用没能拿到手。"有项目做了6年了钱也没都拿到手，认识的好几个做建筑的也都被拖欠了工程款。"直到现在，许金手头里也还有几个尾款还没结的项目。

经济下行压力下，房地产市场行情不明朗，使建筑行业蒙上了阴影。"撑住"也是他这两年来的关键词，他相信再艰难也总是有办法支撑下去。

许金现在正在做的一个项目位于福州高新区，2023年元旦后施工进程加快了许多。等到这个项目完工后，许金也希望考虑转型，但无论如何，他都决定在建筑业中死磕下去。"云雾散开后天一定会更亮。罗曼·罗兰说，真正的英雄主义，是在认清生活的真相后，依然热爱生活。生活不会停，人的梦想也不会停，创业的路并不好走，但我会接着走下去的。"

三、非典型"装"二代

陈九，目前是智慧装修平台、新建筑装饰公司、美居空间等几个小企业的法人代表。陈九父亲就是做装修行业的，所以他是一个"装"二代。但在经历了做装修业包工头、外包等后，他从台前走到了幕后，从"唱戏人"变为"搭台者"。

大学毕业的陈九先是在电子商务中心工作了两年，后进入服装行业，赚了一点小钱。随后和朋友一起搞起了智慧社区，这段经历让他与互联网结下了不解之缘。几年的冲州过府后他又重新回到装修行业，"继承"父亲的衣钵。

近年来，房地产市场不景气，装修行业更是难上加难。其影响直接辐射到产业链中的各个相关人员，如工人、设计师、供应商等。生存困境之下，出现了一些行业乱象，甚至出现一些破底线的东西。"亏本生意都有人做，为什么会出现这种局面呢，因为没顾客就被淘汰了。这个时候冒险的就来了，你10元我8元，你7元我6元，不管怎样先把客户拉进来。前期低价格拉客户，后期延长工长、增项、减料，再把利润补回来。最终客户不满意度，公司没有回头客。"尽管对装修公司的模式与困境了如指掌，但他内心始终认为，这种恶性竞争既恶心了同行，又恶心了顾客，最终是整个行业和客户的双输。

装修行业不应该朝向这种趋势发展。在市场恶劣的情况下，一味内卷，最终整个行业都没有好果子吃。他的身边已经出现越来越多转行的人。"行业需要调整，我们须需改变！而危与机总是并存的。这就像我们服务客户一样，有痛点才有需求，有需求才能收获价值。谁能解决痛点，谁就可以获得巨大的机会与丰厚的回报。"

陈九思考如何能让同行拥有一个公平的竞争环境，让顾客少花冤枉钱，得到更好的服务。沿着这个思路，创立平台的想法应运而生。"我们改变自身定位，由一个行业竞争参赛者，变成提供行业全生态链服务的平台。我们搭台，拉人来唱戏，重新组织生产关系。"

2022年，陈九变更公司名称与主营业务范围，启动"智慧装修平台"项目计划。一体化的平台以让装修服务更透明化，简化关系，节约成本，提升效率。平台的现金流向接受政府监管，进料、施工通过系统去监控，监管更精细化。平台还能做到智能化推送，让顾客能得到更多的选择。"顾客能在平台上选择自己心仪的方案，对比各种材料的价格，知道钱花在哪里了，少了很多暗箱操作。"透明公平才能防止恶性竞争，才能真正地让装修行业良性循环发展。

作为土生土长的闽侯人，陈九认为自己传承的那种拼劲、闯劲是他突破困局的法宝。他说，"我个人认知中的福建企业家，多数敢闯敢拼，所谓'爱拼才会赢'。敢于直面挑战，豁出命来干事业，搏出一个未来！创新才能颠覆现状，涅槃重生。"

[人物简介]

林强（化名），男，30 岁，福州市某远洋渔业公司 CEO。家族产业主要是在公海进行阿根廷鱿鱼和秋刀鱼捕捞作业。近年来曾尝试进入预制菜行业但并没有成功。目前公司运营稳定，对福建远洋渔业发展充满信心。

许金（化名），男，34 岁，永泰人，本科学历。做过地产职业经理人，后进入建筑行业，创立公司，凭借一股韧劲，于困境中坚守。

陈九（化名），男，42 岁，闽侯人，本科学历。先后经历多种工作，回归装修行业成为"装"二代。思考走出行业内卷和恶性竞争的途径，搭建"智慧装修平台"，从行业"唱戏人"变为"搭台者"。

第五章

"新福建人"：流动的活力

导　语

　　福建的历史是不断吸纳外来人口流入的历史。改革开放以来，进入福建省的外来人口规模更是不断地扩大。随着外来人口的不断涌入，当地文化与外来文化交流交融，丰富了福建省多元的文化风貌。同时，外来人口从"漂泊"转为"新福建人"，在生存与发展的同时，融入社区、融入社会的共同体，成为八闽百姓的新鲜血液和组成部分，为福建经济社会文化发展贡献着力量。

一、开放包容的八闽大地

　　历史上，我国北方中原地区经历多次朝代更替、藩镇割据、军阀混战，中原汉族持续大规模向南方迁徙，部分移民进入福建地区。

　　移民们手握新型工具，将高山、河流、森林、沼泽征服，福建四大平原也统统变为粮仓。木兰溪下游冲积而成的莆田平原在隋代还是一个长满蒲草的沼泽地，经过水利改造成为福建较发达的区域。闽江、晋江、九龙江冲积而成的福州平原、泉州平原、漳州平原也同样如此。日益增多的人口开始走向近海，甚至走向更深的远洋，渔业、贸易迅速发展起来。福建在海外贸易中崭露头角。宋代时，福州、泉州已成为繁华的港口城市和全国造船中心。

新移民的持续流入不仅促进了福建地区的开发与经济发展，也推动了福建文化的发展。大批优秀官员被派入福建地区，推动文治教化的展开，长期被视为"化外之地"的福建"由是俗一变"。北方人口陆续入闽，改变了福建人的血缘构成。大量移民与当地土著通婚，以致当他们的后代追溯祖先时，往往追溯到北方中原，彻底强化了闽人的文化认同。

一定程度上，移民的历史塑造了福建的历史，移民的文化塑造了福建的文化。

如今，福建依然是人口流入大省，其中包括了大陆各省人、港澳台同胞、外国友人等不同的群体。他们或在福建就业创业，或在福建长期居住，有的已经在福建组建了家庭。他们组成了数量庞大的"新福建人"群体。

二、"流动"与"漂泊"

由于较强的流动性，外来人口往往被冠以"漂泊"的标签。他们与自己的故乡、父母、儿女有着千丝万缕的联系，而"流动"是他们谋求生存的前提条件。他们在新的流入地生存，建立新的社会关系，尝试融入新的文化体系。由于陌生而产生的"漂泊"感，成为外来人口这一庞大群体所具有的共同心理。

"漂泊"是一种复杂的心理状态。流动者眼前的最近端是正在建立的新的社会关系网络，而远端则是他们的故乡。如若消失在这两端，近端和远端都无从依靠，那就是所谓的"漂泊"。人需要锚定在关系之网中，而流动者却总是脱离于这之外。他们想要拥抱新世界，却在庞杂的城市中难以寻求"再嵌"。而旧世界里的故乡，却与自己又越来越疏离、模糊。[32]

外来人口本就因关系网络的陌生和经济压力的搅扰而难以获得归属感，社会环境的一些波动变化更是成了检验新的在地联系是否形成的试金石。在面对困难时候，流动人口经常会因为难以与自身熟悉、亲近的地景保持紧密的联系，在心态上更容易遭受比常人更为严重的冲击。他们牵挂着故乡和远方的亲人，为生存状态倍感不安。流动者群体成为心态与价值观念研究的重要关注对象。

三、建立"共同体"

党的十八大以来，中央对社会治理创新逐步进行了全面、深刻、系统的阐释，明确提出"建设人人有责、人人尽责、人人享有的社会治理共同体"，确立"建设共建共治共享的社会治理制度"。2023年政府工作报告再次提出，"加强和创新社会治理。推动市域社会治理现代化，完善基层治理，优化社区服务。"

开放包容的氛围与团结友善的社区最能及时帮助到个人，让流动者心态安定稳定下来。越来越多的社会学家呼吁重建"附近""邻里"的社会纽带。"附近"将不同的立场带入同一视野，人们可以对现实形成更细致的理解，反思个人生活、参与公共讨论，从而发展出新的社会关系和行动。[33]进一步探

32. 严飞. 悬浮 [M]. 桂林：广西师范大学出版社，2022.
33. 项飙，张子约. 作为视域的"附近" [J]. 清华社会学评论，2022(01)：78-98.

索外来人口参与社区治理的有效路径，是实现社区治理的"善治"的重要内容和支撑。

社区是一个"共同体"，情感共同、利益共同，身份认同、在地融入、共同联系和社会互动等都是社区治理的必备要素。我国的社区建设起步于 20 世纪 80 年代中期，与改革开放后社会转型基本同步，大体经历了从"社区服务"到"社区管理"再到"社区治理"三个不同阶段。[34] 当前社区治理还面临着许多现实困境和问题。其中较为突出的即比较注重社区治理的所谓绩效和指标，对未来的风险没有充足的预判，相关基层部门负责人处理突发公共事件能力欠缺等。治理方法的传统、单一，会让居民对社区丧失信心。

人是未来社区、未来城市的主体，也是确定未来不确定性的唯一确定因素，人文性的核心是教育人、尊重人、关心人、理解人、爱护人。"善治"目标启示我们关注社区治理的有效性和人文关怀，给予居民以物质和精神双重的支持力量。

另一方面，社区人也积极参与集体行动，表现出社区的行动能力。近年来，在公共社会事务中，我们越来越多地能自发主动行动的居民、志愿者的身影，看到居民互帮互助的事迹。我们观察的一些案例中，一些社区居民在他人遇到困难时候主动给予物质或精神的扶持帮助，受到帮助的人反过来也会以自己的方式回馈邻里、社区。这增强了他乡的游子对社区的归属感，也让他们进一步深化"新福建人"的身份认同和文化认同。

---

34. 吴越菲, 文军. 作为"命名政治"的中国社区建设：问题、风险及超越 [J]. 江苏行政学院学报, 2015(05)：64-70.

一批批"新福建人"从各地流向八闽大地，并与这片土地形成紧密的联结，为福建经济发展和文化繁荣事业注入了强大的能量。理解他们，才能理解福建，也才能理解一个日益流动的中国。

泉漂、古城、送王船

"我觉得'新福建人'对我来说不仅意味着在福建工作和生活，像泉州这样的地方有很多人文关系，你需要了解它、感受它，成为它的一部分。某种程度上，我觉得是这些关系让泉州老城表现出强劲的韧性。"

—— 手艺人闻彬（化名）

32 岁的闻彬是个紫砂壶手艺人，坐在泉州后城巷的咖啡馆，却用人类学的概念"广义人文关系"形容着泉州。他希望由此说明这座城市独特的逻辑。传统泉州有 36 铺、94 境，铺镜系统作为社区生活的支撑，在闽南丰富的信仰和文化体系下编织出古城的肌理。闻彬的妻子是社会学者，她研究考察的一个重点对象是闽南的"送王船"民俗。今天的泉州有很多人不愿意搬离古城，就是因为这个融合社区、仪礼与宗教的空间能满足他们对生活的想象。人从来不是以单体的状态存在，"广义人文关系"形容人如何在与他人、神明和器物的关联中形成相互支撑的人文共同体，泉州古城民众正是在邻里、先祖、庙宫等诸多关系构成的致密网络中实践着这座城市的逻辑。

在闻彬看来，泉州的意义在于提供了"现代城市生活的另一种可能性"。他相信这也是越来越多的年轻人心仪泉州成为"泉漂"的原因。泉州正在像拉萨和大理那样成为很多人心目中的"理想城市"。在来到泉州后，他尝试度过一种多少游离于现代标准模板的生活。他以传统手工艺为生，坚持与邻里攀谈，让迥异的生命经验在社区关系中缠绕。他和家人开始像本地人一样在初一和十五吃素食、做仪式，在泉州城到处弥散的香火中感受无形的护佑。在他看来，泉州提供的"另一种可能"打破了现代人往往经历的与城市历史的断裂以及与他人的疏离。当不确定性笼罩生活时，这座城市也拥有更多资源来展示它的坚韧与温情。

一、"成为泉漂既是被动也是主动"

闻彬来到泉州是因为他的妻子。他们都是江苏宜兴人，从小是同学。高考后，闻彬被吉林大学地质学专业录取，妻子进入中国青年政治学院学习。异地生活的四年漫长而充满期待，两人相约在北京读研。2012 年，他的妻子考入北京大学，闻彬在第二年考入中国地质大学。

由于在北大附近租房，闻彬经常有机会到北大蹭课。他选择旁听的全都是人文社科类课程。"有一门课给我留下很深的印象，它讲宋元时期的人与山水和国画的关系，那种充满人文气息的生活状态让我十分神往。"

彼时的闻彬从未想过他会在泉州这样一座有宋元遗风的古城生活，但是他已经开始考虑转向更具人文性的行当。作为宜兴人，闻彬的父母一直在成都送仙桥古玩市场卖紫砂，至今已有二十余年。在北大旁听的几年，闻彬渐渐意识到这项家族营

泉州老城风貌

生的神韵和气质。硕士毕业后，妻子继续读博，他放弃了学术。那时的紫砂市场有不错的行情，闻彬回到江苏宜兴拜师学艺，从学徒开始成为职业的紫砂匠人。

2015年，妻子为了完成博士论文，开始在泉州和安溪开展一项十四个月的田野调查。为了照顾妻子和刚出生的女儿，闻彬开始频繁往返于泉州和宜兴。在泉州时，他会陪妻子开车去乡下的区县和村庄调研。他流连于闽南社区厚重的文化底蕴以及那份人间烟火的真实感，泉州逼仄暗淡的老城旧巷、水雾缭绕的乡野小路、神秘多元的信仰生活渐渐抓住了他。

"如果从古城的鲤城区向北，你会依次穿过溪灵宫、府文庙、香火盛极的关帝庙、生长着繁茂古榕的承天禅寺，在这之间，花巷天主教堂的红色十字与清净寺的穆斯林穹顶遥遥相望。"在闻彬看来，这些不同风格的建筑见证着这座土地如何包容外来者的扎根。泉州生活像暗河一般在这个闪着光的、被灵性笼罩的空间流淌，人的祈愿、困境与幸福全都漂流其中。不管是街边的义诊医馆、为室外劳作者免费提供的奉茶、与古厝比邻而居的美发店、关帝庙琉璃屋脊下被灯火照亮的广场舞，还是闽南方言声中缭绕的香火和杯筊及地的脆响，泉州生活比闻彬在江苏、北京和成都经历过的都更加真诚而持久。

2019 年，妻子从北大毕业，泉州文化机构邀请她来泉州工作，而且帮助她申请到省里的人才引进计划。虽然能够落脚到自己喜欢的城市，并享受不错的待遇，但妻子觉得定居成都更好。在成都，他们不用担心房子，闻彬父母多年的经营也可以让他制作的茶壶有更好的销路。但是闻彬却认为成都是个循规蹈矩的选择，需要按照父母给定的轨迹生活，更爱泉州这座古老而富庶的小城。

"泉州是个有趣的地方。这里的古厝和寺庙散落在城市之间，达到圆融的境界，这在中国的很多地方都已经完全消失了。"在闻彬的想象里，他可以在泉州充分汲取养分，滋养自己在紫砂艺术上的创作。而且闽南有着发达的茶叶产业和饮茶文化，他希望能够开辟紫砂工艺与闽南文化的结合。就这样，两人选择成为"泉漂"。

二、"如果不是泉州，我不知该如何面对落差"

闻彬在泉州鲤城区租下了一套独门独栋的老院子作为工作

室，它原本是妻子在泉州做田野调查时与一位研究南音者一起租下的。这个古朴宁静的院子有一棵芭乐树，他们在这个院子里举办过读书会，留下很多情感和记忆。

生活是稳定而规律的。紫砂这门手艺讲究艺术性和创新，但是在本质上仍然需要漫长的学徒过程和创作经验的积累。闻彬每天都要重复打泥条、拍身筒这些最基本的练习。打泥条时要用力均匀才能保证泥片厚薄一致，这样出产的壶才不会变形。拍身筒时要手法稳定，才能让后期的壶在定型时显得饱满。正像手艺人需要不断体验和发掘才能有所精进，一把壶需要不断修饰和打磨才能成器。闻彬有时觉得自己还是太年轻、太着急。他愿意俯下身、沉下心，也知道一把好的紫砂需要千锤百炼的劳作。现在这个时代对年轻人有太多要求，专注于手中那块儿泥是个漫长而熬人的过程。

闻彬坦言在很长一段时间他都有巨大的落差感。紫砂这个行当现在讲求学历和职称，他在回老家的文化技术学校考取工艺美术方向的成教文凭时，人社局工作人员看着他中国地质大学的硕士文凭感慨："这么好的学校来做壶，书不是白念了吗？"在宜兴，曾经因高考落败而较早接触这个行当的同学，现在已经是紫砂界的前辈，一盏壶能卖到三千元到四千元的价格。成绩优异的他反倒成了连助工职称资格都没有的技术员。

他渴望形成风格，得到业内人士和市场的认可。但是由于功力尚浅，现在只能在传统器型里打转，除了父母的生意网络和熟人支持外，几乎没有销售的渠道。理想主义应付不了现实。学徒时期的他还能凭借一腔热情投入到钻研和学习中，但是在三年学徒生涯过后，家庭的经济压力、世俗眼光的拷问和行业的激烈竞争都逼迫他不得不环顾四周。妻子已经找到体面而理想的工作，在泉州开辟了自己的网络。他这个做丈夫的只能躲在鲤城区的工作室里，没有进展。

"如果不是在泉州，我可能很难坚持下来"。泉州能够吸引广大酷爱文艺的泉漂来创业，根本上是因为这里相对友好的房租。他的院子只需要每月2000元的租金，而且价格一直没有太大变化，这对闻彬这种充满不确定性的生意形态也算是可以承担的开销。泉州有800多万常住人口，人户分离的人口接近400万。当地政府对数量庞大的流动人口和来泉创业的年轻人，一直在权益保障和子女入学问题上给出较好的关照。虽然在买房时需要摇号，但是相对便宜的房价让人心安。泉州的经商传统和以创业为主的氛围也给这些新泉州人以自由的空间。以古城墙为界，泉州老城大概只有6平方公里，青年创业者之间的沟通非常便利，所有文创青年都有机会聚拢起来，打造出一个共同向上的环境。

比这些更重要的是古城的文化氛围和它带给人的松弛感。作为历史文化名城和海上丝绸之路的起点，泉州沉淀了太多传统。在这样一个曾经联通世界的古老港口做手工艺者，没有让闻彬觉得和周围有太大的脱节。"这里不是北京和上海，商业没有完全脱离于文化。"

在泉州，闻彬有更多时间打理自己的院子和绿植，也更能够聆听自己内心的声音。他一直觉得自己所做的介于生意人和手艺人之间。做生意需要八面玲珑，做手艺需要心无旁骛。人与器之间、业与艺之间、人情世故与打泥做壶之间经常会有矛盾，这曾让他痛苦。"我不喜欢社交，我更享受做壶的过程，这会让我有成就感。"但在泉州待久了，这些矛盾也慢慢消解，他开始和工作室周围的人熟络起来。咖啡厅、香火店、甜品店的老板都成了他的朋友。虽然做壶的练习每天必不可少，但是他也享受邀上三两好友，用一壶新茶聊世间百味的时光。久而久之，泉州的朋友会偶尔照顾他的生意，或是介绍新的顾客给他认识。

闻彬对这样的生活乐在其中，特别是当做好的茶壶得到熟客的认可时，内心深处的喜悦和成就感让他觉得这一切都值得。业界的态度、经济的压力、世俗的眼光、家庭当中微妙的权力关系曾压得他喘不过气来，但是现在的他觉得自己正慢慢和自己和解。

三、"做一个漂得踏实的泉漂"

加缪在他的长篇小说《鼠疫》中写道："即使世界荒芜如瘟疫笼罩下的小城，只要有温情尚在，绝望就不至于吞噬人心。"闻彬觉得中国社会从不乏这样的温情，但是它在泉州绵延有力的"关系感"中得到强有力的支撑。

他记得在泉州记者朋友主持的广播中，听到困顿在家的抑郁症患者因为缺药而求助广播，听到广播后泉州出租司机通过微信群联系，让人情的力量以接力形式穿越边界，把药物及时送到需要它的患者手中。在闻彬所在的街道，很多商家和居民相互扶持，受邻里帮助的小生意者反过来也以自己的方式回馈社区。在闻彬所在的小区，四川人开设的理发店曾组织起来，义务为志愿者、公安干警和出行不便的老年人剪发，这种特殊形势下的行业行为一直延续下来。这些故事见证着泉州人在生活景观中创造出新的共生，在困难之时让社会的连接触及一个个个体，并从中翻新出更多的社会关系和纽带。

为了向妻子表示爱意，闻彬送给她一份意外的礼物。妻子的博士论文研究泉州，闽南的"送王船"民俗是她重点考察的对象。有一天在后城古玩市场闲逛时，闻彬发现一只曾经在莆田送王船仪式上使用过的"王船"。这艘木制王船船体狭长，竖在那里有一人多高，形状酷似龙舟，船身上有很多彩绘的花纹。闻彬把它买下来送给妻子，算是对两人相濡以沫的纪念。妻子把这艘王船摆在办公室里做装饰。这份礼物记录了夫妻间的呵护与关爱，展示了具有无限色彩的闽南文化如何在每个重要关卡支撑和包容着这个小小的外来家庭，塑造着他们对身居福建的认同。

2022年10月，泉州的博物馆举办了一场沙龙活动，闻彬受邀在现场展示紫砂的制作过程，与观众展开交流和互动。他还着手和德化县的文旅和研学机构建立联系，希望能找到把宜兴紫砂与德化白瓷结合的方法。一个好的迹象是，已经有越来越多的购买者出现。当自己热爱的事业在古城中步入正轨，内心中存在的对自我价值的焦虑也逐渐平息。

2021年7月，经联合国教科文组织第44届世界遗产委员会会议审议通过，"泉州：宋元中国的世界海洋商贸中心"成功列入《世界遗产名录》，成为中国第56项、福建第5项世界遗产。2022年，安溪铁观音茶文化系统也被联合国粮农组织正式认定为全球重要农业文化遗产。闻彬认为这都是对事业的利好。当越来越多的游客来到泉州体验这座古城和闽南的茶文化时，他们也有机会看到这里的人文社会网络并没有随着现代发展的冲击而势弱。"在泉州，人们仍然要去处理与社区宫庙的关系，处理与祖先的关系，处理与已经移民到南洋的华侨的关系……泉州人在过去最在意的各类家庭仪式和社区仪式，在今天仍是居民的头等要事"。

中国的社会学家一直呼吁重建社区，在越来越加重的时空疏离中重建属于"附近"的社会纽带与伦理。但泉州从来没有忽略最切近的人与人的关系，明清时期遗留下来的以地缘社区分类为中心的"铺境"仪式仍然是当地社区生活的重要基础。闻彬期待带着朋友们真切体验当代泉州生活的意义。

"我一直觉得泉州最美的树有三棵。"闻彬笑着说。第一棵树是他从宜兴回泉州时在火车站外看到的榕树。"它在公路中间被围起来，是我每次离家已久时回来见到的第一棵树"。第二棵树在泉州承天寺内，"这棵我每天去工作室都路过的凤凰树，有一次突然开出满树的花"。第三棵树是高架桥边上一棵巨大的榕树。"我只见过一次，我跟它属于擦肩而过，但还是被它震撼到了。"在里尔克的诗里，树总是在世界的中央，在天空搭建起拱穹。闻彬觉得能从这些树中看到自己的影子，努力以根茎盘结的姿态，在泉州扎下根来，并拱卫出自己的天地。

在物理意义上，闻彬承认自己是个"泉漂"。但是在精神层面，他觉得当下的生活已经足够安心。虽然来泉州这么久，夫妇俩还是不能很好地听懂闽南话，但是这并不影响他们融入这片土地。人与人的关系有时并不是通过语言来建立，切实的行动和关系要更为可靠。清晨撞到的早起敬香的阿婆，邻居送来的热气腾腾的面线糊和油条，散步时与附近小店老板的微笑和寒暄，闻彬对生活的感受和期待都会在这样一点一滴的瞬间被吸收进泉州的包容当中。

在福建生活起初是源于妻子的工作，但是爱上这片鲜活土地的也包括他自己。"我们可能永远都是泉漂，但打心底来说，能漂得这么踏实还是很幸福的。"

四、"送王船"

"我们要把闽南文化传播给这些外来人士，让他们本身融入这个城市。我们的这种文化有思想道德的教育、感恩的教育在里面。我们尊重大自然，尊重科学知识，比如海洋的水温、潮汐。海里面的水跟湖里面的水不一样，涨潮退潮，季风气候，这些是水文。我们的送王船就体现这些海洋文化知识。"钟山村"送王船"民俗文化传习中心陈远盛说。

"送王船"的仪式活动广泛流行于福建南部地区，尤其是"厦门湾和泉州湾沿海的村落和城镇"，并随着福建人向外开拓的步伐传播到台湾和东南亚。[35] 闽南的"送王船"通常在冬天举行，但需要提前制作纸糊或者木制的"王船"，在择定的吉日延请道士做"王醮"，最后将"王船"放入水中，任其随

---

35. 石奕龙.闽南人的王船祭与王爷信仰 [M].闽台缘文史集刊，2018(2).

参加"送王船"民俗文化活动的人群队伍

波漂走，此为"游地河"；或者将"王船"迁至一地，择吉时将其焚化，此为"游天河"。[36] 有关"送王船"的含义，历来有不同的诠释：一说"送工船"寓意送瘟，康熙《诸罗县志》记载："台尚王醮，三年一举，取送瘟之义也"[37]；一说是为祭海祈福、净化空间、祈求平安 。[38] "送王船"的习俗通常和"王爷"信仰密切相关。"王爷"对应的是一个复杂的神明系统，以台湾地区为例，当地所崇奉的"王爷"有106姓，以池、李、朱、温、苏、吴等数姓最多。[39]

36. 石奕龙．闽南人的王船祭与王爷信仰 [M]．闽台缘文史集刊，2018(2)．
37. 康熙《台湾县志》卷1《舆地志》，康熙五十九年序刻本．
38. 石奕龙．闽南人的王船祭与王爷信仰 [M]．〈闽台缘〉文史集刊，2018(2)．
39. 刘枝万．台湾之瘟神信仰；台湾民间信仰论集 [M]．台北：联经出版事业公司，1983：227．

生于钟山、长于钟山的陈远盛，谈到"王船"和"王爷"信仰，便有无尽的故事。

他说："厦门的王爷庙最多，比保生大帝还多；在台湾，王爷庙的数量也只仅次于土地庙，排名第二。"陈远盛十分了解钟山的发展历史，其原本是一个临海的村子，由于人为地围海造田才形成现在的地理格局。钟山水美宫供奉朱、池、李三位王爷。相传明朝时期，一名乞丐在海边拾到一个被海浪拍击到岸边的木盒，于是乞丐在埔尾路头一茶歇之处乞食时将木盒拆开，发现木盒内装着一面锦旗和三个铭牌，锦旗上书"恩赐代天巡狩，游府食府，游县食县"，铭牌上分别刻着"朱""池""李"三位王爷的姓氏。乞丐告诉当地的居民后，人们便在埔尾路头的茶歇处修建埔尾庵，供奉朱、池、李三位王爷。但也有村人认为，王爷实际有36位，本是36位进士，永乐皇帝令张天师施法时被误伤身亡，永乐皇帝于是册封36位进士为"代天巡狩"的"王爷"，恩准其"游府食府，游县食县"。36位王爷的灵魂遂化为神牌木盒，飘散四方，随缘随寓，埔尾庵就是朱、池、李三位进士选定的固定居所。[40] 农历六月十八、八月十八、十月十八分别是三位王爷的诞辰。

钟山三年一度举行"送王船"活动。在送"王船"当年，人们从正月就开始进行筹备，选出理事会成员。钟山分为四个角落——四芽、中社、上厝尾和后埔。理事会会长将由四个角

---

40. 钟山水美宫理事会，中山毂诒堂华侨联谊会，钟山水美送王船传习中心，蔡少谦. 钟山水美宫志(内部资料)，2022：42-43.

落的人轮流担任。正月初二，人们在轮值的角落中选出会长，正月初四，选出水美宫理事会副会长，副会长有 16 位，每个角落有 4 位。[41] 数月后，在宫庙竖篙灯意味着"送王船"仪式正式开始，随后进入造船阶段，历经安栈、顾神庵、养马、安龙眼、进水、竖桅、请帆、点金身、开眼等系列仪式活动后，王船的制作才宣告完成，直至"送王船"吉日前夕，再次延请道士做醮，请王船出栈。[42] "送王船"当日，在仙舟游境、王船在坞、请王、王船化吉的仪式活动结束后，整个"送王船"活动才正式完成。因此，"送王船"活动是一场持续时间长、花费资金高、参与人数多的盛大活动。

钟山"送王船"活动历来规模浩大。一位祭拜王船的老人家告诉我们，往年王船巡游的队伍在街上长达近千米，围观的观众足有上万人。由此可以想象钟山"送王船"的热闹场面及其在厦门市引发的轰动效应。

2020 年 12 月 17 日中国和马来西亚联合申报的"送王船——有关人与海洋可持续联系的仪式及相关实践"经联合国教科文组织保护非物质文化遗产政府间委员会评审通过，被列入人类非物质文化遗产名录。2022 年，恰好在联合国教科文组织规定的两年考察期内，而钟山名列向联合国教科文组织提交的材料之列。事实上，此次"送王船"成功通过联合国教科

---

41. 钟山水美宫理事会，中山毂治堂华侨联谊会，钟山水美送王船传习中心，蔡少谦 . 钟山水美宫志 (内部资料)，2022：121－123.

42. 钟山水美宫理事会，中山毂治堂华侨联谊会，钟山水美送王船传习中心，蔡少谦 . 钟山水美宫志 (内部资料)，2022：154－162.

文组织评审，钟山可谓居功甚伟，2016年，水美宫理事会在政府支持下，特意成立厦门市海沧区钟山村"送王船"民俗文化传习中心。2017年，"推动中国、马来西亚送王船联合申报人类非物质文化遗产代表作倡议书"在厦门签字，时钟山社区、海沧社区、石塘社区、芸美村、新垵村等沿袭"送王船"的传统的社区和宫庙皆派代表参与。[43] 陈远盛骄傲地告诉我们，钟山整理、呈送的有关"送王船"的资料最为完整，全部被采纳，自豪之意，溢于言表。

因为钟山"送王船"对于联合国教科文组织的考察至关重要，2022年是钟山的送王船年，"送王船"活动如期举行。上万人的聚集为相关工作带来极大的压力。同时，钟山隶属于厦门市海沧区嵩屿街道，目前已经发展成为一个周边人口密集的城市社区，"送王船"活动举行期间，消防、安保、交通问题都需要提前做好预案，届时派遣工作人员专项处理。

农历八月，钟山"送王船"的准备活动进入另外一个阶段，八月十五在福仁宫竖旗杆、升篙灯，八月十六"王船"安栈，开始制作"王船"。水美宫理事会从漳州龙海延请了造船师傅，造船工作在水美宫进行。陈远盛说："从这个时候，我们就不可以吃牛肉、狗肉了，要一直等到王船化吉以后才可以。"

参与筹备工作的人员在"送王船"这天形容这一段时间的忙乱："我每天都在不停地打电话、接电话，像表演团队会有

43. 海沧区文体局. 海沧区5座送王船宫庙签署中马送王船联合申报人类非物质文化遗产倡议书[EB/OL](2017-03-17).https://www.haicang.gov.cn/xx/ywdt/hcyw/jrhc/201801/t20180118_685844.htm

自己的时间计划和邀约，所以一切都要重新来过，一直到昨天下午，我还在联系一个晋江的乐队，还有一些道具都是临时购买的。"陈远盛也玩笑似地说："我昨晚还吃了三颗牛黄解毒丸，最近真的是忙得上火，已经好几天睡不着觉了。"筹备工作千头万绪，随时有各种突发状况需要处理，参与人员难免忙乱，尤幸，最终"送王船"圆满完成。

2022年12月11日清晨，"王船"已经出栈，停放在水美宫大门前，等待巡游开始的吉时，周边一带已是人山人海。

8:30，吉时一到，"送王船"的全副仪仗队伍准时启程。为了确保整个活动有序进行，水美宫将蜈蚣阁和王船行进路线区分开来，蜈蚣阁从海林路口进入沧林二路，经海富路、沧虹路，最终于在钟林路口并入"王船"行进路线。汇合后的"王船"巡游队伍，最先一名男子手提一桶水，后面两列女子手持扫帚，洒水净街为之开道，六人抬着钟山村的牌匾，又有一队人敲锣打鼓，手持"代天巡狩"的旗帜，装扮若古代衙役的仪仗队紧随其后。与之相隔数米距离的是身着黄色衣服、手持高幡的采莲头带领两队身着蓝衣、腰系绿带、头戴彩莲帽、手持船桨的采莲队，手持法器的道士行走在两列彩莲队中间，共同组成一个方阵。随后就是本村活动最重要的仪式载体——"王船"，以数十人用红色扁担相抬。

"王船"以木为主要制作原材料，外形绘成彩色，精美绝伦，船上挂着三个褐色风帆，分别写着"合境平安""一帆风顺""顺风行身"，又插着上写"回避"等字样的旗帜。此外"王船"上还放有木制香停、纸扎人偶等，无不栩栩如生。"王船"上有6名舵手，身着黑色衣服，腰系红带，不停地向四周撒金纸。舢板公紧随"王船"之后，由一名孩童扮演，身着黄衣，头戴花冠，坐着四人台的步辇。大部分的村人都拈香跟随在"王船"和舢板公之后。古装表演队、大锣鼓队之后是'非物质文化遗产'的牌坊。然后是蜈蚣阁，有两队，依次走过，每队有48个孩童坐在蜈蚣阁上，男童妆办似帝王将相，女童则凤冠霞帔，人们亦用红色扁担抬着进行巡游。蜈蚣阁之后是宋江阵，人们黑衣黄带，手持长矛、大刀等武器。其后俱是军鼓队、舞狮队、舞蹈队等表演团队。上午，"送王船"的巡游队伍环绕钟林路、马青路、兴港路后，最终回到钟山的蔡氏家庙，将"王船"停放在家庙前，此时已近11点。

至此，巡游活动宣告完成，但并不意味着"送王船"活动的结束，当天下午和晚上尚有"王船"在坞、请"王"和"王船"化吉三个重要仪式将在早已择定的吉时——16：00、19：10和20：00分别举行。蔡氏家庙前的农贸市场早已预留出空间，为舞狮队等演出团队的表演提供场地，不少围观的人群激动地观看着表演。在敲锣鸣鼓的热烈氛围中，人潮逐渐散去，等待下午的仪式活动。"王船"前，彩莲队依然忠诚地守护着王船，小心地避免人们触摸到"王船"。"王船"的船头前放着一个香炉、一张大供桌，携带祭品前来敬香的村人络绎不绝。

厦门市民都被城市难得一见的闽南传统文化展演所吸引。清晨，水美宫外停放王船的地方已经聚集了大量人群，相当一部分人群紧随王船巡游的队伍，一路观看、拍照，沿途又不断吸引新的观众加入其中。在整个巡游的过程中，人们的脸上都洋溢着欢快的笑容，观看的人沿途不断，不少人紧跟巡游的队伍不停地拍照，甚至有的人拿着非常专业的摄影器材，可见是专程前来观看、摄影，以致一位年轻的观看者发出惊叹："今天是不是全厦门的单反都集中到这里啦？" 闽南本地的小女孩被蜈蚣阁上孩童凤冠霞帔的扮相吸引，对着爷爷撒娇说："好漂亮，我也想要！"爷爷大笑着回应："回去告诉你阿嬷，这个不是我们村的。"

观众心中也自有默契，即使是在拥挤的地段，亦不会贸然插入巡游的队伍中。每当巡游队伍停下来，"王船"上的舵手就开始抛洒金纸。巡游队伍的表演团队开始表演时，志愿者或采莲队会格外小心地拦住热情而拥挤的人群，避免他们太过靠近"王船"，影响活动。沿途的交警更是小心维持秩序。这是一场盛大的狂欢，不仅属于钟山人，也属于所有前来观看的人们。人群如织，摩肩接踵。

但不是没有遗憾，钟山和同样供奉"土爷"的台湾长兴宫、马来西亚勇全殿拥有深厚的友谊。钟山村的人们历来有"下南洋"的传统，他们在离开故乡前往东南亚谋生的同时，也将故乡的神明和香火带到东南亚。钟山的同仁和民间学者曾根据改革开放后回水美宫和或福仁宫进香庙宇记录，判断钟山在东南亚的分庙有两座，分别为马来西亚槟城的湾岛水美宫和浮罗地滑辛柯蔡宗祠。[44]

---

44. 钟山水美宫理事会，中山毂诒堂华侨联谊会，钟山水美送王船传习中心，蔡少谦.钟山水美宫志(内部资料)，2022：84-85.

由于中国和马来西亚联合申请联合国"非遗"的过程中，与马来西亚国家级非物质文化遗产"王舡巡境"的传习单位合作颇多，双方人员时有交流互动。[45] 钟山的往届"送王船"，台湾地区和马来西亚都会派人前来参加、道贺。陈远盛说："台湾长兴宫这次因为交通关系没有派人过来参加'送王船'。上一届他们来了八十几人，马来西亚来了4个单位，有100多人。"

钟山人，无论年龄、性别，对于"送王船"都相当热忱。在王船巡游的队伍中，拈一支或三支香跟随在王船后的村人男女老幼皆有。因为当天恰好是星期日，学校放假，巡游队伍中可以看到不少年龄应是中小学生的儿童、少年也拈香紧随，年级更小的幼童则由父母、长辈或牵手、或抱、或背，也参与其中。更有几位老人家已经行动不便，仍然坐着轮椅持香参加，晚辈在身后持香推动轮椅，仔细看顾老人。参加蜈蚣阁的儿童在本社区遴选，通常不超过7岁，钟山社区的人们非常踊跃地为自家孩童报名参选。一位老人家非常高兴地告诉我们，他的孙子就在蜈蚣阁的队伍里。

更加令人意外的是，在钟山，年轻一代对于社区宫庙的公共祭祀活动展现出非同一般的热情。理事会的正、副会长通常为自愿报名参选，当选之后就意味着他们将有责任和义务付出时间和精力为社区的公共祭祀活动提供无偿的服务。通常，年老的人们会更有意愿参与社区公共祭祀事务。但在钟山，

---

45. 钟山水美宫理事会，中山毂治堂华侨联谊会，钟山水美送王船传习中心，蔡少谦. 钟山水美宫志(内部资料)，2022：178-179.

三四十岁正当年的年轻人亦有同样的热情。中午时分，正在蔡氏家庙前休息的一名年轻人就是如此，他开玩笑似地告诉我们，他是一名80后，目前的正式工作是收租。但他身上的蓝色长衫和绶带提示我们这名80后的年轻人其实是当届的理事会副会长之一。年轻人微笑着说道："被选上也很高兴，那就干下去。"

晚上19:10分，在沧江剧院前举行"请王"仪式，稍后在20点火将王船焚化，前来观看的人们早已挤满了广场，手持摄影器材的专业人士为了抢到更好的视角，更是早早前来。身穿红色马甲的志愿者在人群中提醒人们戴好口罩，并贴心地备好口罩提供给没有携带口罩的人。参与仪式的钟山人和保安费力地圈出一围空地，直至"王船"的主桅即将被烧倒。对于钟山人来说，这是一个激动的时刻。一位中年女子说："我们村在前方，桅杆朝着那个方向倒下，就寓意着我们村的吉祥。"桅杆将倒未倒之际，钟山人都扬起手臂作往前推的动作，口中疾呼 "顺风""顺水"，甚至有人下跪礼拜。这是一个区分钟山人和非钟山人的好时机。触目可及地，钟山人在人群所占比例极小，由此足见前来参观的观众人数之多。

在主桅杆终于倒下的那一刻，钟山人一边高呼一边围绕王船转圈后逐渐离去，只留下负责后续仪式工作、清理场地的工作人员和志愿者，反而是旁观的观众大部分依然观看如故，人群散去的时间较之钟山人更晚。

正如近年来传统文化保护工作的案例显示，文化遗产化是传统文化在当代社会赖以传承和延续的重要路径。钟山"送王船"的仪式活动受到钟山社区、乃至整个厦门市民的极度欢迎。这是社区三年一度的集体仪式活动，对于他们而言，具有重要的仪式意义，与社区的福祉紧密相连；市民们喜欢这样的活动，将其视为闽南传统文化的一种活态展演。不同的人群赋予钟山"送王船"不同的象征意义，最终将其演变为一场全民的传统文化盛典。

「人物简介」

闻彬（化名），男，32岁，紫砂手艺人，来自江苏宜兴，现定居泉州。从事传统制壶6年，在泉州多次举办紫砂个展与文化公益讲座。

陈远盛（化名），厦门市海沧区嵩屿街道钟山社区人，祖籍安溪县龙门镇廖山村，民国时期父亲迁入钟山投靠亲友，遂定居。目前在厦门市海沧区钟山村"送王船"民俗文化传习中心工作。

建设"金翼"的学者

"人类学调查方法中最主要的是参与观察、深度访谈，通过亲身体验了解第一手资料。我把自己融入这个乡村里面，把古田当作自己的家。"

——高校学者田进（化名）

金翼村原名凤亭村，位于宁德市古田县黄田镇。我国著名人类学家林耀华的人类学力作《金翼：中国家族制度的社会学研究》（以下简称《金翼》），为我国汉人社会研究奠定了良好的基础。来自河南周口的田进目前在厦门大学任教。他延续前代人类学家以家族宗族制度研究为特长的研究路径，也在古田县开展自己的学术研究。田进也参与金翼村的乡村振兴事业当中，开发旅游资源、发扬民俗文化、对接周边学校、举办党团建设活动，和当地政府及民众一起探索"学术搭台，经济唱戏"的"学术乡建"道路。

一、三代人类学家与金翼

20世纪40年代，著名人类学家林耀华先生将他在福建农村地区的田野调查和自身的成长经历相结合，以小说体生命传

位于金翼村的古田县林耀华研究会
（金翼村委提供）

记的形式写就《金翼》。全书围绕黄东林、张芬洲二人及其家族展开叙述，融真实的民风民俗于虚构的故事情节之中，细致入微地描绘了这两个家族从清末至抗日战争时期这三十余年的起起落落。故事之中，林耀华先生以"平衡论"视角理解中国南方地区传统乡土社会，铺陈展开黄村（即现实中的金翼村）人民的物质世界与精神世界。举凡吃穿用度、婚丧嫁娶、习俗信仰和地方网络等，都随着叙事展开次第呈现，深刻反映中国实情和西学理论的交融状态。

1984年，来自北京的庄孔韶成为林耀华先生的博士生候选人，他的研究兴趣也很快从中国西南山地民族转向了汉人社会。此后，他多次访问金翼黄村，从书的枝节脉络出发，感知古田的气韵和往事。根据多次调查访问的经历，他延续林耀华先生的学术传统，写出《金翼》的学术续本《银翅》。几十年前，金翼的主人公借助小商业异军突起，跳出古田的农业系统，借助闽江船运，使乡土社会通过连接现代化省会城市福建福州而发达起来。而庄孔韶的后续研究发现，"平衡论"的框架并非静态。几十年后，古田人民将副业银耳培植法在乡里传播，使得大宗银耳、香菇产品行销全国而富裕起来。

出生于1981的田进第一次读《金翼》是在他大二时，当时即萌生了考人类学研究生的想法。2005年，他如愿进入中国人民大学攻读人类学专业的硕士学位。在课堂上，在人大的草坪上，他和老师时常一起讨论人类学，聊到古田，聊到《金翼》《银翅》。一颗种子就此生根发芽，在攻读完博士后以后，他没有回到家乡河南周口，而是来到了福建厦门，成为厦门大学的一名老师，成为一名"新福建人"。沿着老师们的路径，他也走入了古田金翼黄村。

最近在地方调研时，田进发现林先生在当地社会播种的种子已经结出硕果并不断被再次播种：金翼之家的后人们传承的家族智慧在农业和商业等不同场景中表现出色，林氏宗族几十年来不间断地寻找祖源地，闽台两岸大学生对"中国凤亭"的社会调研倍感兴趣，各级政府对金翼之家的修缮和对"金翼文化"的重视，学术机构、企业和媒体等相关单位的介入等。"纵观林先生的一生，在发展人类学、民族学理论，借鉴国外思想做中国本土的文化观察与解说，以及重视经世致用的现代应用人类学关照方面，贡献堪称百年一遇。作为他的徒孙，我深感荣幸。"

人类学调查方法中最主要的是参与观察、深度访谈，通过亲身体验了解第一手资料。田进刚刚开始做调查时就把自己融入这个乡村里面，把古田当作自己的家。"2020年初，我就在村里过年，住在一个吴姓人家里。他们待我很好，我觉得就像在自己家里一样。"

他在学术研究之余，和当地村民，特别是《银翅》当中写到的相关人物，也就是林耀华的后代和亲戚都成为好朋友。不仅如此，田进还会带着他的学生，来自厦门大学的学生一起深入金翼黄村，在当地进行集体田野实践。书中的"黄村"即如今的"金翼村"，原名"凤亭村"。田进有个儿子，叫作"翼亭"，以纪念从"凤亭"到"金翼"的这段历史。

把种子埋在土里，将知识传给后人。三代人类学家都打上金翼的烙印，并将金翼的种子传递给后代。如今，金翼村不仅是中国人类学界的"朝圣之地"，也已成为福建对外文化交流传播的品牌。

二、"金翼"文化的根

作为一个人类学者，往往能够看到不同文化的差异性与多元性。在田进从事汉人社会研究的这些年里，"金翼"文化中有两个要素让田进十分着迷。

首先是金翼村的"敬老"传统。不论是在前辈们的书籍里，还是在现实的田野实践中，田进都能感受到古田人民源远流长的宗族制度与文化所带来的丰厚遗产。在大家族中，长幼有序，人们尊重老人，关爱孩童，言谈举止中透露出对老人的关怀。时常举办敬老慰问活动、老年人文化艺术素养培训、健康知识讲座等，让古田的老人们度过充实丰富的晚年生活。

宗族制度中不只是"敬老"，还有"重学"传统。古田人民深知教育对家族发展的重要性，鼓励后辈勤奋学习。走出古田，不论从事什么职业，都要具备足够的文化知识。此外，古田一直都有资助优秀后辈上学读书的传统。只要有学生考上了国内外的好大学，如果经济困难，整个家族都会伸出援手帮助后辈完成学业，而且不计回报。

在田进看来，宗族制度是"金翼"文化的根，正是宗族制度让金翼人民有了生活的依靠和向上的动力。不论个人发展如何，家族的教育和影响都将伴随古田人一生，"家"是一个古田人随时可以停靠的港湾。现代社会流动性强、信息量大，人们往往容易陷入原子化的困境，变成一个个单体，在生活的惊涛骇浪中单打独斗。向上没有披荆斩棘的动力，向下没有安心舒适的投靠，只能在无尽的焦虑和迷茫中奔逃拼搏，不知所往也不知所终。中国人对"家"的独特观念是中国文化中的重要组成部分，也是金翼村能够成为学术渊薮的原因所在，更是古田人民幸福生活的最大保障。

三、学术乡建

2017 年 12 月，习近平总书记在中央农村工作会议上的讲话中提及，"新中国成立前，一些有识之士开展了乡村建设运动，比较有代表性的有梁漱溟先生搞的山东邹平试验，晏阳初先生搞的河北定县试验"。"乡村建设运动"是 20 世纪上半叶由当时的知识分子牵头在许多农村地区开展的一场声势浩大的乡村改良实践探索活动,旨在通过兴办教育、改良农业、流通金融、提倡合作、办理地方自治与自卫、建立公共卫生保健制度和移风易俗等措施,振兴农村经济,复兴中国文化,实现"民族自救"。

彼时的"乡村建设运动"诞生于深重的民族危机之中,是知识分子探索救亡图存路径的诸多尝试之一。而新时代的乡村振兴却是在新的历史机遇下,主动选择、主动把握,朝向民族复兴的中国梦迈出的坚实一步。这也是"乡村建设运动"折戟沉沙,而乡村振兴却进行得如火如荼的原因所在。

"金翼村"的建设是由一本人类学著作引发,数代人类学者共建的典范。2022 年 11 月,金翼村民俗馆开馆揭牌仪式举行。2022 年 12 月,金翼村入选福建省"金牌旅游村"名单。种种迹象表明,在三代人类学家和当地政府及民众的努力下,金翼村已经探索出了"学术乡建"的新模式。"金翼村"发展模式是多层立体型的综合发展,是学术和社会实践相结合的产物。人类学者对古田文化传统和历史变迁的深入探索给这片沃土在新时代的建设提供了深厚的学理滋养。

"金翼"故居已被建设成为一个新农村的学习体验教室,在其中可以学习到诸多知识,如生态环保、书法、绘画与艺术、卫生与健康、法律常识法、科学常识、人类学与社会科学等。"金翼之家"也是面向所有来访者的一部展现乡村振兴建设成果、古田风土人情的皇皇巨著。游客完成了对"金翼"文化的学习体验，看到了当今"金翼"黄村立体层级式发展的知识积累，将"金翼"文化价值传递出去。

「人物简介」

田进（化名），男，副教授，生于 1981 年，河南周口人。现就职于厦门大学，在古田县开展学术研究，参与乡村振兴事业。

台南来的西餐店老板

"这里很像高雄，气候和建筑都很像，语言和我们
台南也很像。"

—— 西西私房菜老板蒋茜（化名）

作为比邻鼓浪屿码头和厦门大学的网红打卡地，沙坡尾是
厦门旅游的重要一角。作为从台湾来沙坡尾创业的餐饮从业者，
蒋茜见证了厦门文化旅游事业的发展、繁荣，这座城市承载了
她关于自由与生命的想象。

一、"来厦门追求对生活的主导"

在来厦门前，蒋茜在一个台湾家族企业从事菜品的研发和
设计。菜品创新是餐饮业的核心，也是烹饪工作者最能感受价
值实现的环节。但是在这项工作上投入得越多，蒋茜就越困惑。
"我做了四年研发，开发的菜可能有一百多，但是最终通过高
管品评会的只有几道，还不是我最满意的几道。"

2015年，她向老板提交了辞呈。有个朋友请她来厦门散心。
厦门的繁华让她吃惊，"我的第一感觉是这里很像高雄，气候
和建筑都很像，语言和我们台南也很像"。蒋茜一下就爱上了
厦门。她听说很多台湾人在这里工作和生活，于是萌生了来沙

坡尾开店的想法。

面对陌生的环境，蒋茜一开始只是在沙坡尾租下一个小吃摊，出售沙拉和意面。来厦门仅一个月，她就意外怀孕，一个生命就这样在事业刚起步时闯入她的生活。临近生产，蒋茜回台湾生下女儿，把她留给老家的母亲照顾。刚出生的孩子需要母亲的照拂，但每天想着厦门刚起步的事业，她依然回到厦门。"小三通"能让她以相对经济和便利的方式往返于台湾和大陆，这样每隔两三个月就可以回家看看女儿。

2017年，金砖国家峰会在厦门召开。大学路大规模道路整改，房租骤增，蒋茜与一家甜品铺合租一个店面，创立了今天能看到的"西西私房菜"。2019年，甜品铺放弃经营，原本由两家分摊的房租落到一个人肩上。尽管压力陡增，但是西西私房菜已经在日趋繁荣的沙坡尾积累了稳定的客流。经过深思熟虑，蒋茜找房东谈下了3000元的减租，独自租下铺面。按照她的盘算，只要能探索一些符合厦漳泉口味的菜品，抓住味蕾相近的省内游客与广东游客，她就能盘活自己的小店。

二、"摸着石头过河"

近年来，餐饮业生意受到市场环境变化的影响，经营出现很多困难。蒋茜一直积极调整自己的经营模式和策略。

一段时间，餐馆可以外送，蒋茜推出"买烤鸡送口罩"促销活动。番茄梅子烤鸡是西西私房菜的招牌，在当时的美食点评软件上是小有名气的网红料理。它的做法是把三黄鸡用番茄和梅子酱腌制后再低温烘烤，出炉后配上秘制的番茄汁。店里烤鸡平时卖78元一只，蒋茜促销活动是58元再赠送一个口罩和一瓶酒精。口罩和酒精作为特殊时期的硬通货，以口口相传的方式不断吸引新顾客添加蒋茜的微信。蒋茜积累下了重要也是稳定的客户群。"有的顾客想帮邻居多要一两个，我一般都答应。我觉得也正是因为一起经历过，他们后来一直都很帮我。"

有时候西西私房菜的客流量减少，中午几乎没有顾客。蒋茜决定把营业时间整体后移，取消午餐，专攻晚餐和夜宵。但这意味着店面营业时间要持续到凌晨2点或3点。

2021年前，西西私房菜除了蒋茜，还有一位大姐是常驻工，但她有一个上幼儿园的孩子。近两年学校不定期的休学休课增加，很快，大姐表示自己要照顾孩子，没办法工作。"她说店里调整时间后营业额还是上不去，我一个人也忙得过来，她离开了还能帮我节省一笔费用，对大家都好。"相比于房租、水电和生活开支，工资是最好砍去的成本。这样，蒋茜成为西西私房菜唯一的员工。

各行各业都有淡季和旺季。对于沙坡尾，每年的营业成本要靠"五一""十一"和寒暑假的利润来填补。但受疫情影响，"冲旺季"变成一件难以持续的事情，任何一次游客量的反弹都意味着风险的增加，一个突然爆发的节点往往意味着更长的低潮。2021年，厦门旅游业在"五一"迎来反弹，营业额甚至超过2019年。蒋茜的餐厅在这场期待已久的释放中获得不错的收益。但接下来，暑期业绩很不理想。临近"十一"，形势更加紧张，蒋茜的餐厅也被迫歇业。

转做外卖并不能解决问题。"外卖的辐射范围只有3公里，我们周围的老城居民根本不可能点外卖，有消费能力的大学又不开放。"外卖的问题在于极不稳定，对于西西私房菜这样的实体西餐店，专攻外卖会浪费大量食材。"后来我干脆不定期关店，如果有囤货就送给朋友，不能送的就扔掉，收垃圾的人都不懂我为什么这么做。"

2022 年，蒋茜进一步调整经营模式。"我推出优惠套餐，强推几种产品，通过引导顾客的消费选择来减少食材的浪费，这样来控制成本。没办法，摸着石头过河。"在这之后，西西私房菜选择主打订餐业务。蒋茜的微信上有两千多个在厦门的熟客，每天她在朋友圈宣布这周的套餐，顾客提前预定，售完为止。这样她只做预定的单，精准备料，减少浪费，尽量只招待熟悉的客人。

最近，大学路上出现了不少 711 等连锁便利店。当游客手里的奶茶和咖啡变成矿泉水和可乐，当正餐被 10 元钱的便当、三明治和关东煮所取代，蒋茜很担心这些资本雄厚的便利店如果继续蚕食大学路上的铺面，它们将逐渐改变沙坡尾的气质和业态。蒋茜认为，便利店在沙坡尾一带的崛起是一种消费降级现象。但只要旅游业回暖，沙坡尾的生命力还是很强的。

三、"感到安心的地方"

受两岸相关政策的影响，人员往返海峡两岸也出现一些困难，有时候计划赶不上变化。"那时候前一天还有飞机可以回去，第二天就停飞了。我就突然很惶恐，飞机可以说不飞就不飞，那我还能不能回去？"

这几年，厦大师生已经成为她的朋友和亲人，他们在西西私房菜度过很多幸福的时光。难受时，蒋茜把情绪表达在微信朋友圈，朋友们就跑来安慰她。"这几年店里只有我一个人，忙不过来的时候，老顾客就帮忙招待客人"。对于这些人，西西私房菜是沙坡尾上一个特殊的角落，他们愿意帮它打扫卫生、整理餐具。"我付不起老师们的时薪，所以只好请他们喝酒"。说到温馨时，蒋茜说"我们台湾话管这个叫'好来好去'，你对我好，我也对你好，这是很好的相处模式。我说我坚持不下去了，他们就跑来店里煮火锅。我想吃厦大食堂的馒头，老师和同学们就买了给我从铁栏杆里扔出来。"

两岸青年文化交流活动（林晨歌 摄）

因为他们的支持与鼓励，蒋茜坚持下来。这种"好来好去"为蒋茜注入了很大的能量，她逐渐意识到，西西私房菜不能关。她和这片土地已经建立了千丝万缕的联系，她不想离开这里，这里是让她"感到安心的地方"。

如今沙坡尾又恢复了一个网红打卡地的人气与生机。"啊，还好，西西私房菜没倒闭……剪了短发哟，美的哟……"蒋茜一边忙碌，一边感到充实、快乐。剪了短发后的蒋茜看着更加精明强干，"忙归忙，可这就是我想看到的样子。"

厦门是蒋茜的第二故乡，她想一直待在这里。人是关系的动物。正如蒋茜引用泰戈尔的话，"太阳下山有月光，月亮落下有朝阳。"日夜轮转是命运的交替与更迭，但对于蒋茜而言，人与人、人与地之间的关系就像永不熄灭的光辉，永远能够为自己照亮前路。

「人物简介」

蒋茜（化名），女，台湾台南人，43岁。2016年到厦门创业，现为沙坡尾"西西私房菜"老板。

成为邻居的德国酿酒师

"我们收获了意想不到的支持、力量与勇气。"

—— 老卢精酿老板卢卡斯(化名)

在很多厦门城市形象的宣传片中,人们时常能看到老卢精酿啤酒创始人卢卡斯的身影。这位德国设计师在厦门邂逅爱情,组建家庭,成就事业,并为了创立老卢精酿而自学成为酿酒师。卢卡斯和妻子婷婷的爱情故事更是为厦门这座开放包容的港口城市增添了浪漫和国际化的韵味。

一、有店有厂

卢卡斯的专业是工业设计,曾两次受厦门大学嘉庚学院的邀请来厦门访问。他在厦门结识了自己的妻子婷婷。

2012 年,因为喝不到正宗的德国啤酒,卢卡斯开始在厦门五金店寻找设备和零件来打造自己的酿酒设备。他酿造的第一款啤酒在比利时白啤中添加了杨梅这种带有中国特色的水果。2013 年,随着嘉庚学院工作的结束,卢卡斯需要一份新的工作留在中国。他和婷婷在今天大学路的公交车站旁开了一家只有三十几平方米的精酿啤酒馆。这家小店在放置酿酒设备外就再没有多少空间,客人们只能站在店里或跑到外面的路旁喝酒。

2015 年，卢卡斯开始在沙坡尾谋划更大的店铺，他们在沙坡尾找到一家曾承接过啤酒生产工作的废弃的厂房，卢卡斯把工厂的前半部分用作经营，后半部分用作酿酒。这之后的几年是中国精酿啤酒行业爆发的几年，老卢精酿迅速成为行业里最能代表厦门的企业，也成为沙坡尾名声在外的"网红打卡地"。

为了扩大经营规模并进一步提高酿酒质量，卢卡斯和婷婷决定投资兴建酒厂。酒厂的选址地点最早选在厦门岛外的同安，但是由于不满意同安工业区嘈杂的环境，卢卡斯决定以高出三分之一的价格租下更清幽的漳州港厂房。这个厂房必须通过大量改造才能符合啤酒生产的标准。卢卡斯和婷婷重新铺设了厂房的管道和地面，安装了燃气系统。2019 年底，新建的酒厂拿到了生产精酿啤酒的全部资质。有店有厂，产售结合。

二、八方支援

厂房其实最终是依靠贷款和房产抵押来建成的，在整个工程进行到一半时，卢卡斯夫妇就花光了自己的积蓄和卢卡斯父母的资助。全部资金投入厂房后，他们急需现金流来回血。但近年来精酿行业收缩，酒厂最大的客户成为老卢精酿自己。卢卡斯不得不飞去各地参展，与同行交流，推广自家酒厂的产品。但是酒厂的绝大部分产能都找不到出路，用一个门店养活一个酒厂显然不是长久之计。

2021 年 7 月，老卢精酿决定酒馆的老员工以集资入股的方式在厦门的思明东路又开了一家分店，他们希望通过更多店面来消耗酒厂的产能。卢卡斯和婷婷觉得只要能用门店养住还未走上正轨的酒厂，慢慢还贷，未来还是有可以期待的地方。但很快，受市场不景气的影响，老卢精酿没有钱支付团队的薪资以及门店和酒厂的租金。

在经营困难的时候，卢卡斯以网络求助信的形式恳请消费者帮助老卢精酿渡过难关。在连轴转的七天，从文案撰写到接入小程序、打包、物流，各个环节全体员工都参与了进来，他们找第三方开发出一个购买会员卡的小程序，会员储值后可以用优惠价购买酒厂的易拉罐产品，或到门店来消费。老卢精酿的求助迅速引发行业内外的回响。北京、深圳、重庆、西安、大理和广西的酒馆纷纷采购老卢精酿的啤酒。与此同时，来自85座城市的近千名顾客购买了老卢精酿的储值卡，累积储值40多万。

来自五湖四海的信任、支持和鼓励让卢卡斯动容。除了老卢精酿的常客，储值者里也有不少一面之缘的游客，甚至包括很多再不会回到中国的外国人。老卢精酿啤酒度过危机。卢卡斯在感谢信里写道："我们收获了意想不到的支持、力量与勇气，这些帮助足以使我们渡过难关，现在的老卢精酿对未来充满信心。"

在老卢精酿的员工看来，这些信任符合他们把酒馆打造成社区邻里的预期。"我们不希望自己的客人有什么特殊的身份或标签。我们希望'benormal（做普通的）'，就是所有人都可以来，想喝什么就自助，像在家里一样随意。我们与别人的区别是空间够大，所以谁想来我们这里聊天都可以。"

三、"成为大家的邻居"

在厦门，一张白人面孔为卢卡斯带来很多东西。人们愿意相信一个德国人的手艺，也更愿意相信在老卢精酿能找到符合国际啤酒文化的氛围。有很多厦门的宣传机构找卢卡斯去拍摄。婷婷和其他中国合伙人希望能够通过这些活动与政府和社区保持良好的关系，这样对生意的宣传也有帮助。但是卢卡斯觉得人们是在像"吉祥物"一样利用他的身份和肤色，他不希望被当作一个他者，就像他不希望自己的酒馆脱离邻里生活。

他的3个孩子全部出生在厦门，以中文为母语，他相信厦门是属于他的城市。家庭和事业的羁绊让卢卡斯对这座城市有难以割舍的感情，将近10年的人生历程让这位德国酿酒师深深地嵌入这片土地，沙坡尾邻里间的关系更是为他打上了厦门人的烙印。他希望自己可以永远不受拘束地做沙坡尾社区的好居民。

"如果你说我们想成为一个公共空间，那我觉得是蛮遥远的事情；但如果你说老卢精酿的目标是成为大家的邻居，那我觉得是满符合我们想象的比喻。" 老卢精酿举办过很多活动。他们为病重的画家做过义卖，请律师客人讲解过婚前财产的分割，在沙坡尾组织过公益长跑，号召客人关心流浪宠物，鼓励普通人来店里做脱口秀表演。"我们的想法是大家是邻居，有需要帮忙的事情，我们就提供场地。"

精酿啤酒是深刻体现在地文化的行当，一个好的酿酒师要有能力把传统的酿酒技术与本地食材和文化融合。卢卡斯就尝试过把杨梅或海蛎壳加到发酵桶里来突出厦门的特色。秉持作为社区一员的理念，卢卡斯希望老卢精酿不仅取材于地方，而且扎根于地方，成为社区纽带的一部分。

现在的老卢精酿还保留着沙坡尾老渔民送的木板和船帆。"我对啤酒的所有探索都发生在这里。从前的沙坡尾不是旅游区，我是因为这里的老居民和老渔民才把店开在这里。"

卢卡斯记得在开店之初，他需要每天早上五点起来酿酒，看他辛苦时，周围邻居会端一碗自做的鱼丸汤、沙茶面或其他小吃来慰问，卢卡斯把酿好的酒装在袋子里做交换。如今的沙坡尾已经不再是那个浮家泛宅的渔村，一大批老居民搬到更远的集美和海沧。"他们来一趟路费就将近100元，而且还要花上一天的时间。"

卢卡斯希望老卢精酿能吸引在厦门生活的本地人，像国外酒馆那样在社区生活中扮演枢纽，成为很多人心目中可以"安心坐一会"的精神港湾。

「人物简介」

卢卡斯（化名），男，德国人，45岁，设计师、酿酒师，沙坡尾"老卢精酿啤酒"创始人。

第六章

"蓝色"闽商：风帆向前

导　语

　　福建省是我国对外交流的重要窗口。福建是东海与南海的交通要冲、中国与欧亚非各国之间商业往来的重要通道，具有较强的海域优势。福建是历史上海上丝绸之路的起点，又是近代较早的开放省份，具有独特的对外交流优势。福建文化具有底蕴深厚、多元交融的特点，历史悠久、人文荟萃，展现出独有的世界性、开放性与包容性。

　　福建人素有出外打拼的传统。福建是侨务大省，海外华侨华人人数众多，特别在海上丝绸之路沿线国家分布广泛。1841到1875年，福建有50多万人下南洋，福建文化开枝散叶，从此在整个南洋深深扎根。华人依靠吃苦耐劳的性格和拼搏精神，在陌生的东南亚闯出自己的一片天地——在一片葳蕤的热带丛林中开垦出中国人的农田。古往今来，一代又一代福建人流向世界各地，至今有1580万闽籍侨胞遍布全球188个国家和地区。海外华人形成了一个巨大的商业网络和文化网络，具有广泛的世界性影响。

　　"破门而出能飞天，冲门而进能翔海。"福建人从商行天下，开放、向外闯荡是"闽商"与其他地域群体相区别的特有的禀赋，是他们的文化基因。从南洋、非洲到欧美大都市，不管当地的条件优劣，只要嗅到商机，看到发展的空间和未来的希望，闽人就会赶来、扎根、繁衍，生生不息。"出门创业的福建人就成了一条龙。"他们不仅促进了当地和福建的经济人文交往，也将福建文化、中华文明播散到远方。闽商属于海洋文化的蓝色文明。

习近平总书记指出，"对外开放兴，福建兴；对外开放步伐加快，福建兴旺繁荣的机会越大"。近年来，福建省始终坚持开放发展，以开放促改革、促发展、促创新，力争在建设开放型经济新体制上走在前头，着力形成全面开放新格局，为推动我国经济发展贡献了"福建力量"。

2015 年 3 月，福建省被国家正式确立为"21 世纪海上丝绸之路核心区"。福建省出台《福建省 21 世纪海上丝绸之路核心区建设方案》，指出要"充分发挥福建比较优势，实行更加主动的开放战略，在互联互通、经贸合作、体制创新、人文交流等领域不断深化核心区的引领、示范、聚集、辐射作用"，将福建建设成为"21 世纪海上丝绸之路经贸合作的前沿平台；21 世纪海上丝绸之路互联互通建设的重要枢纽；21 世纪海上丝绸之路人文交流的重要纽带"。随着共建"一带一路"倡议的引领效应持续释放，福建的民众、企业抓住机遇，对外交往交流的热情持续高涨，走到更广阔的世界舞台创业、生活。

在福建，"走出去"的故事每天都在发生着，折射出高水平对外开放带来的生机活力。开放的潮流是无法抑制的，时代的脉搏是永不停息的，新的蓝海等待着福建人去开拓。

福建人的风帆，永远向前。

菌菇外贸的新生

"因为我们古田是中国食用菌之都嘛，几乎全国的菌菇都会集中到古田再售出。我们家主要在泰国曼谷的唐人街做菌菇和一些副食的批发，泰国人很喜欢中国的菌菇和零食。"

—— 菌菇出口公司老板陈有志（化名）

古田的乡镇里，处处能看到捂得严严实实的菇棚。在这样得天独厚的条件下，陈家从陈有志的父辈开始就做起了菌菇出口贸易，他们家采购的菌菇主要发往喜食菌菇的泰国。多年下来，他们积累了丰富的经验与资本，成为古田菌菇出口公司中的大户。然而，近年来运输困难、货物滞销、交流不便、成本增加等问题层出不跌，挫伤了企业的发展势头。陈有志一家积极开拓电商市场，扩展外贸业务，为企业未来的发展埋下了新的种子。

一、频繁的往返

古田县食用菌生产历史悠久。近代以来，古田人走出了一条"因菌业而兴，因菌业而强"的菌业发展路径，先后成功实现竹荪生料栽培技术、银耳棉籽壳代料栽培技术等多种创新技术突破，推动食用菌产业规模化、标准化、品牌化、信息化发展，深化食用菌生产"县域工厂化"模式，创新科技研发，助力食用菌产业发展迈上新台阶。

如今，古田县已是食用菌生产大县，也是全国最大的食用菌集散地。古田县食用菌种植规模、产量、出口量均居全国首位，占据国内市场大部分份额，市场交易品种多达 30 多种。毫不夸张地说，世界菌菇在中国，中国菌菇在古田。古田地处南平、三明、福州、宁德四市接壤处，是福建省交通要塞之一，陆路水路古来兼有。便捷的交通条件让古田县逐渐成为对外贸易的重要窗口，古田食用菌产品远销东南亚、欧洲、美洲等多个国家和地区。陈有志就是食用菌外销队伍中的一员。

◀ 福建农林大学研发的各类菌菇

在陈有志小时候，他的父亲就已远在泰国曼谷从事菌菇出口贸易，当时主要面向唐人街。唐人街是曼谷最繁华的商业街之一，据说华人在曼谷定居经商已有二百多年历史。尤其是广东潮汕人，他们在泰国生根发芽，为泰国带去了潮汕美食和潮州话。唐人街门店林立、人头攒动，醒目的中文招牌、琳琅满目的百货商品，长街大道车水马龙，过往人群熙熙攘攘，俨然一个大集市。

热闹繁华的唐人街是菌菇的主要消费市场，菌菇在古田县分拣装箱，通过海运运输到泰国，批发给唐人街商户，供给餐饮行业。"我们的生意主要是针对泰国唐人街的店铺，那边平时有很多游客，一般都是我们批发给商户，然后他们外销给餐饮行业。旅游旺季游客多，菌菇需求大，本地吃斋的节日也会有一些销量。"陈有志如是描述。

读完初中后，陈有志就跟随父亲前往泰国，直到大学毕业，陈有志与姐姐逐渐接手了父亲的事业。姐弟俩扩租了仓库，将父亲积攒下的家业做大做强，频繁往返于曼谷、古田两地。

虽然常年在外经商，但陈有志每年都会回家过年，正如每一个土生土长的古田人一样，他喜欢大家庭圆满温馨的氛围。

"我们古田人过年，从腊月就开始准备了。"农历腊月二十三左右，古田县的家家户户都开始准备"祭灶"，意味着年关将近，县城里逐渐热闹起来。对古田人而言，除夕夜一直到正月初都不能去上班做工。除夕夜之前，他们会把家里打扫得干干净净。而后，家家户户都会贴春联、挂灯笼。除夕夜的古田，满街都是大红灯笼。走在古田的街巷里，人人脸上都会映射出喜庆的红色光晕。

二、做出口贸易并不容易

近年来，境外往返受到各种因素的作用，时间周期、行程便利方面受到很大的冲击。陈有志担心不久远在泰国的生意会面临巨大风险，在多次家庭会议后，陈家决定先派陈有志的姐姐前往泰国，稳住老客户们的心。

食用菌等农业产业出口受到的影响是全方位的，不只是经销端的困难，还有需求端的收缩。食用菌供应、消费链的稳定性持续受到挑战。泰国对公共卫生事件作出及时反映，最初实行"宵禁"政策，所有店铺晚上九点之后必须关门。为避免大规模的人口聚集和流动，府又采取了交通管制等措施。工厂、超市、酒店等强制歇业，旅游业停滞，游客数量骤减。依靠旅游业为生的泰国人民收入锐减，消费力也锐减。食用菌生产用工、产品流通销售都受到严重影响，食用菌企业损失惨重。

2020 年，陈家的菌菇销路大幅收缩，货物只能积压在仓库中。"除了做医疗物资的，其他无论是食品、家电还是服装，都面临着订单取消、延后发货、无单可接的困境"。

货物滞销的同时，成本却在增加，陈有志算了一笔账："我们的货物主要靠海运出口到泰国。以前，货来货往的海运集装箱都是满满当当。后来许多发往泰国的集装箱回到中国时都是空箱，海运成本就增加了。再加上货运船数量减少，海运费用就变得更高了。之前一个集装箱的价格在七八千元，后面价格最高时候竟然飙升到两万一，这是我们家做了几十年菌菇生意都没遇到过的。"

除了海运的费用外，陈家还需要负担六十万元一年的仓库费和近百名员工的劳务费。因为他们国内和国外仓库请的员工都是临时的劳动力，当生意不好时，他们只能适当减少员工。

受地缘局势影响，外币汇率不断下跌，在案人民币兑美元突破 6.32 元关口。外贸公司需要独自承担汇率风险，企业的获利空间进一步被压缩。随着产品各环节销量的不断下跌，种植菌菇的农民也在减少。减少的供销、涨跌的价格、波动的市场，未知的一切都牵动着陈有志一家的神经。

许多从事菌菇出口的古田人都经历了艰难的困境。陈有志述说，"2020 年，古田从事菌菇出口的差不多有一半都破产了，特别是做欧美市场的。因为欧美市场相较东南亚对菌菇品质要求更高，价格也会更贵，资金链缺口较大。遇上不确定情况，货款难以收回，整个资金链断裂。东南亚市场受影响比较小，我姐姐在泰国，能够跟客户沟通。当然还有中美贸易摩擦，货物运输过去但海关不放行，损失只能自己承担"。

陈有志也曾想过去泰国接姐姐的班，而飞往境外的机票价格骤升且一票难求。如果要从泰国再次回国，还需要实行严格的隔离政策，机票钱加上酒店的费用差不多将近 10 万元。"非必要不出国"的也让陈有志没有办法办理新的护照。"姐姐和姐夫还有他们的孩子都在泰国，这 3 年来我们家都没有聚在一起过一个团圆年，我父母每次想到这里都会很难受。"尽管前路迷雾重重，陈有志和姐姐也始终坚持着，毕竟企业是两代人数十年的心血。

三、转型之路

大浪淘沙，有些路总是需要自己去开创的。经济下行压力加大，倒逼菌菇行业谋求新的发展模式。而跨境电商则让陈有志看到了机会。他开始积极筹备网店和直播团队，充分借鉴中国经验，再结合泰国当地的市场来进行规划，打算开拓出一条线上产业链。

早在几年之前，就有许多中国企业瞄准了东南亚这一潜力巨大的电商市场。国内某大型购物平台曾成功移植了国内的模式，与泰国最大的零售企业共同打造了泰国版的购物平台，现在已经是泰国零售市场上增速最快的电商渠道。

贝恩数据显示，2021 年，东南亚互联网用户总数超 4.4 亿人，互联网渗透率达到 75%，互联网经济商品交易总额达 1740 亿美元，并且互联网消费群体偏年轻，印度尼西亚、马来西亚、菲律宾和越南四国 35 岁以下人口占比超过 50%。根据泰国电子商务协会的主席预测，2023 年泰国电商市场规模将达到 265 亿美元。

泰国电商市场有着极为良好的长期发展趋势。从直播电商生态环境来看，泰国跟中国并没有太大的区别，都有稳定的社交媒体和电商平台市场作为支撑。像 Shoppe、Lazada、JD-Central，这三大泰国头部电商平台对于用户直播也是大力支持。各种优惠活动以及产品推流举措，吸引了非常多的店铺开设直播，泰国也逐步进入全民直播时代。

从 2020 年开始，泰国境内各地也倡导鼓励采取居家办公的模式。对线下零售的冲击，驱使更多人使用互联网，线上进程被加速，东南亚各国数字经济爆发式增长。同时，因为泰国人每天上网时间高于全球平均值，使用社交软件的频率很高，让电商很快受到大家的喜爱并流行起来。2020 年度是泰国电商高速发展的一年，根据泰国市场研究协会的统计，泰国 71% 的智能手机用户平均每月在线购物两次，其电商渗透率在持续提升。

2022 年 3 月初，TikTok Shop 新增了泰国、越南、马来西亚三大站点，并已开放卖家入驻。随后，阿里巴巴 eWTP（世界电子贸易平台）与泰国共建的首个数字自贸区正式开始试运营，国内中小企业出口到泰国将会变得更加便利、快捷与合规。阿里、京东、TikTok 等"中国势力"正在深刻改变着泰国商业业态模式，加速消费者向线上消费转移。中国资本深度参与到泰国电商的发展当中，通过模式"输血"快速激活了泰国电商。

陈有志抢占先机，进军食用菌电商交易行列。他坦言，"泰国那时网络还不太发达，疫情暴发后电商迅速发展，泰国的物流几乎由国内公司垄断，中国人收购了当地公司，帮助他们运营，所以运输沟通比较方便。电商运营能够省去代理商环节，让我们直接对接客户。做跨境电商后，有相当一段时间收入并不比之前差。"

截至目前，中国已同包括泰国在内的 27 个国家建立了双边电子商务合作机制，在机制下共同开展政策沟通、产业对接、能力建设、地方合作等务实合作，着力打造开放包容、互利共赢的"丝路电商"伙伴关系。

"2022 年后，越来越多人加入电商行列，市场饱和，盈利空间也越来越小了。"本以为电商交易能持续为企业提供持续的支持，但无奈市场竞争太激烈，只能另寻出路。

很快地，陈有志就想到多元经营模式，拓宽销售领域。"前期我们主要是卖食品，以菌菇为主，偶尔也会卖话梅一类的零食。现在我们在往消耗品方向发展，比如将食品和纸巾、一次性筷子之类的产品搭配起来销售。也有考虑转向国内市场，国内做生意有政策利好，企业贷款也比较容易，这几年政府的政策调整是一个很好的契机。"

陈有志表示，地方相关部门也给予了外贸企业许多便利。相关部门为外贸货运开辟绿色通道。河南、湖北等地对于外贸企业的海运费有所减免，所以陈有志有时候还会和河南的企业合作。"我们挂他们企业的名，实际上货物从青岛、深圳等地区出口，哪里政策好就往哪儿走。"

国家层面也在尽力减轻外贸企业的风险，商务部通过各项外贸政策，给予财税、金融、出口信保等方面精准帮扶企业的补贴和优惠，同时支持地方、行业组织、留促机构为企业提供必要的法律和信息服务，引导企业防范风险。

四、为家乡父老做一点贡献

陈有志等国际贸易从业人员时刻关注着国际形势和各国贸易政策的变化。陈有志表示，"泰国客户经常会问我中国国内的情况，他们会定期来中国寻找货源，在泰华商也要回国看看。"

现在，陈有志准备重回曼谷。这两年陈家的菌菇生意虽然受到了一定的冲击，盈利方面有所亏损，但是谁也没想到的是，陈有志却发现了开拓盈利模式、打破营销边界的意外契机。开辟电商、增加商品等迫于生计的举措，打破了他的传统商业思维，逼迫着他寻找新的方向。

这几年，陈有志发现自己还可以利用手中的资本做很多事。在积极推进电商外贸的同时，陈有志还在古田承包了一片桃山作为基地，经营农家乐、打造教育基地，为省内外研学教育项目提供平台。他觉得能够融入乡村振兴之中，为家乡父老做一点贡献，是很幸福的事。

「人物简介」

陈有志（化名），男，古田人，32岁。家庭从父辈开始就做菌菇出口贸易，主要发往泰国。近年来，陈有志积极开拓电商市场，扩展外贸业务，为企业未来的发展寻找新的机遇。

莆田商人的"一席之地"

"我们赚过、赔过，大风大浪都见过。我对中国经济有信心，对世界经济有信心。"

—— 莆田龙眼干进口商余同庆（化名）

莆田仙游的余同庆是一位从事龙眼干进口生意的商人，主要经营泰国龙眼干进口。莆田是知名龙眼产地，也是龙眼干的四大市场之一，有许多从事相关行业的人员。中国市场占到泰国龙眼干出口的九成以上，只有品质稍差的才会被销往马来西亚、新加坡等国。中国市场的动向对于此领域有举足轻重的重要性。近几年中国市场龙眼干价格下跌，也使得有许多泰国果农砍掉果树。余同庆生意也几度沉浮起落，但他却从未想过转行。因为他对龙眼干市场有信心，对世界经济的繁荣发展有信心。他们的视野从来都是世界性的。

一、"我们莆田生意人是有一席之地的"

"有龙眼干的市场，就有莆田人。"余同庆不无骄傲地说。事实也的确如此，全国四大龙眼干的市场分别是莆田、义乌、广州和长沙。而在每个繁忙的市场中，都有莆田人忙碌的身影。

莆田市是全国重点龙眼生产基地之一，被列入中国中草药资源区划中的龙眼肉重点产区，一直享有"兴化龙眼甲天下"等美誉。1980年代，莆田市被列入中国六大龙眼基地之一。1996年，莆田市龙眼主产区华亭镇被农业部列为"南亚热带名优作物基地——乌龙岭龙眼生产基地"。既有优质的原料，优质龙眼干的产生也在意料之中。

莆田龙眼干制作历史悠久，工艺成熟，产品在海内外久负盛名。2008年，莆田龙眼干通过国家质量监督检验检疫总局的审查，成为地理标志保护产品。拥有得天独厚的产业优势，成为四大市场之一也是顺理成章之事。

而近十几年，在泰国龙眼干的冲击下，国产龙眼干一直处于竞争的劣势。泰国产龙眼干虽然价格相对更高，但其壳薄肉多，饱满香甜，更容易受到消费者的青睐。

"泰国龙眼品种比较好，烘焙技术也比国内有优势。"泰国龙眼干更多胜在细节。由于成规模种植，都是同一个品种，都采用同一种加工工艺，品质会更加稳定。果核大小适中，果肉色泽统一。

"不是说国内不去提高自己的技术，但大规模推进难度太大。"国内不同产区有不同的品种，而且种植比较分散。虽然有部分人进行了品种改良，但只能形成小规模。

而余同庆就是瞄准这一商机，常年往返于中泰两国的龙眼干商人。他为了在泰国选定好长期合作的果农，需要在果树林间来回对比考察。龙眼采摘下来后，要马上送进厂里，制作成龙眼干，以保证损耗降到最低。再将包装好的龙眼干运送到国内，经各个市场，贩卖到全国各地。这其间的弯弯绕绕，余同庆都亲身去确认过。

二、利润受很多因素影响

近年来外贸运输的不畅给水果流通和消费业带来了沉重的打击。相对于国内运输，国际食品运输所面临的国际市场环境更复杂、链条更长、涉及的环节及工作人员更多，不确定性和风险程度更高。泰国龙眼在进入中国市场前往往需要经过几次检验和消毒。漫长的审批流程导致通关速度大幅下降，大批进口鲜果如果滞留关口进不来，就会出现水果不能即时出售而影响品质，最终不得不贱卖的情况，即使是果干也不例外。

动荡的海运物流产生了很大的影响。运输时间延长和港口拥堵，导致集装箱周转速度变慢，导致许多集装箱被滞留在各国之间，无法进行正常的运输。余同庆说，"2021年的时候物流影响特别明显，当时集装箱短缺。一方面，因为各国政策不同，有的集装箱几天后就能用，有的得等上半个月。就这样，每个地方滞留一些，整个行业都短缺。船舶集装箱价格上涨了很多，这增加了果品运输成本，那段时间我们几乎没有任何利润可言"。

除了物流成本外，龙眼干的属性让它自带"运营成本"。除了冷库每月一千元的房租外，干果的存放本身就是一种消耗，随着储存时间的增加，它的使用价值也在相应下跌。"有很多之前囤积的货物已经坏掉了，我们只能够处理掉，没有什么其他办法。"

各种物流成本占了资金链的很大比例，此时的龙眼干的需求价格对利润的影响就格外突出。需求的波动、价格的起伏时刻牵动余同庆的目光。

居民对果品类消费支出的波动也时时影响着整个行业的利润。民众们更倾向于收缩消费,特别是食品类消费,相较于以前在果品方面的支出下降了。余同庆说,"大多数中国消费者都把注意力集中在购买必要的、健康的商品上,所以大家更加乐意购买新鲜的水果而不是干果。另外,龙眼干在过去一直是逢年过节送礼的'标准件'。这几年,亲朋好友之间的走动锐减,干果的市场需求就变少了。"还有一些居民对进口食品的安全性存在心理上的质疑,甚至一些零散的食品问题被舆论炒作为热点话题,带有负面情感的言论在社交媒体上传播,引发对消费选择的恐慌。一段时间里,进口水果污名化言论甚嚣尘上。

一些国家处于种种原因,在果品的进出口贸易通关政策等方面加强了限制,一定程度上影响了整个产业链的稳定和发展。龙眼是一种需求量很大的水果,需求端受到影响也使得上游生产端萎靡不振。

在泰国,近几年劳动力价格上涨,一些面积较大的果园招工困难,修剪、施肥、病虫害防治等田间管理措施无法及时开展。人力成本、水电成本、产品储存成本都在持续增加。鲜果供给端缩水导致龙眼干生产受限,许多小型果干加工厂也纷纷倒闭。"个体经营的泰国果农甚至会直接让龙眼烂在枝头,因为采摘后的收入还抵不了成本。一些果农会转种其他农作物,整个行业都不景气。"余同庆对泰国果农所面临的困境如是感慨。余同庆他们不得不付出更高的代价来收购果干。而行业的利润进一步下降。

每个行业都有自己的淡、旺季。对传统的干果生意而言，每年的旺季是中秋节到春节期间，春节结束到再次采摘前（即每年的七月）都属于淡季。中国市场对泰国龙眼来说，是生死之地，一动一静都会牵动双方。前几年，泰国龙眼干的供应商担心中国市场的销量问题，主动下调了龙眼干的价格。而此时龙眼干在中国市场的价格却是在缓慢上升。因此对于余同庆这样的龙眼干批发商而言，他们的营业利润反而是增加的，从3%—4%上升至15%左右。余同庆说道："销量虽然在降低，但是利润空间变大了。"

2021年，龙眼干的市场价格出现大幅下降。从2021年11月份开始，龙眼干的价格就直线下跌，一共下跌了40%。最低到了75元，上一次这个价格还是2009年。这是10年内的最低价了。"（当时的价格）已经到达了正常的低点，但没想到后来还有地狱价格。没有信心再去买进了，行业不景气，不知道何去何从。"　余同庆这样做干果批发的人有囤货的习惯，仓库里还有两年的库存，因此损失更大了。之前几年赚的钱，这一年都不够亏，余同庆只是在尽力维持。

余同庆的生意几经波折，只能希望自己能够做出准确的市场判断，抓住涨价的风口，大赚一笔。余同庆也曾寄希望于国内龙眼干生产渠道。但国内人工成本远不如泰国优惠，加之泰国的龙眼干加工体系已经较为完善，能够大规模地产出，国内工厂完全没有竞争优势，也只能打消了念头。

三、"对干果生意有信心"

物流成本、运营成本、劳动力成本，一笔一笔都萦绕在余同庆的心头，但他却始终展现出乐观积极的人生态度。"我们莆田生意人在中国也是有一席之地的。龙眼干生意不好做，我们赚过、赔过，大风大浪都见过。我一共投资了三四百万元，这几年大概亏了30%-40%，也在能够承受的范围之内。"

余同庆提到，在莆田仙游的同行们也几乎没有出现破产、倒闭的现象。有个别可能会时而心态不平衡，但是大家都在努力调整自身，以适应宏观经济大环境。"不确定性要求大家提前对市场的波动做好心理预期，并准备应对方式。比如，订货时提前跟供应商洽谈清楚产生质量问题的解决方式，规避后期的纠纷。无法去国外的时候，我们就通过视频了解产品质量。"

销售方面，余同庆也在采取更加灵活的应对方式，实行多渠道多区域布局产品的销售策略。"原来我们的货物销路主要以福建为中心，辐射周边省市，现在会更加努力拓展区域范围，因为仅仅依赖于一个渠道和单一区域将会有很大的风险。"

遇到困难的时候，行业内的人也会互帮互助。海外干果进货困难时，有的同行接到订单但是没有办法及时供货，他们就会选择资源共享，把订单给余同庆一般其他货物充足的人做。余同庆也会在后续给予他们相应的回馈，行业之内形成了良好的互动关系。

"生意可以受影响，但是我们绝不可以被击败。我对干果生意是很有信心的，我觉得很有可能价格能上升至最高峰的

280 元。我对中国经济、对世界经济有信心。"余同庆自信满满地说道。

「人物简介」

余同庆（化名），男，44 岁，莆田人，从事龙眼干进口生意。

扎根东南亚的晋江商人

"勇于拼搏、克服困难，没有什么是晋江人做不到的。这是我的父母、先辈不断教会我的道理。"

—— 扎根菲律宾的晋江人林远哲（化名）

人们常说，全世界只要有太阳升起的地方，就有中国人；而只要有中国人的地方，就一定会有福建人。一直以来，福建商人秉承着"爱拼才会赢"的传统，上山入海、走南闯北，在世界范围内创造出无数的财富，成为一股重要的经济力量。

一、远赴菲律宾

提到民营经济，就不得不提领跑福建经济近 30 年的晋江。"闽之龙"晋江从一个贫困落后的农业县一路成长壮大，2022 年晋江 GDP 达到 3207.4 亿元，连续 21 年跻身全国百强县前列。晋江实体经济实力雄厚，拥有近 50 家上市公司，形成了 2 个超千亿元和 6 个超百亿元的产业集群。以"六个始终坚持"和"正确处理好五个关系"为核心内涵的"晋江经验"闻名全国。

林远哲是土生土长的晋江人。早年间，他和村里面的其他人一样，随着家人一起从事服饰拉链生意。2010 年，林远哲的女儿上了初中，经济压力陡然增大。他又在周围人的带动下，前往东南亚打拼。林远哲离开生活了几十年的家乡，落脚到菲律宾马尼拉。

坊间流传这样一组数据：菲律宾90%的华人华侨来自福建，而福建在菲华人华侨的90%出自晋江。菲律宾大约有1亿人口，其中华人只有100多万，占总人口的1%，但就是这小部分人为菲律宾创造了80%的财富。国务院侨务办公室发布的《菲律宾华侨华人概况》称，"菲律宾华侨华人……对菲经济发展作出了重要贡献。华人经济遍及菲经济生活和社会生活的各个方面，从手工、加工业到钢铁制造业；从餐饮业到房地产业；从轻纺化工到农牧渔业；从进出口贸易到金融、电信业等都有华商活跃的身影"。[46] 如今在菲律宾的福建人，产业已经遍布制造业、金融、地产等各行各业。在2019《福布斯》杂志网

第七届闽商大会在福州举行（朱晨辉 摄）

46. 国务院侨务办公室：菲律宾华侨华人概况 [EB/OLO].(2004-09-21).http://www.gqb.gov.cn/node2/node3/node52/node54/node62/userobject7ai288.html.

站发布的年度菲律宾十大富豪榜中，华裔就占据了8席，而其中大多数又是闽商。

在菲律宾，林远哲需要尽快完成身份角色的转变，成为一名能说外语的晋江商人。外语成为他真正踏入进出口贸易行业的第一道门槛。因此，刚到马尼拉的林远哲，开始了和英语的死磕。

林远哲在读完初中之后就辍学了，早早走入社会学做生意。相比于坐在教室里学习知识，他似乎更喜欢在外面接触不同的人和事。因此，学习英语这件事对于林远哲来说，实在是太困难了。林远哲是闽南人，讲起普通话也时常会带着一股独有的方言味道，要学会英语这门外语，就更是难上加难。为了让自己能够快速地掌握一门外语，林远哲做了一件自己曾经想都不会想的事：报培训班系统学习英语。就连在与女儿的聊天通话中，他也不会放过丝毫锻炼机会。"这个其实挺困难的，好多年不读书了突然要学外语。平时和我聊天时也会突然说出几句英语，甚至用闽南语发音标注一些常用语的土味音标。"这是林远哲初学英语时在女儿心中留下的深刻印象。尽管遇上几个不会的单词，他也尽量夹杂着英语和女儿对话。在不断的交流锻炼和学习下，林远哲最终学会了用英语交流。虽然中英式的口语对话让女儿时常发笑，但在她看来，仅仅初中毕业的父亲能为了做生意学会一门外语，是神奇也是值得敬佩的事情。

初到菲律宾，林远哲在努力学习外语之余，还要细心观察着当地的市场，四处奔波来建立人脉。但是对于初到菲律宾的林远哲来说，国外做生意不如国内那样有许多熟人传帮带，建立新的人脉需要一个漫长的过程。经过一番考察，林远哲确定了他的生财之道：做进出口食品贸易生意。他发现，许多华人华侨尽管移民菲律宾已久，但是难改祖祖辈辈流传下来的饮食习惯，对于中国本土的各种商品需求较大。于是，林远哲开始从国内批发运输相关商品到菲律宾，重新包装后通过物流配送卖给当地华侨华人。

几年时间里，林远哲靠自己的双手，一点一滴累积起在菲律宾发展的资本。国内寻求货源、投资物流企业、菲律宾当地食品包装、配送等，都由林远哲一家家沟通、商量和确定。渐渐地，林远哲的食品进出口贸易有了起色，经他手进出口的商品大量销售给菲律宾当地的华侨，就连菲律宾本地人的生意，他也能占到部分份额。靠着坚韧不拔、爱拼会赢的闽商精神，林远哲赶上了菲律宾发展的红利时期，逐渐在当地站稳了脚跟。

二、学会观察市场

不像在国内，国人在海外十分在意地方治安问题。作为外来者，他们的身份就增加了各种风险和不确定性。我国驻外使领馆也密切跟踪各地情况，及时发布相关提醒，提醒侨胞密切注意当地治安环境变化，保持警惕，确保自身生命财产安全。

林远哲在菲律宾根基还不算太深，处理起事情来还不能如鱼得水。有时候街上出现一些治安问题，让处在异国他乡的林远哲陷入了两难的境地。到底还开门做生意吗？开门做生意，倘若伤及员工和客人，自己要怎么给他们交代？能承受起这样的风险吗？可是不开门做生意的话，自己的生活如何继续？

遇到特殊情况的时候，林远哲就暂时关上店门。等情况稳定，金龙重新打开了店门。但是频繁或者持续的关门，积累的资金、人脉和资源都会被消耗，客户人数锐减。

雪上加霜的是，进出口食品的供货链也会断。林远哲售卖的商品大部分从国内出口到菲律宾，受到货运情况影响，无论是空运还是海运，有时候会停滞很久。暂时关闭店铺，静静地等待，是林远哲唯一能做的事情。另外，当地出台的一项新要求，是本地华人如若聘请当地人，需要负责他们的食宿。这导致林远哲的人工成本成倍地增加。

在这种进退两难的情况下，林远哲没有一味地着急和埋怨。他认为，只要认真观察、洞察市场，总有机会在等待着他。这也是他生为一个闽商、一个晋江人，对市场经济与生俱来的敏感度。

林远哲发现，外送服务是一个巨大的商业风口。他通过国内媒体、和家人线上交谈中看到很多人不亲自去购买生活必需品，许多软件开通的外送服务起到了很大的作用。这给林远哲提供了新的发展灵感，他也给自己的进出口食品售卖开辟了一条新的销路：外送服务。

"在此之前，菲律宾本土也有外送服务。但基本上都是靠低廉人工成本来勉强维持，购买和使用的人并不多。"林远哲意识到，规模化的配送需要大量人力、物理、线上平台技术等庞大后盾的支撑。以个人之力，恐怕难以完成。他深思熟虑之后决定从基本的做起，再一步步提升。

林远哲帮自家商店开通了线上订购频道，接到订单后再租用人力三轮车配送。"当时菲律宾有人力三轮车，一般我们配送都是找三轮车配送。虽然三轮车是载人的，没生意的时候才会接送货物。刚好疫情期间出行人少，三轮车闲置的多。而且配送范围也还刚好是三轮车能够到达的地方，因为马尼拉华人区就这么大。"开展外送服务后，当地华侨更愿意购买他家商店的商品，被经营困难冲击的影响在林远哲的各种积极办法下逐渐慢慢减弱了。

在马尼拉，持续地开展外送并不是一件易事。"菲律宾本地一些就业人员的职业准则不高，我们华人信不过他们的职业操守。比如说我们要请收银还有保姆这类人员，都是优先考虑我们自己人或者华人。即使一些次要岗位也要反复考量才选择靠谱的应聘人员。"而在外送服务中出现员工无法按时到达岗位、上下班受到各种因素影响等，都会增加外送服务的时间和成本。此外，语言习惯和生活习俗方面的不同，也导致菲律宾人对假期的要求比较高，甚至有时候加工资他们也不太愿意加班。如何才能建立一支完善的送货团队？这都需要林远哲不断的考量与应变，像游戏中的升级打怪一样，关关难过关关过，才能将自家商店的配送业务稳妥地进行下去。

正是因为身处异国，各种政策和习俗与在国内差异很大，这不断地给林远哲带来了种种的困难。对于林远哲经营的贸易进出口而言，很多新的问题会不断冒出来。但是在危难中化险为夷，是每一位民营商人必须要做出的选择。至于如何选择，"爱拼才会赢"，保持着对市场的敏锐度和积极性，是晋江商人在众多经验中走出的一条独特道路。就如林远哲所做的那样，危难重重，但认定"爱拼会赢"，想法就总是会比困难多。

三、阖家团圆

各种意外使得商人们市时刻保持着警惕不敢放松。但在紧张和辛苦之余，每一个在外漂泊中国人都想着一个必须要做的事情：与家人的团圆。

"他最近去山顶了，那里没有通信信号塔，我已经一个半月没有和他连线过了。"林远哲的女儿对这一切似乎已经习以为常。前两年，往返菲律宾机票的价格急剧上涨，来回的费用和时间成本居高不下，这让原本每年都去菲律宾与父亲团圆的女儿望而却步。到现在，她已经长达4年没有与父亲见过面了。林远哲的女儿说，她希望他们一家人可以尽快赶往菲律宾和父亲团聚，弥补这近4年的相思之苦。

近几年，许多远赴菲律宾经商的商人，因承受不住房租上涨、销售下降等不利因素，纷纷想办法回到国内。大量华人掀起了回国热潮。网络上、社交媒体上随处可见"回国攻略"等信息。尽管如此，林远哲从来没有动过回国的心思。他认为所有的困难总不可能持续一辈子，但是华人的生意却可以做一辈子。

林远哲说，开拓进出口食品贸易这门生意，他抓住的就是华侨华人这一目标销售人群。华侨华人在异国常常会思念家人，团聚也成为这群人难以实现的愿望。"他们菲律宾本地人信仰伊斯兰教，但是现在那边也很多佛寺，因为我们闽南信仰佛教。华人增多后对中国特色食品的需求也加大。菲律宾当地现在有很多华人餐厅，也有一些售卖特色小吃的手艺人在那里开店，一份土笋冻可以卖到 30 元，也挺吃香的。"如同林远哲女儿所说的那样，这些在外漂泊的华人，他们的"中国胃"并没有随着游走他乡而改变。林远哲说，目前菲律宾大约有 135 万华人，他们的先祖大部分都来自福建闽南，当中泉州的占比最多。在菲律宾的华人文化中，饮食可以称为相当重要的文化现象，既保留了中华饮食文化的传统，又吸收和融合了菲律宾民族饮食文化和西方饮食文化的特点。

林远哲和他的生意伙伴们，就像一座连接中国和菲律宾饮食文化的桥梁，不断将中国的美食文化带给菲律宾人民，也让在异国他乡的华人，能够享受到家乡的美味。"这既是一种发展机遇，也算是一种人生功德吧，"林远哲说道。

关于生意的可持续经验，林远哲认为，除了爱拼才会赢的文化精神之外，中国人注重资本积累，也是在外晋江商人能够取得成功的重要保障。在中国人的观念里，"存钱"也是生存之道。林远哲的进出口贸易能够在菲律宾开展起来，靠的是中国人"存钱"这一传统美德。相比较于其他文化中人们习惯将钱财随赚随用，中国人愿意把钱存起来。积累让林远哲在贸易投资机遇来临之时，能够有更大的优势。未雨绸缪才能走得更远。"存钱"之外，"存人脉"也是林远哲做生意的门道。从大陆进货需要在大陆有供货商，有物流运输。只有积攒良好的人脉，选择合适稳妥的供应商，才能让自己的商品更加实惠可靠，异国经商的各个环节都离不开良好人脉的助力。

林远哲说，作为一个土生土长的闽南人、晋江人，爱拼才会赢已经成为一种内嵌于他性格之内的基因。"勇于拼搏、克服困难，没有什么是晋江人做不到的。这是我的父母、先辈教会我的道理。"

20世纪末21世纪初，一大批有志气、有拼劲、肯吃苦的农村"能人"怀着摆脱贫困的初始梦想，毅然决然"洗脚上田"、勇闯新路，晋江迎来了草根工业崛起。此后，晋江靠鞋服、纺织等劳动密集型产业起家，凭着拼搏进取的精神，晋江一批龙头企业迅速成长，初步形成动力强劲的区域经济发展格局。2002年，时任福建省省长的习近平同志，总结提出了以"六个始终坚持"和"正确处理好五个关系"为核心内涵的"晋江经验"，为加快民营经济发展和区域经济发展指引方向。

全世界范围内的无数晋江人，怀着"爱拼会赢"的性情和"晋江经验"的思想财富，在不同文化、地域、环境中站稳脚跟，将闽南文化、福建文化、中华文化带到全世界。无数个像林远哲这样土生土长的晋江人，正是靠着身上这股源自闽商精神的劲儿，扛过了一次又一次的人生沉浮。

「人物简介」

林远哲（化名），男，46岁，泉州晋江人。初中起从事生意行当，后来从做拉链生意转为做进出口贸易。2010年远走菲律宾，建立商品售卖链，开起华人超市。

后　记

党的二十大擘画了以中国式现代化推进中华民族伟大复兴的宏伟蓝图，发出了为全面建设社会主义现代化国家、全面推进中华民族伟大复兴而团结奋斗的伟大号召。"新征程是充满光荣和梦想的远征。蓝图已经绘就，号角已经吹响。我们要踔厉奋发、勇毅前行，努力创造更加灿烂的明天。"中国人民以更加坚定的信念、更加昂扬的奋斗精神，在以中国式现代化全面推进中华民族伟大复兴的光辉大道上阔步前行。

为记录新时代福建基层百姓生产生活实践的创新创造活力，记录基层百姓的踔厉奋发、砥砺前行的精神风貌，展现基层百姓同心共筑中国梦的强大精神动力，我们组织了福建基层百姓生活变迁系列调研，开展基层百姓生活变化案例的采访分析，并进行了理论的阐释剖析。进入新发展阶段，我国发展内外环境发生深刻变化。考察基层社会实践、社会心态和社会文化的发展变化，具有一定的理论和实践意义。

本书编写工作是在中共福建省委宣传部的领导下，由福建省社会思想动态汇集分析中心组织开展的。厦门大学、福建师范大学的 5 个专家调研组开展了大量的实地采访采风调研，并撰写了理论阐释文章。在实地采访中，相关调研组也积累了一些生动的照片资料。按照本书的结构框架，相关案例在整理时重新进行了分类。本书最终由福建省社会思想动态汇集分析中心进行统稿工作以及修改完善。

本书是组织协调不同学校的不同团队所共同开展的跨学科调研分析。调研在选择观察群体类别基础上，经由大范围的初筛挑选有代表性的案例线索，在具体访谈和后期分析中，以点面结合的方式呈现微观具体案例与宏观社会整体状况之间的共振。个案如同剖面，是社会现象的微观呈现；又是一面镜子，从各个角度反映社会存在。我们力求通过理解个案情况来理解背后所体现的现实情况的复杂性、整体性。这种愿望和努力是真诚的，这次调研过程也是所有参与人员难忘的经历。

同时，个案经验和普遍意义有着复杂的辩证关系，任何个案、任何单一视角都无法做到全面、准确、彻底地认知复杂的客观世界。我们的认识和分析受到时间、人力以及自身视野的限制，个案选择存在一定局限性，我们也有很多案例线索没有来得及挖掘整理，撰写的部分案例因完成度不够未能最终呈现在书稿中。我们也必然错过了很多不同侧面、不同维度的故事，也遗留了许多问题有待进一步研究分析。

书不尽言，言不尽意。我们对一些问题的理解、认知也难免存在偏差。这使得本书的呈现不可避免存在诸多疏漏、问题、不足。期待在读者的批评指导下得到不断完善。

编者

2023 年 3 月